KB059509

슈퍼 파운더

유니콘 기업의
창업과 성공 배경

슈퍼 파운더

SUPER FOUNDERS

알리 타마세브 지음 | 문직섭 옮김

Sejong
세종연구원

"알리 타마세브는 복잡한 스타트업계의 문화를 논리 정연하게 대변하며 영향력을 발휘하는 인물이다. 그의 교육 배경과 경험, 인맥 모두가 이 책의 구성에 중요한 역할을 했다. 이 분야 많은 책이 충고와 교훈적인 내용에 치우치는 경향이 있는데, 타마세브는 역사와 데이터, 이론, 자본 환경, 그리고 주요 창업자 또는 투자자와 진행한 인터뷰를 묶어 흥미진진한 이야기를 들려준다. 또한 기술 기업들의 역사가 아니라 그들을 잇는 거물급 창업자와 투자자의 여정과 전략을 묘사한다. (⋯) 때로는 그들의 여정에서 배워야 할 스타트업의 성공과 교훈에 대해 사람들의 기존 생각을 흔들어놓는 내부자의 관점도 소개한다."

_ 『커커스Kirkus』, 미국의 전문 서평지

"『슈퍼 파운더』는 창업자와 창업 기업가, 투자자에게 비즈니스를 구축할 때 무엇이 제일 중요한지 다시 생각해보라고 요구한다. 이 책에 담긴 통찰력 있는 이야기들은 스타트업 여정에 걸쳐 있는 편견을 물리치는 데 도움을 준다. 좀 더 일찍 나왔더라면 내 경력에 더 많은 도움이 됐을 법한 훌륭한 지침서다."

_ **토니 퍼델**, 퓨처셰이프 대표, 네스트 창업자, 아이팟 발명가, 아이폰 공동 발명가

"알리 타마세브는 수십억 달러 스타트업의 내부 이야기, 최고 스타트업 리더들과 진행한 인터뷰, 그리고 스타트업의 성공과 실패에 대해 비범한 관점을 제시한다. 한마디로 필독서다!"

_ **에릭 위안**, 줌 창업자 겸 CEO

『슈퍼 파운더』는 스타트업과 투자에 관해 지금껏 있었던 연구 중 통찰력 있는 벤처 투자자의 충분한 조사를 바탕으로 쓴 가장 포괄적인 책이다. 적극 추천한다."

_ **일리야 스트레불라예프**, 스탠퍼드 경영대학원 금융학 교수

"『슈퍼 파운더』는 스타트업을 분석하려는 에인절 투자자와 벤처 캐피털, 스타트업 창업자에게 비할 데 없는 훌륭한 도구를 제공할 뿐만 아니라, 수십억 달러 기업이 어떻게 탄생했는지 알고 싶어 하는 이들을 위한 흥미진진한 단독 인터뷰들도 담겨 있다."

_ **키스 라보이스**, 파운더스 펀드 경영 총괄 파트너이자 유튜브, 리프트, 옐프, 링크트인 투자자

"알리 타마세브는 위대한 창업자를 둘러싼 근거 없는 믿음과 오해의 실체를 밝힌다. 그의 책은 미래의 슈퍼 창업자가 되기 위한 여정에서 우리 자신에게 유리한 게임을 하라고 권장한다."

_ **앨프리드 린**, 세쿼이아 캐피털 파트너이자 에어비앤비, 도어대시, 하우즈 등의 투자자

"『슈퍼 파운더』와 같은 독창적인 연구를 보면 힘이 난다. 지금까지 데이터를 기반으로 스타트업의 성공과 실패를 이해하려는 노력이 부족했는데, 이 책이 바로 그 일을 해냈다."

_ **론 콘웨이**, SV 에인절 투자 기업 창업자이자 구글, 페이스북, 에어비앤비 등의 에인절 투자자

"스타트업을 성공으로 이끄는 요인에 대한 일반적 통념은 차고 넘친다. 알리 타마세브는 방대한 데이터 조합과 엄격한 기준, 신선한 통찰로 일부 자명한 이치를 입증하고 수많은 다른 속설의 실체를 밝혀낸다. 장차 창업자와 벤처 투자자를 꿈꾸는 이라면 반드시 읽어야 할 책이다!"

_ **톰 아이젠만**, 하버드 경영대학원 교수,
『스타트업, 왜 실패하는가?Why Startups Fail』의 저자

패턴 위에 또 다른 패턴이 있고, 다른 패턴에 영향을 미치는 패턴이 있
으며, 패턴에 감춰진 다른 패턴도 있고 패턴 속에 또 하나의 패턴이 있
기도 하다. 모든 것이 패턴이다. 자세히 살펴보면 역사는 늘 반복될 뿐
이다. 우리가 무질서라고 부르는 현상은 이제껏 인식하지 못했던 패턴이
며, 우연은 우리가 해석할 수 없는 패턴이다. 우리는 이해할 수 없는 것
들을 터무니없는 난센스라 칭하고 알아듣지 못하는 내용을 횡설수설이
라 여긴다.

_ 척 팔라닉, 풍자 소설 『서바이버Survivor』 중에서

　　몇 년 전 처음으로 회사를 창업하면서 나는 성공적인 스타트업에 관
한 아이디어를 주로 내가 본 영화와 기사, 늘 있기 마련인 유명 기업들
에 관한 통속적인 신화에서 얻었다. 페이스북Facebook의 스토리를 보
며 성공한 창업자 대부분은 마크 저커버그Mark Zuckerberg처럼 대학 시
절에 창업한다고 믿었다. 애플Apple의 성공 스토리를 접한 뒤에는 엄청
난 성공을 이루려면 기술 분야의 천재와 사업적 통찰력이 뛰어난 두

명의 공동 창업자가 필요하다고 확신했다(애플 창업 당시 세 명의 공동 창업자가 있었다는 사실은 한참 지난 뒤에야 알았다).

벤처 투자자 에일린 리Aileen Lee가 처음 사용한 용어 '유니콘unicorn'으로 불리기도 하는 수십억 달러 규모의 스타트업은 그 용어의 뜻처럼 비교적 희귀한 존재로, 전체 스타트업의 0.1%가 채 안 된다.

몇 년 뒤 벤처 캐피털 투자자로 활동할 때, 나는 너무나 적고 왜곡된 사례들이 언론의 주목을 받고 나의 인식에도 영향을 끼쳤다는 사실을 깨달았다. 벤처 캐피털 투자자로서 매년 수백 개의 스타트업을 검토하며 평가하고 실적을 추적하면서 이들 중 일부가 수십억 달러 기업으로 성장하는 경우를 보기도 했지만, 엄청난 성공을 이루는 기업과 그렇지 못한 기업은 정말 어떤 차이점이 있는지 여전히 알 수 없었다. 데이터가 아니라 직감에 의존하는 사람들이라면 그 누구라도 알지 못할 것 같다. 그래서 오랫동안 나를 괴롭혀온 문제의 해답을 찾는 여정에 나서기로 마음먹었다. 수십억 달러 규모에 이르는 스타트업은 창업 당시 정말 어떤 모습이었을까? 창업 첫날부터 다른 무리에 비해 뛰어났을까? 만약 그렇다면, 어떻게 달랐을까?

2017년부터 인터넷에 저장된 자료를 자세히 살펴보며 수백 건의 인터뷰 기사를 읽고 비즈니스용 SNS 링크트인LinkedIn과 IT 매체 크런치베이스Crunchbase에 올라온 기업 프로필 수천 건을 검토했으며, 내가 찾을 수 있는 모든 공공 및 민간 데이터 소스를 조사했다. 이런 데이터를 수집하기 위해 각 데이터에서 발견한 3만 가지 정보를 일일이 수작업으로 종합하고 스타트업별로 65개 요인을 분석하며 4년 동안 수천

시간을 보냈다. 아울러 기업의 초창기 경쟁자부터 이들을 방어할 수 있는 요인, 창업자의 나이, 그들이 다닌 대학의 순위, 기업에 투자한 사람들의 자질과 단계별 자본조달 타이밍에 이르기까지 수많은 정보를 수집했다. 기준이 되는 그룹과 비교하지 않으면 어떤 연구도 의미가 없으므로, 같은 시기에 창업했지만 수십억 달러 기업으로 성장하지 못한 비슷한 규모의 스타트업들을 대상으로 동일한 데이터를 수집했다.

데이터를 모으는 동안 나는 성공 요인을 두고 투자자와 창업자의 생각 속에 영원히 각인된 고정관념을 여전히 들을 수 있었다. 즉 수십억 달러 가치의 기업은 대부분 아이비리그 소속 대학 중퇴자가 시작했고, 초기 창업자들을 발굴하고 투자하는 것은 물론 이들이 경쟁력을 갖출 수 있도록 실전 창업교육과 전문 멘토링을 지원하는 민간 창업 보육기관의 유명한 액셀러레이터 프로그램을 반드시 거쳤을 뿐만 아니라, 소비자 개인이 지닌 문제를 해결하거나 시장에 처음 나오는 아이디어로 창업해야 하며, 경쟁도 없어야 한다는 고정관념이었다. 수십억 달러 규모로 성장한 스타트업 중 몇몇은 이런 전형에 해당하지만 대부분은 그렇지 않다. 내가 수집한 데이터를 보면 수십억 달러 기업의 창업자는 중퇴자보다 박사학위 소지자가 더 많고, 대다수는 기술과 전혀 상관없는 분야 출신이었다. 또한 액셀러레이터 프로그램을 거친 창업자는 15%도 채 되지 않으며, 소비자 개인의 문제를 해결하면서 창업한 수는 많지 않고, 시장에 처음 등장하는 아이디어로 창업한 사람은 극히 드물었다.

이를 보며 나는 얼마나 많은 기업이 이런 패턴에 맞지 않는다는 이유로 자본조달에 실패했을지 궁금했다. 또 성공할 가능성이 있는 창업자가 같은 이유로 사업을 시작조차 하지 못한 경우는 얼마나 될까? 이런 질문에 답하기 위해 수십억 달러 기업 중 잘 알려진 기업뿐만 아니라 여러 기업의 창업자들에게서 직접 들은 창업 스토리를 기존 데이터 조합에 더해서 이 책을 쓰기 시작했다.

수십억 달러 규모로 성장한 기업 중 내가 조사를 진행한 2005년에서 2018년 사이 창업한 기업은 200개가 넘었다. 이들 중 다수는 사람들이 잘 모르는 기업일 수도 있다. 이 책에 등장하는 우버Uber와 에어비앤비Airbnb, 줌 비디오 커뮤니케이션스Zoom Video Communications 외에, 약물 치료의 대안으로 신경에 전기 자극을 가해 만성 통증을 줄이는 의료기기 제조 기업 네브로Nevro와 같은 스타트업도 수십억 달러 기업으로 올라섰으며, 네트워크에 연결된 PC, 태블릿, 모바일 기기, 서버와 같은 단말endpoint에서 정보 보안 관리를 실행하는 소프트웨어 개발 기업 태니엄Tanium도 여기에 속한다. 터키의 이스탄불을 거점으로 한 유명 모바일 게임 개발 기업 피크Peak처럼 전형적인 기술 분야를 벗어나 수십억 달러 규모로 성장한 사례도 많다.

수집한 데이터는 내 주장을 뒷받침하며, 세 장을 제외하고 각 장 마지막에 등장하는 창업자 및 투자자와 진행한 인터뷰는 보다 상세한 내용을 전달한다. 업무 경험을 다루는 장에서는 관련 산업 경험이 전혀 없는 두 창업자가 어떻게 암 치료 장비 시장을 흔들어놓았는지 알 수 있다. 스타트업의 사업 변경, 업종 전환을 뜻하는 피봇pivot에 관한 장은 유튜브YouTube가 피봇을 통해 오늘날 모습을 갖춘 방법을 알려준다. 투자 유치 대신 소규모 자기자본으로 창업하는 독자 자본조달bootstrapping(벤처 캐피털이나 에인절 투자자를 통해 대규모 투자를 유치하는 대신 독자적인 소규모 자본으로 기업 운영을 시작하는 경우를 말한다_옮긴이)을 설명하는 장에서는 소프트웨어 개발 기업 깃허브GitHub가 75억 달러에 인수되기 전 4년 이상 진행한 초기 단계 자본조달 방식을 볼 수 있다. 자본조달 방식에 관한 장은 피트니스 관련 기업 펠로턴Peloton과 에어비앤비 같은 기업이 초창기 자본조달 과정에서 어떤 어려움을 겪었는지 설명한다.

내가 실행한 연구조사 결과 중 일부는 특정 요인들이 성공에 전혀 영향을 미치지 않는다는 사실을 알려준다. 그러므로 고정관념에서 벗어나고 더 이상 쓸데없이 걱정하지 말기 바란다. 또한 다른 일부 요인은 창업자와 사업 아이디어의 성공 가능성을 더욱 높여준다는 것을 증명하며, 여러분의 사고방식을 전환하는 데 도움을 줄 것이다. 나는 이 책에서 다음과 같은 질문에 대한 답을 제시한다.

- 얼마나 많은 스타트업이 창업 당시 복수의 경쟁자와 경쟁했을까?
- 창업자가 창업 전에 쌓은 총업무경력은 몇 년이나 될까? 업무 경력은 같은 산업에서 쌓은 것일까?
- 창업자 대부분은 창업 전에 다른 기업을 창업한 적이 있을까? 만약 있다면, 이전의 창업은 성공했을까?
- 창업 이후 첫 번째 투자를 받기까지 얼마나 걸렸을까? 그 투자는 유명한 투자자에게서 유치했을까?

데이터 외에 인터뷰 내용은 드러나지 않은 보다 자세한 얘기를 창업자들로부터 직접 들을 기회를 제공한다. 일부 경우에서는 인터뷰 내용이 데이터를 증명하는 전형적인 사례이고, 또 다른 경우에서는 데이터가 나타내는 방향과 다른 예외적인 사례도 보여준다. 이처럼 데이터와 다른 결과를 보여주는 인터뷰 내용도 중요하다. 데이터가 증명하는 성공 조건이 아닌 다른 조건에서도 성공을 이룰 수 있다는 사실을 입증하기 때문이다.

이 책에는 신규 시장 조성과 시장 확장의 선택 문제를 놓고 페이팔PayPal과 어펌Affirm의 공동 창업자 맥스 레브친Max Levchin과 진행한 인터뷰와 제품 차별화에 대해 네스트Nest 창업자이자 아이팟iPod 발명가인 토니 퍼델Tony Fadell과 한 인터뷰, 경기침체 시기에 창업하는 문제에 관한 클라우드플레어Cloudflare 공동 창업자 미셸 재틀린Michelle Zatlyn의 인터뷰, 경쟁이라는 주제를 두고 줌 비디오 커뮤니케이션스 창업자 에릭 위안Eric Yuan과 나눈 인터뷰가 실려 있다. 또한 페이스북과 스페이스XSpaceX, 스포티파이Spotify를 비롯한 여러 기업에 투자한 피터 틸Peter Thiel과 에어비앤비, 도어대시DoorDash 등의 기업에 투자한 세쿼이아 캐피털Sequoia Capital의 앨프리드 린Alfred Lin, 유튜브와 링크트인의 투자에 참여한 파운더스 펀드Founders Fund의 키스 라보이스Keith Rabois를 상대로 스타트업의 투자유치 설명회에서 주의 깊게 살펴보는 내용과 스타트업이 자금조달 과정에서 가장 유의해야 할 점 등에 관해 인터뷰한 내용도 수록돼 있다. 나는 이 전문가들과 마주 앉아 그들의 배경과 스타트업 관련 정보나 투자 스토리, 그들이 기업을 운영하는 방법 등에 관해 많은 질문을 던졌다.

내가 수집한 데이터 조합은 기업공개IPO를 통한 공개시장 상장이나 인수합병, 또는 민간 부문에서의 자본조달을 통해 한때 기업가치가 수십억 달러를 넘어섰던 모든 스타트업에 관한 데이터를 포함하고 있다. 따라서 이 연구조사는 일반적으로 유니콘으로 언급되는 민간 투자자의 가치평가보다 범위가 더 넓다. 어떤 이들은 유니콘의 가치가 서류상에만 존재한다고 주장한다. 사실 많은 유니콘 기업이 과대평가되거나 훗날 그런 지위를 잃기도 한다. 그래도 스타트업이 수십억 달러 가치에 이르렀다는 사실은 획기적인 현상이다.

결국 평범한 스타트업은 대부분 실패하며 사라지지만 수십억 달러 가치의 스타트업은 평균적으로 수백 명의 직원을 고용하고 수천 명의 소비자가 사용하는 제품을 만들어낸다. 가치평가가 '성공' 자체를 규정하는 이상적인 측정 방법은 아니지만, 이 기업들의 총수익과 이익, 사회적 영향력에 관한 데이터가 부족한 상황에서 가치평가는 임의적이라 하더라도 연구 대상을 선정하는 좋은 방법이다.

나는 이 책에 담긴 통찰이 새로운 사실에 대해 눈을 뜨게 할 뿐만 아니라 여러분의 창업 기업가 여정에 유용하고 실질적으로 쓰이기를 바란다.

일부 창업자는 특정 기법 혹은 특별한 방법으로 팀을 구성하거나 고정관념에 맞추려 노력할지도 모르겠다. 이 책은 정말 중요한 것이 무엇인지 파악하기 위해 데이터를 활용한다. 이를 통해 프로젝트나 부가적인 사업을 구축하고 이끄는 데 어려움을 겪었던 창업자에게 수십억 달러 기업을 만들어낼 기회가 훨씬 더 많았고, 업무 경력 10년이 평균이지만 많은 창업자가 창업 후 자신이 크게 흔들어놓을 산업을 창업하기 전에는 전혀 알지 못했으며, 이런 성공을 거두리라 예상한 창업자가 많지 않았다는 사실을 알 수 있다. 또한 크게 차별화된 제품을 만드는 것이 중요하지만, 시장에 처음으로 등장하는 제품이 될 필요는 없다는 것도 알 수 있다.

내가 이 책에서 언급한 일부 기업은 앞으로 유니콘 기업의 지위를 잃을지도 모른다. 이 기업들은 세월의 시련을 이겨내며 몇 세대에 걸쳐 이어지는 기업 왕국의 사례라기보다 조기에 획기적인 성공을 이루며 고객들의 상상력을 자극하고 수십억 달러가 넘는 가치에 이른 스타트업의 본보기다.

이 책은 어느 스타트업이 크게 성공하고 어느 스타트업이 그러지 못할지 예측하기 위한 것이 아니라, 수십억 달러 기업들의 구조와 반복될 가능성이 높은 그들의 역사에 배어 있는 패턴들을 데이터 중심으로 관찰하는 데 목적을 두고 있다. 나는 데이터와 인터뷰에서 발견한 영감 속에 여러분이 배울 만한 교훈이 있기를 바란다. 창업자들의 다양한 배경을 소개하고 그들의 성공뿐만 아니라 실패 여정을 추적해 성공을 간절히 바라는 창업자와 투자자에게 피해를 입히는 오해와 부당한 편견을 없애기 위해 이 책을 썼다. 결과적으로 이 책은 여러분이 자기 생각보다 훨씬 더 슈퍼 창업자에 가까워질 수 있다는 사실을 알려준다.

마지막으로, 이 조사를 하면서 다양한 창업 팀을 다루지 못했다는 점을 인정할 수밖에 없다. 나는 실리콘밸리의 전설적인 투자자 벤 호로위츠Ben Horowitz에게서 받은 영감에 따라, 이 책에서 얻은 수익금을 사회적 계층의 유동성과 다양성 향상에 힘을 보태는 비영리기구와 자선단체에 기부할 예정이다.

상관관계가 인과성을 뜻하지는 않는다

- 방법과 통계에 관한 설명 -

이 책은 편견과 오해를 더 많이 불러일으키는 게 아니라 줄이는 데 목적이 있다. 내가 이 책의 근간을 이루는 조사 방법과 통계에 관한 설명으로 시작하는 이유도 바로 거기에 있다.

여러분은 이 책에서 수많은 수치와 퍼센티지를 접할 것이다. 때로는 데이터에 담긴 맥락을 정확히 이해하지 못해 잘못된 결론을 내리는 경우가 쉽게 발생한다. 예를 들면 수십억 달러 기업의 창업자 중 존John 이라는 이름을 가진 사람이 10%라고 해서 존으로 이름을 지으면 수십억 달러 기업을 시작할 확률이 높아진다는 의미가 아닌데, 그렇게 잘못 생각할 수도 있다. 이 외에도 사람들을 혼란스럽게 만드는 요인들이 있다. 어쩌면 미국 내 모든 인구의 10%가 존일 수도 있다. 아니면 존이라는 이름을 가진 사람들의 사회경제적 배경이 상류층에 속하는 가문 출신이며, 이처럼 부유한 부모 밑에서 자란 사람들이 취직하는 대신 창업할 수단이 더 많을 수도 있다. 또는 벤처 캐피털 투자자가 단순히 존이라는 사람들에게 투자하기를 좋아하는 편견을 지닐 가능성도 있다.

데이터를 제대로 해석하려면 먼저 기준치를 이해해야 한다. 가장 이상적인 방법은 스타트업을 창업한 모든 사람을 조사해 그중 몇 명의 이름이 존인지 확인하는 것이다. 하지만 지금껏 수십만 개의 스타트업이 창업했다는 사실을 감안할 때 이 방법은 불가능하다. 편견을 지니고 있을지도 모르는 벤처 투자자를 파악하려면 벤처 캐피털이 투자한 기업 중 얼마나 많은 기업의 창업자 이름이 존인지 알아보는 것도 좋은 방법이다. 만약 벤처 캐피털에서 투자를 유치한 모든 기업 중 창업자 이름이 존인 기업은 단 1%이지만, 수십억 달러로 성장한 스타트업 중 창업자 이름이 존인 기업은 10%라면, 존이라는 이름이 요술 지팡이일 수도 있으니, 모두가 이름을 바꿔야 할지도 모르겠다!

이 책은 수십억 달러 기업에 관한 데이터와 유니콘 기업에 이르지 못한 스타트업으로 구성된 기준 그룹의 데이터를 비교 분석한다. 내가 데이터를 수집한 2005년에서 2018년 말까지 약 2만 개의 스타트업이 창업해 각 기업이 최소 300만 달러의 자본을 조달했다. 미래에는 인공지능과 자연어 처리 기법을 활용해 이들 기업 각각에 대한 데이터를 자동으로 수집할 수 있을 것이다. 하지만 지금까지는, 예를 들어 경쟁자와 방어 가능성 요인을 파악하는 작업 등 대부분이 수작업으로 이뤄졌다. 나는 조사연구에 담긴 스타트업 데이터의 대다수를 수작업으로 수집했다. 조사연구를 제대로 하려면 각 기업에 대한 정확한 판단과 매우 광범위한 조사가 필요했기 때문에, 2만 개에 이르는 스타트업 전부에 관한 데이터 수집은 비현실적인 것으로 드러났다.

이런 상황에서 통계 전문가는 일반적으로 샘플링, 즉 표본 추출 기법을 사용한다. 이에 따라 나는 해당 기간에 창업한 2만여 개의 스타트업 중 무작위로 200개 기업을 연구 대상으로 선정해, 수십억 달러 기업에서 수집한 데이터와 동일한 데이터 요소들을 수집했다. 무작위로 선정한 스타트업 그룹(이 책에서는 랜덤 그룹random group으로 부른다)에서 수집한 데이터는 일반적인 스타트업의 모습을 보여주므로 이 데이터들을 수십억 달러 규모에 이른 그룹과 비교하는 기준치로 활용할 수 있다. 통계적 검정 방법에 따르면 200개의 샘플은 더 많은 수가 속한 전체 그룹을 대표하기에 충분했다.

나는 수십억 달러 스타트업 그룹과 랜덤 스타트업 그룹을 비교할 때 95% 신뢰 구간의 통계적 검정을 활용했다. 창업자의 나이와 조달한 자본금, 대학 순위 등 다수의 요인을 비교했기 때문에 '다중 비교 문제'에 빠지기 쉬웠다. 즉 두 그룹을 수많은 다양한 요인을 중심으로 계속 비교하면 우연히 두 그룹이 차이를 보이는 요인을 찾아내는 상황에 이를 수도 있다. 이처럼 잘못된 발견 문제를 보정하기 위해, 두 그룹 사이에 우연히 일어날 수 없는 가장 중요한 차이점만 기록되는 벤저미니-호치버그Benjamini-Hochberg 절차를 사용했다.[1]

통계학적 견고함을 유지하려고 많이 노력했지만, 이 연구가 학문적 연구가 아니라는 점에 주목할 필요가 있다. 개개 요인 전부를 보정할 수는 없었기 때문에 여전히 함정이 남아 있다. 이런 연구에서는 항상 데이터 자체에 잠재적 편향성이 나타나기 마련이다. 예를 들면 실패한 기업은 어떤 목록에도 나타나지 않는 생존자 편향, 영향이 있을지도 모르지만 조사 과정에서 빠진 외부 지표에 따라 발생하는 누락된 변수 편향, 자신도 모르게 편향된 개인의 독단적 판단에 의존하는 데이터 포인트를 만들어내는 관찰자 편향, 불완전한 데이터(많은 수는 아니지만 일부 기업의 데이터 포인트를 찾지 못했다), 잘못된 데이터(나중에 기업에 합류한 임원을 창업자 중 한 사람으로 확인하며 기업 역사를 다시 작성하는 기업도 있다) 등이다. 또한 운이나 특권, 정보 접근 권한이 많은 창업자의 성공에 중요한 역할을 했다는 사실도 인정해야 한다.

이 모든 것을 감안해, 나는 스타트업과 그들을 성공으로 이끈 요소에 관해 어쩌면 지금껏 축적된 것 중 가장 방대한 데이터 조합을 수집하고 분석하며 많은 시간을 보냈고, 조사 방법이 유효하고 결론이 타당한지 확인하려고 여러 학자와 공동 작업을 진행했다. 이 책의 결론이 우리 산업을 발전시키는 데 도움이 되기를 바란다.

•
목
차
•

PART 1 | 창업자

PART 2 | 기업

PART 3 자본조달

SUPER

PART _ 1

창업자

FOUNDERS

───── 벤처 자본가에게 기업을 평가할 때 어떤 요소를 고려하는지 물어보면 누구나 '팀' 또는 '창업자'의 강점을 가장 우선으로 꼽는다. 당연하다. 창업 초창기에는 기업을 뒷받침하는 사람들 말고는 평가할 사항이 거의 없다. 훌륭한 아이디어는 훌륭한 팀에 의해서만 실행되므로, 많은 투자자가 최고 인재를 영입하려 노력하는 탁월한 창업자의 전형적인 모습에 의존할 수밖에 없었다. 수십억 달러 기업을 다른 기업보다 돋보이게 만드는 요소를 이해하려면 먼저 기업을 구축한 사람을 이해해야 한다. 그래서 이 책은 창업자에 대한 분석으로 시작한다. ─────

1

창업자의 배경에 관한 편견

나이

수십억 달러 규모로 성장할 스타트업 아이디어를 떠올린 2005년에 서던캘리포니아대학교 2학년 학생이던 에런 레비Aaron Levie는 법적으로 음주가 허용되지 않는 나이였다. 당시 교수와 학생들이 대용량 파일을 공유하고 저장하는 데 어려움을 겪는 모습을 목격한 그는 인턴으로 일하던 파라마운트 픽처스Paramount Pictures의 임원들도 디지털 파일을 주고받을 때 주로 휴대용 저장장치인 플래시 드라이브를 사용하며 동일한 문제에 빠져 있음을 확인했다. 그 방법은 매우 번거롭고 효율적이지 못했다. 얼마 전 클라우드 저장에 관한 학교의 프로젝트에 참여했던 레비는 사람들이 어디서나 자신의 파일에 접근할 수 있도록 소규모 클라우드 저장 공간을 빌리는 아이디어를 생각해냈고, 박스Box

라고 이름 붙여 고등학교 친구 몇 명과 함께 시제품을 만들었다. 얼마 지나지 않아 수요가 폭증했다. 회사 업무와 대학 수강을 병행하느라 하루 16시간도 모자랐던 레비는 결국 학교를 자퇴하고 박스의 CEO 자리에 올랐다. 당시 그는 열아홉 살이었다.

이처럼 수십억 달러 스타트업 대부분은 큰 위험을 기꺼이 택할 수 있는 자유를 지닌 젊은이들이 시작한다는 근거 없는 믿음이 오랫동안 이어지고 있다. 레비뿐만 아니라 젊은 나이에 크게 성공한 전설적인 인물들이 대중의 생각 속에 깊이 자리 잡고 있다. 잘 알려진 대로 마크 저커버그는 하버드대학교 기숙사 방에서 페이스북 프로그램을 만들었다. 멜라니 퍼킨스Melanie Perkins는 스물두 살 때 수십억 달러 가치로 평가받은 그래픽 디자인 플랫폼 캔바Canva 아이디어를 냈다. 리테시 아가월Ritesh Agarwal은 열아홉 살에 수십억 달러 가치의 글로벌 호텔 체인 오요 룸스Oyo Rooms를 창업했다. 모바일 결제 모듈을 공급하는 스트라이프Stripe를 공동 창업한 패트릭 콜리슨Patrick Collison과 존 콜리슨John Collison 형제는 서른 살이 되기도 전에 억만장자 대열에 합류했다.

실제로 수십억 달러 스타트업으로 성장한 창업자 중 다수가 20대 초반에 사업을 시작했다. 하지만 수십억 달러 스타트업의 창업자 대부분이 그런 것은 아니다. 그보다 나이 많은 창업자들에 관한 스토리를 우리가 언론에서 접하지 못했을 뿐이다. 예를 들어 클라우드 기반 기업용 소프트웨어를 공급하는 아나플랜Anaplan 창업자 가이 해들턴 Guy Haddleton의 경우를 보자. 해들턴은 대학을 중퇴한 뒤 군대에 입대해, 뉴질랜드 특수부대 대위까지 진급했다. 이후 1998년 기업 임원으로 근무하며 경영활동 계획 수립과 성과 추적, 분석, 예측을 하는 보다 나은 방법을 생각해냈다. 이 아이디어를 바탕으로 자신의 첫 번째 기업 어데이텀Adaytum을 창업했고, 10년 뒤 1억 6,000만 달러에 매각했다. 그로부터 몇 년 뒤 쉰 살이 된 해들턴은 자신이 개발한 제품을 클라우드 기반 소프트웨어로 한 단계 업그레이드하는 방법을 고안한 뒤 대기업에 비즈니스 계획 수립용 소프트웨어 서비스를 판매하는 아나플랜을 창업했다. 이후 아나플랜은 기업 공개IPO를 통해 30억 달러의 자금을 조성하며 뉴욕증권거래소에 상장됐다.

수십억 달러 기업의 창업자 연령대를 보면 폭이 상당히 넓다. 이들

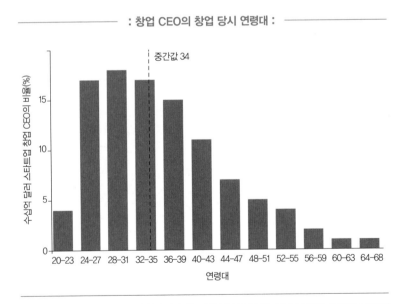

: 창업 CEO의 창업 당시 연령대 :

수십억 달러 스타트업 창업 CEO의 창업 연령대는 매우 폭넓으며, 절반 이상이 서른네 살이 넘어 창업했다. 적든 많든 창업자의 나이는 기업의 성공과 크게 관련이 없다.

이 기업을 시작한 나이는 열여덟 살에서 많게는 예순여덟 살까지 다양하다. 이 창업자들의 나이 중간값은 서른넷이다. 이는 수십억 달러 스타트업 창업자의 절반이 '서른네 살 이상의 나이'에 창업했다는 의미다. 랜덤 스타트업 그룹의 창업자 연령 분포도 이와 거의 비슷했다. 이 말은 곧 적든 많든 창업자의 나이는 기업의 성공과 크게 상관없다는 뜻이다. 다시 말해, 나이는 중요하지 않다. 데이터를 보면 보다 젊은 창업자가 약간 더 많지만, 통계적으로 의미 있는 큰 차이는 아니었다. 하지만 데이터는 서른네 살 이하 젊은 그룹이 창업한 기업이 평균적으로 더 많은 가치를 창출했다는 사실을 보여준다.

서른네 살 이상의 창업자는 평균적으로 기업가로 활동한 역사가 더 길었다. 이들 중 3분의 2는 해들턴처럼 이미 창업한 경험이 있었다. 나머지 3분의 1은 대부분 대기업 임원으로 근무하며 오랫동안 관련 업무 경험을 쌓았고 대규모 팀과 제품을 관리하는 데 익숙했다. 화상통신 서비스를 제공하는 기업 줌의 창업자 에릭 위안은 마흔다섯 살에 창업했다. 창업하기 전에는 시스코Cisco의 수석 부사장으로 재직하며 1,000명 규모의 팀을 이끌었다. 에릭 발데슈빌러Eric Baldeschwieler는 마흔여섯 살 때 공개 소스 소프트웨어 하둡Hadoop을 바탕으로 구축한 빅데이터 스타트업 호턴웍스Hortonworks를 창업해 수십억 달러 기업으로 성장시켰다. 자신의 벤처 기업을 창업하기 전에는 야후Yahoo에서 하둡 팀을 구성하고 관리했다. 토드 매키넌Todd McKinnon은 서른일곱 살에 개인 신원 관리identity management 기업 옥타Okta를 창업했고, 그전에는 세일스포스Salesforce에서 엔지니어 100명으로 구성된 팀을 운영했다.

창업에 참여한 부문별 최고책임자cxo(CFO, CTO 등 기업 내 서열 2인자를 표현하기 위해 내가 사용한 용어)는 더 폭넓은 연령 분포를 보였다. 창업 초기에는 대부분의 경우 최고기술책임자cto가 이 역할을 수행하지만 때로는 최고과학책임자나 최고의료책임자, 보다 전통적인 분야에서는 최고운영책임자coo가 맡기도 한다. 수십억 달러 스타트업의 창업 당시 부문별 최고책임자의 연령대는 열여섯 살에서 일흔여섯 살까지 훨씬 폭넓었다.

의료생명공학 기업 창업자들은 창업 당시 나이가 평균 마흔두 살로 다른 산업보다 많았지만, 일반 벤처 기업과 소비재 기술 기업의 창

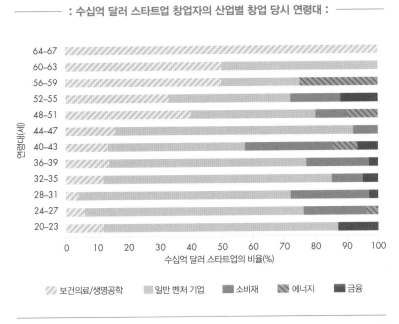

────── : 수십억 달러 스타트업 창업자의 산업별 창업 당시 연령대 : ──────

수십억 달러 규모의 의료생명공학 스타트업 창업자의 나이는 다른 산업에 비해 평균적으로 많았고, 소비재와 일반 벤처 기업 분야에서는 어떤 연령대의 창업자도 성공할 수 있었다.

업자 연령대는 매우 폭넓었다. 이런 데이터는 밀레니엄 세대만 이런 시장을 차지할 수 있다는 논리를 반박한다. 마크 로어Marc Lore는 마흔두 살에 전자상거래 웹사이트 젯닷컴Jet.com을 창업했고, 월마트Walmart가 이 기업을 33억 달러에 인수했을 때 그의 나이는 마흔다섯 살이었다. 인적자본 관리 소프트웨어를 만드는 기업 워크데이Workday를 창업한 데이비드 더필드David Duffield는 창업 당시 나이가 예순넷이었다. 그러므로 나이가 젊거나 많은 데서 오는 주목할 만한 이점은 없다.

1인 창업자

함께 창업할 파트너가 없는 창업자는 실패할 것이라는 근거 없는 믿음이 있다. 구글Google의 래리 페이지Larry Page와 세르게이 브린Sergey Brin, 애플의 스티브 잡스Steve Jobs와 스티브 워즈니악Steve Wozniak, HP의 빌 휼렛Bill Hewlett과 데이비드 패커드David Packard처럼 2인 창업으로 성공한 사례가 정말 많기 때문에 공동 창업자 없이 기업을 시작한다는 것은 거의 상상하기 어려울 정도다.

실제로 성공을 꿈꾸는 창업 기업가 대부분은 1인 창업을 하지 말라는 조언을 받는다. 스타트업을 위한 이런 조언이 매우 깊이 뿌리박힌 탓에 일부 창업 인큐베이터와 액셀러레이터 프로그램은 창업자가 1인 창업을 하지 못하도록 권고하고 공동 창업자와 '연대하는' 형태와 절차를 프로그램에서 가르치며 권장한다. 공동 창업자들은 초기 아이디어를 두고 서로에게 반향이 되며 벅찬 업무량을 분담할 수 있다는 이

30

점이 사람들 사이에 당연한 지혜로 자리 잡은 듯하다. 게다가 파트너와 함께 공동 창업을 하면 그 기업을 신뢰하는 사람이 최소한 한 명은 더 있다는 것을 증명하게 된다. 일부 벤처 투자자는 공동 창업자가 없으면 그 기업에 대한 확신이 부족하다는 표시로 여기며 1인 창업자를 멀리한다. 이처럼 근거 없는 믿음 때문에 장차 큰 성공을 꿈꾸는 예비 창업자가 1인 창업자로 투자 유치에 나서는 상황을 피하기 위해 서로 어울리지 않는 사람과 팀을 이루는 상황에 이를 수도 있다.

하지만 실제로는 수십억 달러 기업 다섯 곳 중 하나는 1인이 창업했다. 물론 2인 창업자 비율 36%나 3인 창업자 비율 28%보다는 낮지만, 우리가 생각하는 것보다는 높다. 4명 이상이 창업해 수십억 달러에 이른 사례도 있다. 4명이 공동 창업한 수십억 달러 기업은 12%이며, 아주 드물기는 하지만 5명 이상이 창업한 경우도 있다. 이 비율은 랜덤 그룹에서 나타나는 비율과 비슷한 형태를 보이며, 1인 창업을 포함해 창업자 수에 관한 어떤 창업 시나리오에도 특별히 유리하거나 불리한 점이 없음을 알려준다. 즉 이 요소 또한 성공의 요인은 아니다.

인터넷상에서 다수의 개인으로부터 소규모 후원을 받거나 투자를 유치하는 크라우드펀딩 서비스를 제공하는 킥스타터Kickstarter에서 자금을 마련한 프로젝트들을 조사한 제이슨 그린버그Jason Greenberg와 이선 몰릭Ethan Mollick은 오히려 1인 창업이 약간 더 유리하다는 결론을 제시했다.[1] 이 조사에 따르면 1인 창업자가 시작한 프로젝트가 기업으로 발전할 가능성이 더 높았고 선주문에 의한 수익도 더 많이 올랐다.

공동 창업보다 1인 창업이 더 나은 분명한 이유가 있다. 바로 공동 창업자 사이의 갈등이다. 성격 충돌이든 세력 다툼이든 공동 비전 결여든, 이런 갈등은 스타트업이 실패하는 주요 원인 중 하나다. 관련 데이터를 보면 일부 1인 창업자가 다른 공동 창업자보다 더 나은 이유를 알 수 있다.

수십억 달러 기업의 1인 창업자는 공동 창업자들보다 월등히 나은 경력을 보유했다. 그들 중 다수가 이미 기업을 창업한 적이 있고, 기업을 성장시키는 방법을 파악하고 있으며, 상당한 금액을 받고 기업을 매각한 사례도 많았다. 이력서에 이미 큰 성공을 이룬 경력이 포함된 사람은 또 다른 기업을 훨씬 쉽게 시작하는 것 같다. 그런 이력을 갖추

: 수십억 달러 스타트업의 공동 창업자 수 :

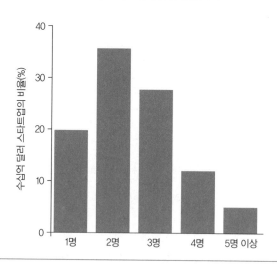

수십억 달러 스타트업 다섯 곳 중 하나는 1인 창업자가 창업했다. 공동 창업자의 수가 많거나 적은 데 따른 이점이나 불리한 점은 없다.

지 못한 사람은 기업의 비전을 구상하고 초창기 인재들을 광범위하게 고용하며 투자자와 관계를 확보하기 위해 공동 창업자에게 의존해야 할지도 모른다. 기업에 도움이 된다면 한 명 또는 다수와 팀을 이루는 방법도 괜찮지만, 단지 그렇게 할 수밖에 없다는 이유로 공동 창업을 해서는 안 된다.

2006년 온라인 중고차 검색 및 쇼핑 웹사이트 카구루스CarGurus를 창업했을 때 랭글리 스타이너트Langley Steinert는 이미 창업 기업가로서 상당히 괜찮은 경력을 보유하고 있었다. 카구루스를 창업하기 전인 2000년에 여행지 추천 웹사이트 트립어드바이저TripAdvisor를 공동 창업해 몇 년 동안 운영했고, 이후 트립어드바이저의 가치는 10억 달러를 넘어섰다. 이와 비슷한 형태의 웹사이트 카구루스는 처음에는 사람들이 지역 내 자동차 딜러와 판매점에 관한 리뷰와 질문을 게시하는 지역 공동체 포럼 같은 역할을 했다. 스타이너트는 이 프로젝트를 혼자서 진행하기로 결정했다.

카구루스는 훗날 미국에서 가장 큰 신차와 중고차 거래 시장으로 성장하며 캐나다와 영국, 유럽에서도 사업을 운영했다. 하지만 사업 초창기에는 트립어드바이저의 운영 방식을 많이 따랐다. 즉 여행지 추천 웹사이트처럼 알고리즘과 사용자들의 입력 내용을 활용해 웹사이트 이용자들에게 적절한 정보가 드러나게 했고, 이후에는 데이터 분석을 통해 자동차 구매자가 적당한 차량을 찾는 데 도움을 주었다. 스타이너트는 트립어드바이저를 개발한 경험을 바탕으로 비즈니스를 성장시키는 방법을 이미 알고 있었기 때문에 공동 창업자 없이도 기업을 운영할 수 있었다. 또한 트립어드바이저의 성공은 카구루스가 인재 확보와 자본조달을 보다 쉽게 할 수 있도록 했고, 이는 스타이너트가 1인 창업자로 성공하는 데 많은 도움을 줬다. 카구루스는 2017년 IPO를 통해 기업가치가 15억 달러에 이르렀다.

미국 외 다른 지역에서도 비슷한 패턴이 발견된다. 이 책을 쓸 당시 전 세계에서 가치가 매우 큰 개인 소유 스타트업 중 하나이자 비디오 공유 애플리케이션 틱톡TikTok과 콘텐츠 통합 플랫폼 터우탸오Toutiao를 개발한 유명한 중국 기업 바이트댄스ByteDance는 장이밍張一鳴 혼자서 창업했다.

반면 릭 풀롭Ric Fulop이 데스크톱 메탈Desktop Metal을 창업했을 때는 창업자가 6명이었다. 데스크톱 메탈은 산업용 3D 프린터를 개발해 3차원 인쇄 분야 선구자 역할을 했다. 이 3D 프린터는 금속 분말로 물체를 찍어내는데, 이는 시제품 생산을 진행하거나 대량생산에 투입하기 전 금속 부품을 테스트할 수 있는 유용한 과정이었다. 풀롭의 공동 창업자들은 다양한 전문성으로 이 프로젝트에 힘을 보탰다. 그들 중 한 명인 엘리 삭스Ely Sachs는 데스크톱 메탈 창업의 바탕이 된 바인더 젯 프린팅binder jet printing(분말 형태 재료를 에폭시 수지로 층층이 접착하는 방식_옮긴이) 기술을 발명한 바 있다.

데스크톱 메탈의 창업 CEO로 취임한 풀롭은 창업 경험이 많은 노련한 기업가였으며, 소프트웨어에서 반도체에 이르는 여러 산업 분야에서 다수의 스타트업을 창업한 경험이 있었다. 데스크톱 메탈 창업 직전에는 배터리용 리튬 이온을 공급하는 기업을 창업해 업계 선두 자리

34

에 올랐고, 이를 통해 다수의 MIT 재료 과학자와 협업했다. 이 작업으로 데스크톱 메탈의 핵심 지적재산을 형성했고 최고기술책임자CTO 조나 마이어버그Jonah Myerberg 등 공동 창업자 일부를 영입했다.

7명의 공동 창업자가 많아 보이면 거대 기업으로 성장한 중국 스타트업 알리바바Alibaba를 생각해보라. 엄밀히 따지면 알리바바에는 18명의 공동 창업자가 있다. 창업 CEO 잭 마Jack Ma가 가장 널리 알려져 있지만, 그는 금융 업무, 저널리즘 등 다양한 분야의 전문성을 지닌 동료와 친구, 연구생, 창업 기업가를 포함한 17명과 함께 이 기업을 시작했다. 공동 창업자들의 폭넓은 다양성은 프로젝트를 향한 그들의 충실함과 함께 알리바바의 지속적인 성공을 뒷받침하는 중요한 원동력이다. 공동 창업자 중 다수는 여전히 기업 내에서 경영진 역할을 하고 있다.[2]

어쩌면 스타트업에서 공동 창업자의 수보다 더 중요한 요소는 공동 창업자들이 서로 협조하고 협업하는 방식일 것이다. 내가 발견한 또 다른 흥미로운 세부 사항은 수십억 달러 기업 중 최소한 45%는 공동 창업자가 한때 같은 학교를 다녔거나 같은 직장에서 근무했다는 점이다. 클라우드 환경에 대한 모니터링과 보안 플랫폼을 서비스하는 데이터도그DataDog의 공동 창업자 올리버 포멜Oliver Pomel과 알렉시 레쿠옥Alexis Lê-Quôc은 프랑스의 이공계 연구 대학원 에콜상트랄파리에서 함께 수학했고, 이후 IBM과 스타트업 세 곳에서 동료로 근무했다. 마지막으로 근무했던 기업에서 포멜은 기술 담당 부사장이었고 레쿠옥은 운영 부문 임원이었다. 운영팀과 개발팀이 좀 더 가까워질 필요성을 인식한 두 사람은 운영팀이 서버와 데이터베이스를 모니터링할 수 있는 서비스를 생각해냈다. 이처럼 2010년 자신들의 벤처 기업 데이터도그를 창업하기 전에 함께 일한 경험이 있었다. 9년이 지난 후 데이터도그는 IPO를 통해 10억 달러가 넘는 가치에 이르렀다. 2018년 월마트에 인수된 인도의 전자상거래 웹사이트 플립카트Flipkart의 공동 창업자들도 인도 델리공과대학교를 함께 다녔고 벤처 기업을 공동 창업하기 전 약 1년 동안 아마존Amazon에서 같이 근무했다.

공동 창업자는 책임을 명확하게 구분하고, 창업 초기 누가 CEO를 맡을지 깔끔하게 결정하며, 서로 원활하게 소통하는 능력을 갖출 때 일을 더 잘하는 경향이 있다. 성공적인 스타트업 창업자이자 에인절 투자자인 엘라드 길Elad Gil은 내게 말했다. "창업자들이 다투는 주요 원인 중 하나는 맡은 역할 또는 의사결정 과정에서 많이 겹치거나, 서로 자신이 책임자로 적합하다고 생각하거나, 최종 의사결정은 자신이 내려야 한다고 여기기 때문입니다." 공동 창업자가 완전히 원만한 관계에서 기업을 시작할 수도 있지만, 기업의 방향을 결정하는 어려운 결정을 내려야 할 때 그들 중 누가 최종 결정권자인지 확실하게 해두는 것이 매우 중요하다. 길은 덧붙여 말했다. "일반적으로 공동 창업자 중 최소한 한 명이 보다 많은 권한을 가진 기업이 거대 기업으로 성장한다고 생각합니다. 어떤 위험을 감수할지, 기업의 성공을 위해 어떤 경로를 택할지 결정할 때는 하나의 비전이 필요하기 때문입니다."

'공동 창업자'는 기업 운영에 필요한 역할이 아니며, 공동 창업자의 수가 성공에 영향을 미치지 않는다는 사실을 기억해야 한다. 내가 아는 창업자 중 일부는 성공한 기업 대부분에 단 두 명의 공동 창업자만 존재한다는 잘못된 가정을 바탕으로 초창기 창업 멤버들을 공동 창업자로 부르지 않는다. 물론 자신이 기업에 필요한 모든 기능을 보유하고 있다면 그렇게 해도 상관없다. 하지만 뛰어난 인재를 영입하는 데 도움이 된다면 초창기 창업 멤버 일부 또는 전부에게 공동 창업자 타이틀을 부여하는 게 좋다. 물론 이런 경우에도 의사결정과 실행은 여전히 신속하게 이뤄져야 한다.

기술 분야 전문가

카구루스의 랭글리 스타이너트와 아나플랜의 가이 해들턴 같은 창업 CEO는 엔지니어링이 아니라 비즈니스 부문의 경험을 바탕으로 스타트업을 창업했다. 구글 같은 기업들은 기술적 능력을 갖춘 창업자가 시작했다. 기술 분야 전문가 출신 창업자는 주로 컴퓨터 프로그램 코드를 만들고 웹사이트를 구축하며 애플리케이션을 개발하거나 제품 디자인 기술을 보유한 엔지니어나 프로그래머였다. 나는 내가 진행한 조사를 바탕으로 '기술적 창업자'를 초기 제품을 스스로 만들어낼 정도의 기술적 역량을 지닌 사람으로 정의한다. 이는 기술적 창업자의 전형적 정의인 프로그래머를 제약 스타트업의 화학자나 생물학자 또는 항공우주 기업의 기계공학자로 확대하는 개념이다. 나는 창업자의 기술적 능력을 그들의 경력이나 학력에서 추론할 수 있었다. 예를 들어 항상 마케팅이나 비즈니스 개발 부문에서 역할을 수행했던 사람들은 대개 비기술적 창업자로 분류되지만, 만약 그들이 엔지니어링이나 기술 부문에서 일한 적이 있거나 기술과 관련된 분야를 공부했다면 나는 그들을 기술적 창업자에 포함시켰다. 그렇다 하더라도 틈틈이 프로그램 코딩을 배웠지만 스타트업 창업 이전에 기술적 역할을 맡은 적이 전혀 없는 사람들이나 창업한 스타트업이 첫 번째 일자리인 기술적 인사들을 기술적 창업자 명단에서 누락할 수 있다는 사실을 우리는 인정해야 한다.

기술적 CEO와 비기술적 CEO 중 어느 쪽이 더 나은가 하는 문제는 스타트업업계에서 유명한 논쟁거리다. 일부는 기술적 전문성이 기업 최고책임자에게 필수적 요소라고 생각하지만, 비즈니스 감각이 더 중요하며 엔지니어는 기업을 운영할 수 없다고 주장하는 이들도 있다. 하지만 데이터를 보면 두 방식 모두 동일한 가치를 지닌다.

수십억 달러 스타트업의 창업 CEO 비율은 비즈니스 분야 출신이 50.5%, 기술 분야 출신이 49.5%로 거의 절반에 가깝다. CEO 다음으로 기업 내 서열 2위인 부문별 최고책임자는 기술 분야 출신이 더 많았다. 수십억 달러 스타트업의 CxO 중 70% 이상이 기술 분야 출신이며 주로 최고기술책임자 또는 보건의료 기업의 경우 최고과학책임자 역할을 맡았다. 랜덤 그룹에 속한 스타트업의 CEO는 40%가 기술 분야 출신이고 60%는 비기술 분야 출신이었다. 이를 보면 수십억 달러 기업에 기술적 창업 CEO가 약간 더 많았다는 것을 알 수 있다.

그렇다 하더라도 수십억 달러 기업 중 상당수는 비기술적 CEO로 시작했다. 한 예를 들면 코딩 지식 없이 그래픽 디자인 소프트웨어 캔바를 개발한 멜라니 퍼킨스가 이 경우에 속한다. 퍼킨스는 많은 사람이 광고 전단과 포스터, 프레젠테이션을 인디자인InDesign이나 포토샵Photoshop 같은 전문 프로그램으로 준비하는 과정에서 어려움을 겪는 것을 목격했다. 그녀는 캔바를 통해 디자인의 질을 훼손하지 않으면서 쉽게 사용할 수 있는 도구와 템플릿을 제공하고 싶었다. 퍼킨스와 공동 창업자 클리프 오브레히트Cliff Obrecht는 이와 같은 비전을 공유했다. 그런 소프트웨어의 개발 필요성을 인식한 두 사람은 구글 출신 캐머런 애덤스Cameron Adams를 기술 담당 공동 창업자로 영입했다.

직관적으로 생각하면 성공 확률을 최대한 높이기 위해 기업은 기술에 정통한 창업자와 비즈니스 감각이 탁월한 창업자를 창업팀으로 구성하려 할 것이다. 비즈니스 예지력이 뛰어난 애플의 스티브 잡스도 컴

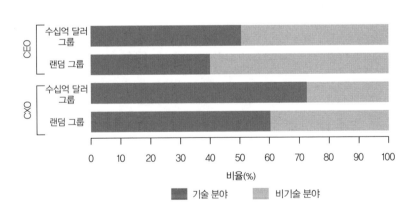

: CEO/CXO의 기술 분야와 비기술 분야 비율 :

수십억 달러 스타트업의 CEO와 CXO는 기술 분야 출신일 가능성이 랜덤 그룹에 비해 약간 더 높지만, 수십억 달러 스타트업의 창업 CEO 중 약 절반은 비기술 분야 출신이었다.

퓨터를 만들기 위해서는 워즈니악이 필요했던 것을 보더라도 그렇다. 하지만 데이터는 이와 다른 스토리를 들려준다. 창업 CEO가 비기술적 분야 출신일 때 두 번째로 합류하는 창업자도 그럴 확률이 더 높았다. 이는 기술적 창업자가 자주 어울리고 함께 공부하며 일했던 기술 분야 전공자들과 힘을 합쳐 창업하는 경향이 있듯이, 비즈니스 분야 출신 창업자도 친한 비즈니스 전공자들과 그럴 수 있기 때문일 것이다. 어느 경우든 수십억 달러 기업의 기술적 창업자와 비기술적 창업자 비율은 거의 비슷하다.

그러나 두 명의 기술적 창업자 또는 두 명의 비기술적 창업자가 기업 경영을 잘 해내는 스타트업도 있다. 사업을 전환하기 전에 짐라이드Zimride라는 기업명으로 운영했던 카풀 공유 서비스 리프트Lyft는 비기술적 창업자 두 명이 창업했다. 리프트의 CEO 로건 그린Logan Green은 경영경제학 학위를 받고 캘리포니아 주립샌타바버라대학교를 졸업한 직후 이 스타트업을 시작했다. 공동 창업자 존 지머John Zimmer는 코넬대학교 호텔경영학과를 졸업했다. 두 사람 다 승차 공유 서비스ride sharing service에 성장 잠재력이 있다는 사실을 일찍이 인식했다. 그린이 코딩하는 법을 배운 적이 있어 최초 시범 모델을 구축할 수 있었지만, 승차 공유 서비스에 반드시 필요한 데이터 서버 부분을 담당하는 복잡한 백엔드back-end 시스템을 개발하기 위해 수석 엔지니어와 차석 엔지니어를 영입해야 했다.

한편 초기 암호화폐 거래소 코인베이스Coinbase는 기술적 창업자 두 명이 시작했다. 브라이언 암스트롱Brian Armstrong과 프레드 어샘Fred

Ehrsam은 학부에서 컴퓨터공학과 경제학을 전공했다. 이후 암스트롱은 대학원에서 컴퓨터공학 석사 학위를 받았다. 코인베이스를 창업하기 전 암스트롱은 에어비앤비에서 소프트웨어 엔지니어로 근무했고 어샘은 골드만삭스Goldman Sachs의 트레이더로 근무했다. 기술과 금융 시장에 대한 그들의 깊은 지식은 코인베이스 창업에 필요한 기능의 바탕이 됐고, 이 책을 쓸 당시 코인베이스의 가치는 80억 달러에 이르렀다. 암스트롱은 이전에 온라인 강의 회사를 창업해 CEO로 일한 덕분에 코인베이스의 운영 관리 경험을 갖추고 있었다.

인척 관계

공동 창업자는 여러 면에서 실용적일 수 있지만 벤처 투자자는 혈연이나 혼인으로 인척 관계에 있는 창업자들에게 투자하지 않는 경향이 있다. 그냥 위험해 보이기 때문이다. 비즈니스 운영은 개인적 감정과 가족사가 관련되지 않더라도 어렵다. 벤처 투자자의 이런 편견은 매우 강해 일부 벤처 투자 기업은 인척 관계의 공동 창업자가 설립한 스타트업에 대해서는 사업 아이디어를 고려하지도 않은 채 무조건 투자를 피한다. 이 주제를 인터넷에서 검색하면 창업자들이 관련 질문을 올리는 게시판을 많이 볼 수 있다.

인척 관계에 있는 창업자들에 관한 데이터는 많지 않다. 그래서 나는 이 편견이 사실인지 아닌지 여부를 두고 통계에 근거한 주장을 펼치지는 않겠다. 하지만 몇몇 사례를 보면 이런 편견이 완전히 옳다고

공동 창업팀이 직계 가족이면 이런 관계가 창업팀의 자본조달에 영향을 미칠까요?

가족 관계에 있는 사람들의 공동 창업이 투자자의 반응에 미치는 영향을 경계하는 창업자가 많다.

말하기도 어렵다. 수십억 달러 기업 대부분이 부부나 가족들이 창업하지는 않았지만, 주목할 만한 몇몇 예외도 눈에 띈다.

가장 유명한 최근 사례는 존 콜리슨과 패트릭 콜리슨 형제가 공동 창업한 모바일 결제 모듈을 제공하는 스트라이프다. 태양 에너지 서비스 기업 솔라시티SolarCity도 린든 리브Lyndon Rive와 피터 리브Peter Rive 형제가 창업했다. 사이버 보안 유니콘 기업 태니엄은 아버지와 아들이 공동 창업했다. 클라우드 컴퓨팅 소프트웨어를 판매하는 VM웨어VMware의 공동 창업자 다이앤 그린Diane Greene과 멘델 로젠블룸Mendel Rosenblum은 창업하기 전에 몇 년간 혼인관계를 유지했었다. 기업 관리용 소프트웨어를 제공하는 아나플랜을 공동 창업한 가이 해들턴과 수지 해들턴Susie Haddleton은 부부였다. 홈 인테리어 및 디자인 플랫폼 하우즈Houzz와 이벤트 및 티켓 관련 웹사이트 이벤트브라이트Eventbrite도 결혼 생활에서 영감을 얻은 부부가 창업했다. 아디 타타코Adi Tatarko와 알론 코헨Alon Cohen은 자신들의 집 리모델링을 위해 하우즈를 시작했고, 줄리아 하르츠Julia Hartz와 케빈 하르츠Kevin Hartz는 자신들의 결

42

혼식을 준비하는 동안 이벤트브라이트 아이디어를 생각해냈다. 인척 관계에 있는 공동 창업자를 향한 편견이 여전히 존재하지만, 이런 상황에서 창업하는 사람은 편견을 지닌 투자자에 정면으로 대응하며 갈등과 앞으로 있을지 모를 조직상 문제에 대한 대처 계획을 투명하고 명확하게 제시해야 한다.

스물한 살에
수십억 달러 스타트업을 창업하다

- 브렉스 창업자, 엔히키 두부그라스 -

창업자의 나이와 수십억 달러 기업을 창업할 가능성 사이에는 상관관계가 없지만 나이는 창업 기업가의 여정에 중요한 역할을 한다. 다른 기업들에 법인 신용카드 및 재무 관리 서비스를 제공하는 핀테크 스타트업 브렉스Brex를 창업할 때 각각 스물한 살, 스무 살이었던 엔히키 두부그라스Henrique Dubugras와 페드루 프란세스시Pedro Franceschi만 보더라도 그렇다. 두 사람은 내가 수집한 데이터에서 기업가치가 수십억 달러가 넘는 스타트업 창업자 중 가장 젊은 축에 속했다. 나는 브렉스의 샌프란시스코 사무실에서 두부그라스와 마주 앉아 그의 스토리를 들었다. 나이가 창업 기업가의 여정에 어떤 영향을 끼쳤는지 그가 직접 설명한 스토리를 소개한다.

어린 시절을 브라질에서 보냈지만 내 목표는 스탠퍼드대학교에 진학하는 것이었습니다. 미국 중앙정보국CIA에 근무하는 컴퓨터 해커에 관한 TV 드라마 〈척Chuck〉을 즐겨 보며 주인공처럼 되고 싶었던 나는 척이 스탠퍼드대학교에 다니던 모습을 보고는 스탠퍼드대학교 진학을 목표로 삼았습니다. 외국에서 미국 대학교에 지원하는 과정은 꽤 복잡했으며 어떤 식으로 진행되는지도 알 수 없었습니다. 그러던 차에 브라질 출신으로 스탠퍼드대학교를 졸업하고 스타트업을 창업한 사람을 우연히 알게 됐습니다. 나는 스타트업에 필요한 컴퓨터 프로그램을 만들어주고 그 대가로 대학 지원 절차를 도와달라고 제안했습니다. 그는 동의했고, 이를 계기로 나는 스타트업을 처음 접할 수 있었습니다.

이후 미국 대학 입학과 지원 절차를 알고 싶어 하는 브라질 학생들에게 도움을 주는 회사를 시작하려 노력했습니다. 이런 정보를 원하는 학생이 무척 많았지만 어느 누구도 서비스에 대해 돈을 지불하려 하지 않았기 때문에 수익이 전혀 없었습니다. 하지만 컴퓨터 프로그램을 짜고 뭔가를 만들 능력이 있었던 나는 마이애미에서 해커톤hackathon(해킹과 마라톤의 합성어로, 컴퓨터 프로그래머들이 한 장소에 모여 마라톤처럼 장시간 동안 특정 문제를 해결하는 이벤트_옮긴이)이 열린다는 소식을 접하고 친구 두 명과 함께 참가하기로 했습니다. 우리는 친구 찾기 서비스인 틴더Tinder처럼 작동하지만 같은 지역 내 모르는 사람이 아니라 페이스북의 친구 목록을 활용하는 애플리케이션 에스크미아웃AskMeOut을 만들었습니다. 이 앱으로 상을 받고 브라질로 돌아온 뒤 사업으로 발전시키려 했으나 제대로 되지 않았습니다. 앱을 유료로 운영하려 했지만 애플리케이션에 통합한 사용료 지불 시스템이 완전히 엉망이었습니다.

그 무렵 페드루 프란세스시를 만났습니다. 프란세스시는 나와 비슷한 배경을 지니고 있었습니다. 어릴 때 컴퓨터 프로그램을 시작했고 세계 최초로 아이폰iPhone 3G 단말기를 탈옥jailbreak한 뒤 유명해졌습니다('아이폰 탈옥'은 애플 운영 체제를 기반으로 한 단말기에 애플 앱스토어에 정식 등록되지 않은 애플리케이션을 별도로 설치하거나 애플 운영 체제에서 통제하는 기능을 넣기 위해 단말기를 해킹한 상태로 만드는 것을 뜻한다_옮긴이). 당시 브라질에서 가장 큰 결제 서비스 기업은 애플리케이션을 재구축하고 해커들로부터 보호하기 위해 열네 살에 불과한 프란세스시를 고용했습니다. 우리는 사실 2012년 말 트위터Twitter에서 어떤 문서 편집 애플리케이션이 가장 좋은지 말다툼을 벌이며 처음 만났습니다. 이후 스카이프Skype로 대화를 이어가다 좋은 친구가 됐습니다.

우리는 세계적인 온라인 결제 서비스 페이팔이나 스트라이프 같은 시스템을 브라질 국내용으로 만들고 싶었습니다. 하지만 결제 서비스 시스템을 구축하는 일이 상당히 복잡했습니다. 단순히 소프트웨어만 개발한다고 되는 것이 아니라 브라질 중앙은행에서 규제를 받는 금융 비즈니스였기 때문입니다. 한때 150명의 직원을 고용하며 프란세스시와 내가 스무 살이 될 때까지 2년 반 동안 그 비즈니스를 운영했습니다.

10대 어린 나이에 비즈니스를 운영하기란 어떤 면에서 어려운 일이었습니다. 중앙은행에 처음 갔을 때 그들은 '넌 누구니?'라는 태도였습니다. 다른 한편으로, 우리가 그렇게 어리지 않았더라면 잡지 못했을 기회도 많았습니다. 언론이 우리에게 많은 관심을 보였고, 당시 우리는 아무것도 몰랐기 때문에 조언을 구하며 멘토 찾는 일을 꽤 능숙하게 해낼 수 있었습니다. 비즈니스 경험이 많은 사람을 찾아 고용할 수 있는 실리콘밸리와 달리 브라질에는 그런 부류의 사람이 없었기 때문에 우리는 모든 것을 직접 배워야 했고, 그 과정에서 많은 일을 망치기도 했습니다.

프란세스시와 나는 스탠퍼드대학교 입학에 성공했으나 결제 서비스 기업에 전념하려고 입학을 2년 미뤘습니다. 스무 살에 이르자 더 이상 입학을 연기할 수 없었습니다. 처음 창업해본 창업자로서 우리는 탈출구를 찾고 돈을 벌고 싶어 안달이 나 있었습니다. 그리 좋은 말은 아니지만, 모든 창업자가 그렇게 생각합니다. 결국 우리는 결제 서비스 기업을 매각했고, 그 매각은 우리의 삶을 바꿔놓았습니다. 2016년 9월 우리는 그동안 꿈꿨던 스탠퍼드대학교에 입학했습니다. 하지만 3개월이 지나자 더 이상 공부하고 싶지 않았습니다. 또 다른 기업을 시작하고 싶었습니다.

결제 서비스와 핀테크에 지쳐 있던 우리는 최첨단 기술에 관련된 일을 시도하려고 스타트업 액셀러레이터 프로그램인 와이 콤비네이터Y Combinator에 가상현실을 다루는 기업을 만들겠다는 아이디어를 제출하고 가입했습니다. 하지만 몇 달 뒤 우리가 도대체 무슨 일을 하고 있는지조차 모르고 있다는 것을 깨닫고 우리가 그래도 많이 알고 있던 결제 서비스로 되돌아가기로 결정했습니다. 당시 와이 콤비네이터 프로그램에 가입한 스타트업 중 법인 카드를 발급받지 못하는 기업이 많다는 사실을 발견하고는 스타트업을 위한 법인 카드 발급 서비스를 구축하는 아이디어가 떠올랐습니다.

법적 구속력을 지닌 개인 보증을 할 수도 없고 내세울 만한 특성도 많지 않은 상황에서 법인 카드 발급 시스템을 구축하기란 사실 상당히 어려웠습니다. 우리는 마스터카드Mastercard에서 라이선스를 받아야 했고, 큰 규모 부채를 짊어져야 했습니다. 아무것도 없는 상태에서 대형 은행과 비슷한 발급 플랫폼을 구축하기 위해 최고재무책임자CFO와 법무 담당 자문위원을 영입했습니다. CFO로 영입한 마이클 태넌바움 Michael Tannenbaum은 이전에 소비자 대출 기업 소파이SoFi에서 최고수익책임자chief revenue officer로 재직했고, 우리가 은행들과 진행한 회의에 참석해 판세를 완전히 바꿔놓았습니다. 그의 참석으로 우리에 대한 신뢰성이 엄청 높아졌고, 그는 은행의 부정적인 의견을 미리 예상하고 그 자리에서 바로 해결할 수 있었습니다.

태넌바움 같은 CFO가 우리 스타트업에 기꺼이 합류한 것은 우리에게 행운이었습니다. 그는 우리의 새로운 스타트업 브렉스가 해결해야 할 어려운 사항들을 자기 일처럼 생각했습니다. 그 덕분에 프란세스시와 나는 두 번째 창업을 할 수 있었습니다. 또 법무 담당 자문위원은 스트라이프에서 근무한 경험이 있어 이 비즈니스 자체를 완전히 파악할 수 있었고, 아무런 준비도 안 된 상태에서 뭔가를 구축한다는 아이디어에 매우 열광했습니다.

우리가 첫 번째로 영입한 엔지니어는 브라질에서 함께 일했던 사람이었습니다. 엔지니어를 영입하기란 정말 어려운 일이었습니다. 처음에는 헤드헌터와 같은 서비스를 이용했으나 얼마 뒤 기업 내에 자체 영입팀을 구성했습니다. 처음 영입한 10명에게 10%의 지분을 주는 등

48

초기에 합류한 사람들에게는 많은 지분을 나눠줬습니다. 현금 보상도 공격적으로 실시했습니다. 재원이 부족한 스타트업이 많지만 두 번째 창업한 우리는 대규모 초기 자본을 조달할 수 있었고, 이 덕분에 더 많은 연봉을 지급할 수 있었습니다. 브렉스가 직원에게 제시하는 보상은 항상 총보상액 기준이며, 이에 따라 직원들은 자신이 원하는 현금 보상액과 지분 비율을 선택할 수 있습니다.

우리가 얻은 교훈 중 하나는 모든 직무에 필요 이상의 과도한 자격을 갖춘 사람을 고용하지 않도록 조심하라는 것입니다. 우리는 "다수의 고객 지원 담당자를 영입할 예정이며 그들은 모두 하버드대학교 졸업생이어야 한다"고 말하곤 했지만, 그것은 좋은 아이디어가 아니었습니다. 자신이 하는 일에 열정적인 사람을 영입해야 합니다. 우리는 이 역할을 간절히 바라는 젊고 적극적인 인재를 고용하려 노력합니다.

그렇게 어린 나이에 기업을 창업한 일은 프란세스시와 내게 매우 획기적인 행동이었습니다. 언제든 학교로 돌아갈 수 있고 부모님 집으로 다시 들어갈 수도 있어 위험도가 매우 낮았습니다. 그래도 개인적 관점에서 볼 때 그 몇 년은 다시 살고 싶지 않은 삶의 한 부분이었습니다. 여름휴가를 가본 적이 없었고 앞으로도 그럴 것 같습니다. 또한 팀원들에게 모범을 보여야 하기 때문에 10대나 20대들이 저지르는 멍청한 짓을 해서는 안 됩니다. 나는 비즈니스 운영은 나이와 상관없고 자신이 하는 일을 잘 아는 것이 중요하다고 생각합니다. 사람들이 당신을 처음 만날 때 젊다는 사실에 어느 정도 영향을 받을지 모르겠지만, 당신이 말하고자 하는 내용을 정확히 알고 있으면 사람들은 당신을 매우 진지하게 대할 것입니다.

두부그라스와 프란세스시는 어리다는 사실 때문에 언론의 주목을 받았고, 열린 마음으로 배운다는 자세를 취하며 창업 초기에 전문가를 영입할 수 있었다. 하지만 그들의 스토리에서 핵심은 브렉스가 첫 번째 스타트업이 아니었다는 것이다. 10대 시절 이미 핀테크 스타트업을 창업해 규모를 확대하는 데 성공한 경험이 있으며, 그 외에도 수많은 아이디어를 생각해내며 계속 고민했다. 이 장에서 이미 읽은 내용처럼 나이 자체가 내 데이터베이스에 포함된 스타트업들의 중요한 성공 요소는 아니었다. 두부그라스와 프란세스시의 사례를 보면 두 창업자가 예전에 함께 진행했던 크고 작은 프로젝트 모두가 그들의 나이보다 더 중요한 요소로 보인다. 핀테크 분야에 관한 그들의 지식도 중요했다. 두부그라스의 말처럼 자신이 말하는 내용을 잘 알고 있으면 사람들은 나이에 상관없이 당신을 진지하게 대할 것이다. 이어지는 장에서는 수십억 달러 스타트업 창업자의 성공에 학력이 어떤 역할을 하는지 살펴본다.

2

창업자의 학력에 관한 편견

자퇴

크리스 원스트래스Chris Wanstrath는 신시내티대학교에 입학한 지 2년 만에 학교생활에 싫증을 느꼈다. 영문학 학위를 목표로 공부했지만, 수업보다 컴퓨터 프로그래밍을 하며 더 많은 시간을 보냈다. 비디오 게임을 좋아했던 원스트래스는 대학교에서 수강한 몇몇 컴퓨터 프로그래밍 수업만으로도 게임 프로그램을 만드는 방법을 혼자 터득할 수 있었다. 2학년 때 벌써 상당한 프로그래밍 실력에 이르렀던 원스트래스는 당시를 이렇게 기억했다. "나는 학위가 필요하다는 생각을 해본 적이 없습니다. 오직 기량만이 필요했습니다."[1] 프로그래밍을 독학으로 배울 수 있으니, 학교 수업은 당연히 필요 없었다.

자퇴하고 몇 년이 지난 2008년 원스트래스는 웹 기반의 소스 코드

관리 플랫폼 깃허브를 공동 창업했고, 2018년 마이크로소프트Microsoft 는 75억 달러에 깃허브를 인수했다. 원스트래스가 학위도 없는 대학교 자퇴생이란 사실은 깃허브의 성공과 기업 매각에 전혀 걸림돌이 되지 않았다. 마이크로소프트의 공동 창업자 빌 게이츠Bill Gates와 폴 앨런 Paul Allen도 대학교를 자퇴했다.

경이로운 대학 중퇴자들의 사례는 널리 알려져 있다. 건강관리용 스마트 기기를 만드는 핏비트Fitbit의 창업자 제임스 박James Park은 하버드대학교를 중퇴했다. 마이클 델Michael Dell은 텍사스대학교 오스틴 캠퍼스 1학년을 마친 뒤 자퇴하고 델 테크놀로지Dell Technology를 창업했다. 워드프레스WordPress 창업자 맷 멀런웨그Matt Mullenweg와 스냅챗 Snapchat 창업자 에번 스피겔Evan Spiegel, 왓츠앱WhatsApp 창업자 얀 쿰 Jan Koum도 대학교 중퇴자다.

하지만 데이터를 보면 수십억 달러 기업 창업자 대부분은 대학교를 자퇴하지 않았다. 이들 창업자 중 학사 학위(36%) 또는 학사 학위와 MBA 학위(22%)를 받은 사람이 가장 많았다. 약 3분의 1은 석사 학위 나 의학 학위, 법학 학위 또는 박사 학위와 같은 상위 학위를 받았다. 생명공학이나 보건의료 등 일부 분야에서는 상위 학위 소지자가 더 많다. 모든 분야를 보더라도 대학을 중퇴한 창업자는 박사 학위를 받은 창업자보다 적다.

기업 내 각 부문 최고책임자인 CxO는 상위 학위를 소유한 경우가 약간 더 많다. CxO가 소유한 학위는 학사 학위에 뒤이어 석사 학위가 18%, 박사 학위가 12%에 이른다.

수십억 달러 기업의 창업자 데이터를 벤처 투자 기업의 지원을 받은 랜덤 그룹 창업자 데이터와 비교해볼 때 학력 수준에 중대한 차이는 없었다. 수십억 달러 기업을 창업할 가능성이 특별히 높거나 낮지도 않은 대학 중퇴자를 포함한 다른 창업자들에 비해 특정 학위를 소유한 창업자가 더 많은 성과를 올린 것도 아니었다. 놀랄 만한 일은 아니지만, 벤처 투자 기업의 지원을 받은 랜덤 그룹과 수십억 달러 스타트업 그룹 모두 미국 일반 대중에 비해 상위 학위를 소지한 비율이 훨씬 높았다.[2]

일부 창업자의 경우, 높은 학력은 복잡한 시장이나 첨단기술 제품을 이해하는 데 유리한 위치를 제공한다. 의료기기 기업 네브로를 창업한 콘스탄티노스 알라타리스Konstantinos Alataris가 좋은 예다. 알라타리스는 전기공학 학사 학위를 받은 후 전기공학과 통신공학 전공으로 석사 학위를 받았고, 이어서 생명공학 박사 학위를 취득했다. 박사 과정을 밟는 동안 MBA 학위도 받았다. 대부분 창업자가 그와 같은 화려한 학력을 갖추고 있지는 않지만, 만성 통증 치료를 위해 전기 자극을 활용하는 의료기기를 만드는 기업 네브로를 창업한 알라타리스는 생명공학과 신경학적 기기 제작 분야의 탄탄한 배경 덕분에 네브로가 해결하려는 문제를 훨씬 더 잘 이해할 수 있었다.

다른 창업자들의 경우, 대학 학위는 전혀 상관없어 보인다. 린든 리브는 남아프리카공화국 프리토리아에서 고등학교를 졸업하고 곧바로 첫 번째 기업을 시작했다. 이어서 태양광 패널을 디자인하고 설치하며 이에 필요한 자금을 지원하는 기업 솔라시티를 창업했다. 솔라시티는

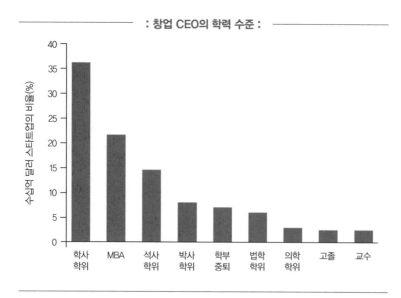

학부 중퇴자보다 상위 학위를 가진 CEO가 더 많지만, 어떤 학력 수준도 성공 가능성을 더 높이거나 낮추지 않는다. 수십억 달러 스타트업 창업자는 평균적으로 일반 대중보다 학력이 높지만 랜덤 그룹 창업자와는 비슷하다.

2016년 26억 달러의 매각 대금을 받고 테슬라Tesla에 합병됐다.

모든 창업자가 MIT를 다녔다?

수십억 달러 기업 창업자 중 많은 이가 일류 대학 출신이라는 사실은 누구나 알고 있다. 특히 스탠퍼드대학교는 수십억 달러 스타트업 창업자를 다른 어느 대학교보다 많이 배출한 것으로 명성이 높다. 내가 연구 대상으로 삼은 기간 수십억 달러 스타트업 창업자 중 하버드대학교 출신이 26명, MIT 출신이 20명인데, 스탠퍼드대학교 졸업생은 38명이었다(이들 최상위 대학교 세 곳 중 스탠퍼드는 창업 CEO와 부문별 최

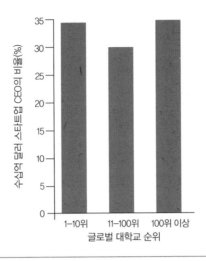

수십억 달러 스타트업 CEO 중 상위 10위에 속한 대학교 졸업생 수와 상위 100위에도 들지 못한 대학교 졸업생 수는 비슷했다.

고책임자cxo를 거의 비슷하게 배출한 반면, MIT 졸업생 중에는 CTO가 훨씬 더 많다). 하지만 수십억 달러 기업 창업자 중 최상위 대학교 출신이 아닌 이도 많다. 실제로 이 창업자 중 상위 10위에 속한 대학교 졸업생과 상위 100위에도 들지 못한 대학교 졸업생의 수는 비슷했다.

스탠퍼드 같은 대학교를 다니는 이점은 분명히 있다. 캠퍼스가 실리콘밸리 한가운데 있어 학생들은 졸업하기도 전에 지역 내 잘 알려진 많은 기업에서 더 좋은 인턴직을 경험하며 폭넓은 관계를 구축할 수 있다. 스탠퍼드 졸업생이 유명한 창업 기업가의 다수를 차지하고 있지만 근처 대학교에 재학 중인 학생들도 기술 기업의 메카에 쉽게 접근할 수 있어 많은 혜택을 입었다. 캘리포니아 버클리대학교는 수십억 달러 기업 창업자 배출 순위에서 4위에 올라 있다. 이보다 순위가 더 낮은 지역 내 대학교 학생들도 기술 산업에 속한 기업들과 소속 직원들에게 접근할 수 있다. 왓츠앱 공동 창업자 얀 쿰은 산호세주립대학교 재학 시절 실리콘밸리의 보안검사원으로 근무했다. 인스타카트Instacart 공동 창업자 브랜든 리어나도Brandon Leonardo와 오라클Oracle의 공동 창업자 에드 오츠Ed Oates 같은 기술 기업 창업자들도 산호세주립대학교를 다녔다.

성공한 창업 기업가를 배출하는 측면에서 볼 때 대학교 순위는 대학 문화와 위치보다 덜 중요해 보인다. 순위가 높은 대학교 일부는 수십억 달러 스타트업 창업자 배출 순위에서 최상위에 올라 있지 않다. 예를 들면 프린스턴대학교, 캘리포니아공과대학교, 시카고대학교가 그렇다. 강력한 창업 기업가 문화를 조성한 다른 대학교의 수십억 달러 기업 창업자 배출 순위는 대학교의 원래 순위보다 더 높다. 수십억 달러 기업 창업자 중 10명이 서던캘리포니아대학교usc 졸업생이며 9명은 미시간대학교, 5명은 브리검영대학교BYU 졸업생이다.

이 창업자 중 몇몇은 사람들이 한 번도 들어본 적 없을 수 있는 대학교를 졸업했다. 예를 들면 컴퓨터 게임용 채팅 플랫폼을 개발해 수십억 달러 기업으로 성장한 디스코드Discord의 공동 창업자 겸 CEO 제이슨 시트론Jason Citron은 플로리다주 워터파크에 있는 풀세일대학교를 졸업했다. 거의 알려지지 않은 이 대학교는 오디오 엔지니어링 같은 과목들과 함께 방송과 예술 분야에 특화되어 있다. 대학교에 입학할 즈음에 이미 컴퓨터 프로그래머를 열망했던 시트론은 풀세일대학교

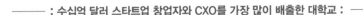

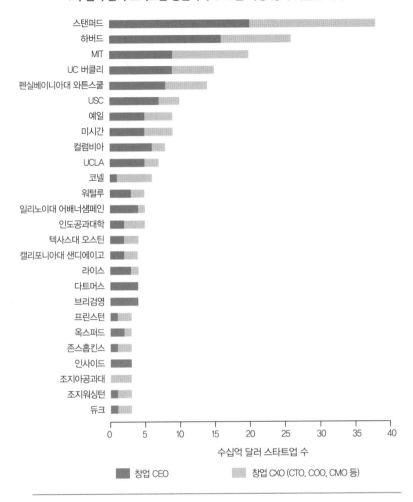

| 스탠퍼드 |
| 하버드 |
| MIT |
| UC 버클리 |
| 펜실베이니아대 와튼스쿨 |
| USC |
| 예일 |
| 미시간 |
| 컬럼비아 |
| UCLA |
| 코넬 |
| 워털루 |
| 일리노이대 어배너샘페인 |
| 인도공과대학 |
| 텍사스대 오스틴 |
| 캘리포니아대 샌디에이고 |
| 라이스 |
| 다트머스 |
| 브리검영 |
| 프린스턴 |
| 옥스퍼드 |
| 존스홉킨스 |
| 인사이드 |
| 조지아공과대 |
| 조지워싱턴 |
| 듀크 |

0 5 10 15 20 25 30 35 40

수십억 달러 스타트업 수

■ 창업 CEO　　　▓ 창업 CXO (CTO, COO, CMO 등)

수십억 달러 스타트업 창업자가 일반 그룹 창업자에 비해 평균적으로 순위가 더 높은 대학교를 졸업했지만, 대학의 위치와 창업 기업가 문화가 수십억 달러 스타트업 창업자 배출 순위보다 더 중요한 역할을 한다.

의 게임 디자인 프로그램에 등록했고, 졸업 후 게임 제작 회사에 취직해 아이폰용 애플리케이션을 만들며 자신이 디자인한 모바일 게임으로 상을 받기도 했다.

평균적으로 수십억 달러 스타트업 창업자가 높은 순위 대학교 출신일 가능성은 다른 창업자에 비해 높다. 랜덤 그룹 스타트업 창업자가 졸업한 대학교의 세계 순위 중간값이 74위인 반면, 수십억 달러 기업 그룹에 속한 창업자를 배출한 대학교의 세계 순위 중간값은 27위로 거의 세 배나 높았다. 이는 순위가 높은 대학교를 다닌 사람들이 수십억 달러 스타트업을 창업할 가능성이 더 높다는 사실을 보여준다. 이 데이터는 수십억 달러 그룹과 랜덤 그룹 사이에서 내가 처음으로 발견한 중대한 차이였다. 랜덤 그룹에 속한 스타트업이 자금조달에서 적게는 300만 달러의 투자를 유치하는 데 그쳤다는 사실에 주목하면 투자자들의 편견이 이런 차이에 어느 정도 기여했다고 볼 수 있다.

하지만 최상위 대학교를 다닌 창업자의 성공을 더 자세히 설명해줄 수 있는 다소 당황스러운 요인들도 있다. 널리 알려진 명문대학을 다닌 사람은 덜 알려진 대학교를 다닌 사람에 비해 아무래도 유명한 투자자의 주목을 받기가 더 쉬웠다. 어쩌면 이런 창업자들이 고소득층 자녀이거나, 스타트업이 실패해도 의지할 수 있는 지원과 안전망을 더 많이 갖추고 있거나, 최고 인재를 쉽게 영입할 수 있었는지도 모르겠다. 하지만 수십억 달러 기업의 많은 창업자가 최상위 대학교를 다니지 않았으며, 이것 때문에 그들의 스타트업이 어려움을 겪지는 않았다는 사실에 주목할 필요가 있다.

이미 설명했듯이, 상위 10위 대학교를 다닌 수십억 달러 스타트업 창업자 수만큼 상위 100위에도 들지 못하는 대학교를 다닌 창업자도 많았다. 다른 산업계에서는 학력과 출신 대학을 채용의 잣대로 삼는 경우가 많기 때문에 이런 요건들이 여전히 중요하지만, 스타트업 커뮤니티는 창업 기업가의 학력과 특히 취득한 학위에 상당히 관대하다고 볼 수 있다.

다수의
수십억 달러 스타트업을 창업한 교수

- 카이트 파마와 알로젠 창업자, 아리 벨더그룬 -

지금까지 설명한 두 가지 주제에서 보면 아리 벨더그룬Arie Belldegrun 은 가장 학력이 높고 가장 나이가 많은 창업자에 속한다. 그는 의사와 UCLA 교수로 쌓은 경험을 활용해 제약 기업 네 개를 창업했고, 이들 중 두 개의 가치는 수십억 달러가 넘는다. 나는 벨더그룬의 네 번째 스타트업 알로젠 테라퓨틱스Allogene Therapeutics 사무실에서 그와 마주 앉아 학계에서 최고 경지에 이른 뒤 여전히 학계에 머물면서 네 개 기업을 연이어 창업한 스토리를 들었다.

나는 첫 번째 기업을 UCLA 교수로 재직하면서 창업했습니다. 의사이자 과학자로서 연구와 환자 치료를 모두 경험했습니다. 내 전문 분야는 전립샘과 신장, 방광에 생긴 암을 면역 치료법과 유전자 치료법으로 치료하는 비뇨기 종양학입니다. 당시는 면역 치료법 초창기여서 이 분야에 관심을 보이는 연구 실험실이 손에 꼽을 정도였습니다.

그와 동시에 인간 유전체 복제와 인간 유전체 배열을 분석하고 연구하는 인간 게놈 프로젝트가 활발히 진행되고 새로운 유전자가 계속 발견되면서 유전자에 관한 관심이 크게 늘었습니다. 하지만 그런 유전자들은 수많은 유전자를 쏟아내는 1억 달러짜리 기계를 보유한 대기업들의 수중에 놓여 있었습니다. 이 대기업들은 유전자 하나를 집중적으로 연구하고 그 유전자의 중요성을 파악한 뒤 그 결과를 바탕으로 신약을 개발하는 대신 보다 많은 유전자를 찾아내는 데 관심을 두었습니다. 나는 연구실에서 실행하는 연구를 확대할 기회를 발견하고 UCLA 동료교수 다섯 명과 함께 기업을 창업해 처음에 유로젠시스Urogensys로 기업명을 지었다가 나중에 에이젠시스Agensys로 변경했습니다. 비뇨기과 전문의로서 비뇨기암에 집중하고 싶었기 때문입니다.

에이젠시스에서 일하는 방식은 우리가 경험했던 학계와 매우 달랐습니다. UCLA에 재직할 때 우리는 국립보건원에 보조금을 신청하고 보조금을 받기 위해 경쟁했습니다. 그런데 기업은 보조금 지원을 두고 경쟁하는 것이 아니라 투자자에게서 자금을 조달했습니다. 초창기에 일반적인 종양을 복제해 유전자를 파악한 뒤 항체를 만들어낼 수 있는 최상의 목표물을 관찰했습니다. 1990년대 항체 연구는 아주 초기 단계에 머물러 있었습니다. 미국 생명공학 기업 제넨테크Genentech가 연구를 시작했지만 여전히 걸음마 수준이었습니다. 우리는 국립과학원 멤버 다섯 명과 노벨상 수상자 한 명으로 과학자문위원회를 구성해 연구에 도움을 받았습니다. 이를 통해 항체 12종과 환자 400명을 확보했습니다. 우리는 훗날 우리 기업을 5억 3,700만 달러에 인수한 아스텔라스 파마Astellas Pharma를 비롯한 다른 기업들과 협업을 시작했습니다.

나는 기업의 CEO가 될 생각이 전혀 없었습니다. 그저 아이디어를 사업으로 발전시키고 창업자의 지분을 확보한 뒤 이사회 의장으로 기업의 방향을 제시하려고 했습니다. 에이젠시스에서는 창업 의장을 맡았고, 창업 후에는 경영팀을 영입했습니다. 나는 내 시간 중 30%를 기업에 투입했고, 단 몇 분 거리에 있는 UCLA에서 나머지 70%를 보냈습니다. 우리는 마침내 박사 50명을 포함한 115명의 직원이 일하는 기업으로 성장했습니다. 수많은 기초 연구를 실행하며 새로운 사실을 힘들게 밝혀냈고 다른 기업에 인수될 때까지 11년이 걸렸습니다.

나는 에이젠시스를 매각한 뒤 연구가 아니라 개발에 집중하는 두 번째 기업을 창업하고 싶었습니다. 바로 그 과정에서 쿠거 바이오테크놀로지Cougar Biotechnology가 탄생했습니다. 비즈니스 아이디어는 사람들이 잠재적 약재로 생각하지 않아 아직 개발되지 않은 분자를 검토하는 것이었습니다. 이 분자들 중 하나는 발견된 뒤 런던의 암연구원Institute of Cancer Research에 7년 동안 방치돼 있었습니다. 우리는 이 분자를 자세히 살펴본 뒤 이 분자가 전립샘암이나 유방암처럼 호르몬 조절에 기인한 암에 중요한 약제로 개발될 수 있다고 확신했습니다. 나는 전립샘 전문가여서 전립샘암 약제부터 시작했습니다. 우리는 약제를 개발해 3단

62

계 임상실험까지 마쳤고, 승인 단계에 이르렀을 때 이미 실제 시장에서의 잠재성을 파악할 수 있었습니다. 쿠거 바이오테크놀로지는 2009년 거의 10억 달러에 이르는 매각 대금으로 존슨앤드존슨Johnson&Johnson에 인수됐습니다. 지티가ZYTIGA로 불리는 그 약은 아마 오늘날 진행성 전이 전립샘암 환자에게 가장 널리 사용되는 치료제일 것입니다. 존슨앤드존슨은 현재 이 약으로 연간 약 30억 달러에 달하는 수익을 올리고 있습니다.

나는 쿠거에 있는 동안에도 여전히 내 시간의 70%를 UCLA에서 보내며 매우 활동적인 교수 생활을 이어갔습니다. 박사 과정 학생들을 지도하고 연구를 진행하며 의대생들을 대상으로 비뇨기 종양학 임상 강의를 했습니다. 이후 UCLA의 비뇨기종양학연구원 원장을 맡았습니다. 쿠거를 매각했을 때 나는 그다음에 무엇을 할까 생각해봤습니다. 그러던 중 이제 면역 치료법 관련 기업을 창업할 적기라는 느낌이 들었습니다.

그래서 27년 전 스티븐 로젠버그 박사Dr. Steven Rosenberg와 함께 교육받았던 국립암연구소로 돌아갔습니다. 그곳에서 로젠버그 박사에게 면역 치료법에 관한 아이디어를 들려줬더니 그는 이렇게 말했습니다. "이보게, 사실은 존슨앤드존슨을 비롯한 몇몇 거대 제약 기업이 관심을 보이지 않고 흘려보낸 기술이 내게 있다네." 그것은 인간의 면역 체계를 조종하는 기술이었습니다. 그는 자신이 치료한 환자 두세 명의 엑스레이 영상을 보여줬습니다. 나는 환자에게 나타난 그런 반응을 본 적이 없었습니다. 로젠버그 박사에게 함께 기업을 만들자고 제안했지만, 그는 "아니야, 난 국립보건원에서 연구하는 게 더 좋아. 거기가 내가 있고 싶은 곳이네"라며 거절했습니다. 대신 공동연구개발 협정으로 파트너십을 맺자고 제안했습니다. 이 협정은 민간 기업과 정부기관, 즉 국립보건원 간의 계약이었습니다. 정부와 계약을 맺는 일이 매우 복잡해 협정을 맺기까지 1년 반이 걸렸습니다. 그렇게 해서 나의 세 번째 기업 카이트 파마Kite Pharma가 탄생했습니다.

카이트는 암 치료를 위한 유전자 조작 세포 치료법을 개발했습니다. 먼저 우리는 인체의 림프 계통에 생기는 비호지킨 림프종non-Hodgkin lymphoma을 다루기 시작했고, 34개월 만에 우리가 개발한 약이 미국식품의약국FDA의 승인을 받았습니다. 아마 가장 짧은 기간에 FDA에서 암 치료제로 승인받은 약일 것입니다. 곧이어 거대 생명공학 기업 길리어드 사이언스Gilead Sciences가 119억 달러에 카이트를 인수하며 가장 거대한 규모의 상업화 이전 제약 기업 인수 사례를 기록했습니다.

카이트에서 나는 다시 의장직을 맡았지만 2013년에는 개발 속도가 우리가 기대하는 만큼 빠르지 않았습니다. 우리는 세계 최초 유전자 조작 세포 치료법 기업이었습니다. 우리가 성공하는 모습을 보이기 시작하면 많은 기업이 곧 뒤따라올 것이므로 우리는 좀 더 빨리 움직여야 했습니다. 이사회는 내게 CEO직을 맡을 생각이 있는지 물었습니다. 나는 여전히 UCLA 교수로 남고 싶었습니다. 그래서 UCLA에서 6개월 휴직한 뒤 다시 복귀했습니다. 그때는 내 시간의 30%를 UCLA에서 보내고 70%를 기업 업무에 투입했습니다. 2014년 카이트를 상장시켰고 오랜 기간에 걸쳐 투자자들에게서 12억 달러의 자금을 조성했습니다.

기업을 성장시키려면 내외부적으로 성공을 위한 동력을 마련해야 합니다. 외부적으로는 최상의 이사회 멤버들을 영입하고 필요한 자금을

64

조달해야 합니다. 이때 중요한 요소는 당신이 알고 있는 지식이 아니라 신뢰성입니다. 일단 신뢰를 쌓으면 사람들이 당신의 이름을 기억하고 일이 훨씬 쉬워집니다. 쿠거 바이오테크놀로지 시절 우리는 일 년 동안 자금을 구하러 다녔습니다. 하지만 네 번째 기업 알로젠에서는 창업한 지 9개월이 채 안 돼 거의 8억 달러의 자금을 조달했습니다.

내부적으로는 어떤 인재를 영입할지 생각해야 합니다. 재무 부문 및 법무 부문 책임자와 과학자가 필요합니다. 또한 훌륭한 이사회도 구성해야 하고요. 이는 생명과학 기업의 성공 비결 중 하나입니다. 거대 제약 기업 출신으로 수십억 달러 가치를 지닌 약제를 관리해본 경험이 있는 인재가 필요합니다. 이런 인재들을 이사회 멤버로 영입하기는 쉽지 않습니다. 예를 들면 카이트를 창업했을 때 스위스 거대 제약 기업 로슈Roche의 CEO 겸 이사회 의장이 사임한다는 소식을 듣자마자 나는 그에게 달려가 카이트 이사회 멤버로 영입했고 알로젠으로도 영입했습니다. 핵심은 기업이 잘 관리되고 이사회가 지원을 아끼지 않도록 만드는 것입니다.

최상의 사례는 우리의 첫 번째 생산 공장을 짓기 위해 이사회에 4,000만 달러를 요청할 때였습니다. 당시 우리는 임상 개발 매우 초기 단계에 있었습니다. 개발 1단계 상태에서 이사회에 생산시설 건립을 요청한 셈이었습니다. 연구개발 단계에서 공장 건설에 수백만 달러를 투입하는 것과 같았습니다. 엄청난 베팅이었지만, 나는 우리가 남들과 달라야 한다고 말했습니다. 우리는 세계 최초로 이 치료법 생산시설을 갖추고 싶었고, 그러려면 독자적인 생산시설이 필요했습니다. 이를 위해 많은 위험을 감수해야만 했습니다. 조금 더 큰 위험을 감수하더라도 모든 것을 기업 내부에서 처리하며 다른 기업에 의존하지 않을 기회를 잡고 싶었습니다. 이는 결국 우리가 내린 최상의 결정으로 판명됐습니다. 길리어드가 카이트 인수를 고려할 때 했던 말을 보면 알 수 있습니다. "카이트는 생산 기업이며 모든 것을 독자적으로 할 수 있고 시장 진출을 위해 다른 누구의 도움도 필요하지 않다." 그 덕분에 인수 가격이 훨씬 더 높아졌습니다.

인재 영입 측면에서 볼 때 UCLA 교수 신분이 도움이 됐습니다. 우리가 운영하던 연구실 출신 중에서 재능이 뛰어난 박사들을 찾을 수 있었습니다. 또한 평판이 좋은 임상 의사로서 훌륭한 기업가를 환자로 만난 덕분에 다른 기업가와 투자자를 소개받기도 했습니다. 우리는 지금까지도 생명공학의 중심지가 아닌 로스앤젤레스에서 기업을 운영했지만, 운 좋게도 좋은 네트워크를 구축할 수 있었습니다.

벨더그룬이 받았던 의학 교육과 비뇨기과학 및 암에 관한 오랜 연구, 정점에 이른 학문적 탁월성은 그의 기업들이 성공하는 데 중요한 영향을 끼친 것으로 보인다. 이런 능력과 경험은 비즈니스 아이디어의 원천이었을 뿐만 아니라 뛰어난 인재를 찾아내고 영입하는 데 핵심적인 역할을 했다.

자신의 교수 경력에 담겨 있는 정말 많은 가치를 인식했던 벨더그룬은 최소한 부분적으로라도 학계에 계속 머물러 있었다. 심지어 CEO 역할을 맡고 있을 때도 마찬가지였다. 어떤 사람들은 수십억 달러 기업을 창업하기 전에 교수가 되고 학계에 진출하는 과정을 거친다. 하지만 대부분 사람, 특히 기술 분야에 있는 이들은 기술 기업에서 일하며 경험을 쌓는 길을 택한다. 이어지는 장에서 우리는 근무 경험과 경력, 전문 산업지식이 수십억 달러 스타트업 창업에 어떤 역할을 하는지 살펴본다.

창업자의 경력에 관한 편견

3

기업 근무 경험

창업 기업가를 꿈꾸는 이들은 근무 경험에 관해 엇갈린 조언을 받는다. 어떤 이들은 기업을 시작할 때 따르거나 피해야 할 형식을 얻을 수 있는 기업 근무 경험이 창업자에게 중요하다고 조언한다. 다른 이들은 기업 근무 경험의 중요성이 과장돼 있고, 창업을 원하는 사람은 그냥 시작해야 하며, 그것도 가능한 한 빨리 해야 한다고 조언한다.

데이터를 보면 두 접근 방식 모두 효과가 있다. 수십억 달러 기업의 창업자가 되는 단 하나의 경로는 없다는 의미다. 스타트업 창업에 곧바로 뛰어든 이들도 있고 수십억 달러 기업을 시작하기 전에 40년간 기업에서 근무한 이들도 있었다. 창업 CEO들은 수십억 달러 기업을 창업하기 전 평균적으로 11년의 기업 근무 경험이 있었다. 그 경험은

68

<68

PART 1 | 창업자

다른 기업이나 자신이 이전에 창업했던 기업에서 쌓은 것이었다.

벤 실버만Ben Silbermann은 시각 이미지 검색 및 공유 웹사이트 핀터레스트Pinterest를 창업하기 전 구글의 광고팀에서 제품 디자이너로 근무했다. 당시 구글에는 빅 픽처big picture를 구상하는 영리한 사람들로 가득했으며, 그런 분위기에 힘입어 실버만도 같은 꿈을 꾸었다. 하지만 동시에 구글은 너무나 거대한 조직이었기 때문에, 실버만이 만들고 싶은 제품을 언제나 시험해볼 수는 없었다. 핀터레스트를 창업한 뒤에는 자유롭게 더 많은 것을 시도할 수 있었다. 하지만 구글 시절 터득한 몇몇 비법도 자신의 기업에 적용했다. 거물 검색 기업을 향한 그의 첫 번째 직무는 고객 지원 분야에서 전화를 받는 일이었다. 고객들과의 연결성이 가져다주는 가치를 기억한 실버만은 핀터레스트의 첫 고객 5,000명에게 직접 이메일을 보내 그들의 피드백을 구했다. 핀터레스트의 기본 비즈니스 모델도 구글의 모델을 따랐다. 두 기업 모두 검색 결과를 여러 콘텐츠가 혼합된 피드 형태로 사용자에게 제공하며, 사용자의 검색 결과에 관련 광고를 포함시킨다.[1]

'중국판 우버'로 불리는 승차 공유 서비스 애플리케이션 디디DiDi의 창업자 겸 CEO 청웨이程維도 독립하기 전 수년 동안 다른 기업과 스타트업에서 경험을 쌓았다. 알리바바에서 6년간 중국 북부지역 판매 매니저로 근무했고, 이후 중국에서 가장 규모가 큰 제3자 온라인 결제 플랫폼 알리페이Alipay로 옮겼으며, 곧이어 지역 총괄 매니저로 승진했다. 마침내 청웨이는 디디다처DiDi Dache('삐! 삐! 택시를 부르자'라는 뜻이다)를 창업했으며, 성장을 거듭한 디디는 우버의 중국 비즈니스를 인수해 수백만 사용자를 확보하고 전 세계로 확장했다.

수십억 달러 기업 그룹의 창업 CEO 중 약 30%는 창업 이전에 자신을 제외한 다른 누구를 위해 일한 적이 없었다. 기업 근무 경험이 있는 창업자 중 약 60%는 구글이나 마이크로소프트, 아마존, 골드만삭스 또는 매킨지McKinsey 같은 유명 기업에서 근무했다. 이와 같은 '최상위 기업'들은 엄격한 채용 과정과 최고 인재만 고용하는 성향이 있는 것으로 유명하다. 또 28%는 규모가 크고 잘 알려져 있지만 최고 인재들에게 인기가 덜한, 내가 '차상위 기업'이라고 규정한 기업에서 근무했다. 수십억 달러 기업 창업자 중 잘 알려지지 않은 기업에서만 근무한 창업자는 14%뿐이었다.

랜덤 그룹에서는 16%가 자신이 아닌 다른 사람을 위해 일한 적이

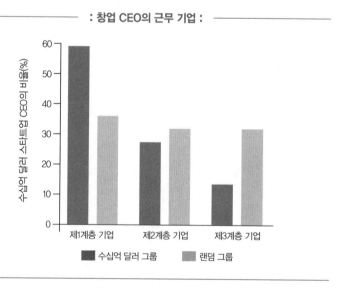

: 창업 CEO의 근무 기업 :

수십억 달러 스타트업 창업자는 자신을 위해 일했거나 제1계층 기업에서 근무한 경우가 더 많다.

없었다. 기업 근무 경험이 있는 이들 중 최상위 기업에 근무했던 창업자는 36%로, 수십억 달러 기업 그룹의 절반 약간 넘는 수준이었다. 이는 수십억 달러 기업 그룹과 랜덤 그룹을 비교하는 데이터에서 내가 두 번째로 관측한, 통계적으로 중요한 차이점이었다. 수십억 달러 기업 창업자는 자신을 위해 일하거나 최상위 기업에서 근무한 경우가 더 많다.

대학교가 그렇듯이 일부 기업은 수십억 달러 기업 창업자의 원천으로 명성이 높다. 수십억 달러 기업 창업자 중 14명이 내 연구가 설정한 기간 중 구글에 근무했던 경험이 있었다. 이는 다른 기업에 근무했던 창업자보다 더 많은 수다. 핀터레스트 외에도 구글 출신들은 어펌과 콘보이Convoy, 넥스트도어Nextdoor, 뉴타닉스Nutanix, 스노플레이크Snowflake, 위시Wish 같은 스타트업을 창업했다. 어떤 면에서는 규모가 크고 자원이 풍부한 기업에서 성장한 사람이 자원이 제한된 스타트업을 구축하는 데 뛰어나다는 사실이 반직관적이라 할 수 있지만, 현실적으로는 그런 근무 경험을 지닌 창업자가 수십억 달러 기업을 창업할 가능성이 더 높았다. 그들 중 많은 이가 실버만처럼 구글의 업무 처리 과정과 창의적인 기업 문화 또는 크게 성공한 비즈니스 모델을 자신의 기업에 적용할 수 있었다.

수십억 달러 기업 창업자를 많이 배출한 또 다른 기업은 오라클이다. 오라클 출신이 창업한 기업은 메라키Meraki와 렌딩클럽LendingClub, 클라우데라Cloudera, 뉴타닉스, 루브릭Rubrik, 스노플레이크, 비바 시스템스Veeva Systems, 워크데이 등이다. 언뜻 보기에 오라클은 창업 기업

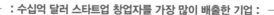

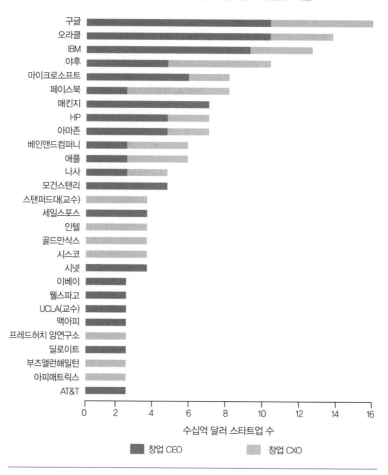

구글, 오라클, 페이스북, 아마존 같은 기업이 수십억 달러 스타트업 창업자를 많이 배출했다.

가 문화가 조성된 기업이라는 느낌이 들지 않지만, 수십억 달러 스타트업 창업자를 많이 배출했다는 사실은 영업 기술과 시장 진출에서 풍부한 경험과 영리함이 중요하다는 것을 일깨워준다. 오라클에는 영업 지향적인 기업 문화가 조성돼 있기 때문이다. 구글과 오라클 외에도 IBM, 야후, 페이스북, 마이크로소프트, 아마존, 휴렛팩커드Hewlett-Packard, 매킨지, 애플, 베인앤드컴퍼니Bain&Company, 모건스탠리Morgan Stanley, 나사NASA도 상당수의 수십억 달러 기업 창업자를 배출했다.

이 기업들 중 한 곳에서 일한 경력이 기록된 이력서는 창업자가 인재를 영입하고 고객에게 제품 및 서비스를 판매하는 데 도움을 주었고, 무엇보다 투자자의 주목을 끄는 데 유리하게 작용할 수 있었다. 구글처럼 경쟁이 심한 기업들은 또 공동 창업자나 초기 직원으로 선택할 만한 영리한 사람들을 만나기에 아주 좋은 곳이다. 하지만 이런 기업들에서의 근무 경험과 수십억 달러 기업 창업 사이에 반드시 인과관계가 있는 것은 아니라는 사실에 주목해야 한다. 즉 창업자들이 구글이나 오라클 또는 IBM에 근무했다는 이유만으로 수십억 달러 기업을 창업한 것은 아니다. 그보다는 어쩌면 이런 유명 기업들이 애초에 가장 야심 차고 창업 기업가 정신이 확고한 인재를 많이 불러 모았기 때문일 수도 있다.

그렇긴 해도 기업을 시작할 때 일류 학교나 유명 기업이 이력서에 포함되지 않은 창업자도 많다. 크레디트 카르마Credit Karma의 공동 창업자 니콜 머스터드Nichole Mustard는 마이애미대학교 졸업 후 피자헛Pizza Hut에서 수습 매니저로 일했다. 그녀는 재무설계사 자격증 공부를 할 때 로스앤젤레스의 작은 아파트에서 살았다. 몇 년 동안 실무 경험을 쌓은 뒤 지금은 없어진 웹 트래픽 측정 스타트업 컴피트닷컴Compete.com에 영업 담당 이사로 합류했다. 그녀는 파트너십을 확대하는 역할을 하던 중 이론E-Loan이라는 기업에 근무했던 케네스 린

Kenneth Lin을 만났다.

머스터드처럼 린도 유명 기업이나 일류 학교에서 근무하거나 공부한 적이 없었다. 하지만 그에게는 사람들이 신용 점수를 보다 쉽게 확인하고 추적할 수 있는 비즈니스 아이디어가 있었다. 린은 재무 설계 경험과 강인한 근면성, 풍부한 비즈니스 인맥, 쾌활한 성격을 갖춘 머스터드가 훌륭한 공동 창업자가 될 수 있다고 생각했다. 그들은 힘을 합쳐 고객들의 재무 설계와 신용 점수 추적 및 개선에 도움을 주는 크레디트 카르마를 창업했다. 크레디트 카르마는 8,000만 명이 넘는 사용자를 불러 모으며 해당 분야에서 지배적인 기업으로 부상했고, 2020년 금융 소프트웨어 분야 상장 기업 인튜이트Intuit에 71억 달러에 인수됐다. 일류 대학교를 졸업하고 최상위 기업에 근무한 적이 없었던 머스터드와 린의 배경은 많은 사용자의 사랑을 받으며 엄청난 가치를 창출하는 비즈니스를 구축하는 데 전혀 걸림돌이 되지 않았다.[2] 그런 배경은 오히려 그들에게 사용자를 더 많이 이해하고 보다 나은 서비스를 제공하겠다는 동기를 부여했을 수도 있다.

창업자의 출신 배경을 생각할 때 다음 사항에 주목해야 한다. 즉 내가 수집한 데이터는 야후가 가장 많은 창업자를 배출했던 2005년 이후 창업한 모든 수십억 달러 기업을 포함하고 있다. 이 순위는 최근에 바뀌었다. 보다 최근 표본 집단인 2014년에서 2018년 사이 창업한 기업들을 보면 여전히 구글이 가장 많은 창업자를 배출했고, 비교적 최근인 2009년 창업한 스퀘어Square, 페이스북, 매킨지, 아마존, 제넨테크, 시스코Cisco, 오라클이 뒤를 이었다. 창업자와 투자자의 역할 차이

74

를 보며 투자자는 훌륭한 경영자가 될 수 없다고 생각하는 사람들도 있겠지만, 수십억 달러 스타트업 창업자 중 상당수가 일반 기업이 아니라 벤처 캐피털에 근무했다는 사실도 주목할 만한 가치가 있다. 소비자 유전자 검사 기업 23앤드미23andMe의 창업자 앤 워치츠키Anne Wojcicki는 패스포트 캐피털Passport Capital에서 애널리스트로 근무했다. 카트리나 레이크Katrina Lake는 의류 소매 기업 스티치 픽스Stitch Fix를 창업하기 전 벤처 캐피털 기업 리더 벤처Leader Venture에서 일했다. 브라질 디지털 은행 유니콘에 등극한 누뱅크Nubank의 창업자 다비드 벨레스David Vélez는 창업 전 라틴 아메리카 시장에서 투자 기회를 찾는 세쿼이아 캐피털 공동 경영자였으며, 앤디 라클레프Andy Rachleff는 소비자 금융 자문 기업 웰스프런트Wealthfront를 시작하기 전에 벤치마크 캐피털Benchmark Capital을 공동 창업했다.

에인절 투자자들이 초기 단계 스타트업에 투자하고 인덱스 투자index investment를 통해 투자를 다각화할 수 있게 도움을 주는 웹사이트 에인절리스트AngelList의 데이터 과학 부문 책임자 에이브 오스먼Abe Othman은 내게 말했다. "성공한 스타트업에서 우리가 관측한 가장 중요한 특징은 창업자가 투자자 또는 에인절 투자자로 활동한 경험이 있다는 것입니다." 이는 투자자로서 일한 경험이 있는 사람이 보다 쉽게 자금을 조달할 수 있고, 아이디어를 걸러내며, 앞으로 전념할 아이디어에 베팅하는 데 좀 더 능숙하기 때문일 수 있다.

전문 산업지식

토니 슈Tony Xu는 스타트업 창업자가 되기 전 몇 년 동안 근무 경험을 쌓았다. 사모 펀드 기업에서 일했고, 매킨지의 비즈니스 애널리스트였으며, 이베이eBay에서 기업 전략을 담당했다. 이런 직무를 통해 스타트업에 대한 파트너십 컨설팅과 경영에 관해 많이 배웠다. 하지만 자신이 창업한 수십억 달러 기업 도어대시의 바탕을 이루는 물류 분야 경험은 전혀 없었다. 도어대시 공동 창업자 모두 마찬가지였다.

사람들은 창업자가 '판도를 바꿔놓으려는' 산업에서 직접 일한 경험이 있어야 한다고 오해한다. 토니 슈와 같은 창업자는 그런 경험이 없었다. 어린 시절 슈는 어머니의 중국 식당에서 설거지하고 식탁을 치우며 때로는 결제 시스템 수리 일을 했을 뿐, 도어대시 성공의 근간인

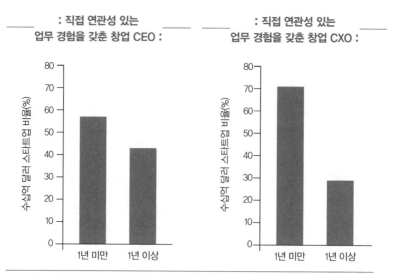

창업 CEO 중 50% 이상과 창업 CXO 중 70% 이상은 창업 전 관련 산업이나 업무 분야에서 일한 기간이 1년 미만이었다.

76

배달 서비스 운영과 경로 최적화에 관련된 전문적인 업무 경험이 없었다. 도어대시는 경영대학원 시절 나눴던 일련의 대화와 과제를 해결하려는 의지에서 탄생했다. 다수의 수십억 달러 스타트업 창업자도 토니 슈처럼 자신이 뛰어들려는 산업에서 직접 근무한 경험이 없는 것으로 드러났다.

근무 경험이 있는 수십억 달러 기업의 창업 멤버 중 자신들의 스타트업과 직접 관련 있는 분야에서 경험을 많이 쌓은 CEO는 50% 미만이며 창업 CxO는 30% 미만이었다. 이 말은 예를 들어 소셜 미디어 애플리케이션 분야에서 일한 경험이 있는 창업자가 성공적인 보험 기업을 창업할 수도 있으며, 데이터 인프라 분야에서 경험을 쌓은 최고 기술책임자가 전자상거래 기업 플랫폼을 구축해 성공할 수도 있다는

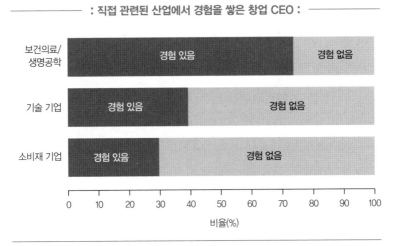

: 직접 관련된 산업에서 경험을 쌓은 창업 CEO :

보건의료 서비스와 생명공학 분야의 수십억 달러 스타트업 창업자 중 75%는 직접 관련된 산업에서 경험을 쌓았다. 기술 기업에서는 창업자의 40%만, 소비재 기업에서는 창업자의 30%만 직접 연관 있는 분야에서 경험을 쌓았다.

뜻이다. 이를 놓고 보면 특정 산업 분야의 전문적인 지식보다, 재능이 뛰어난 인재 그룹을 영입하고 이들을 관리하며 산업 전반에 걸쳐 전략적 연관성과 협력관계를 구축하고 유지하며 판매를 촉진하고 문제를 제대로 이해하는 능력과 같은 소프트 스킬이 중요해 보인다.

직접 관련성이 있는 업무 경험 측면에서 볼 때 수십억 달러 기업 그룹과 랜덤 그룹 사이에 상당한 차이는 없었다. 이는 전문 산업 지식을 보유했느냐 여부가 성공률에 영향을 미치지 않았고, 전체적으로 보면 관련 산업의 전문성이 있다고 유리하거나 없다고 불리하지는 않다는 의미다. 하지만 소비자 분야나 기술 분야의 수십억 달러 기업 대부분은 직접 관련 분야 근무 경험이 있더라도 많지 않은 사람이 창업했다는 사실은 주목할 만하다.

과학과 관련된 스타트업 창업자의 경우는 약간 다르다. 의료 서비스와 생명과학, 생명공학 분야 창업자 중 평균 75%는 직접 관련 있는 경험을 갖춘 반면, 기술 기업 창업자의 40%와 소비자 기업 창업자의 30%만 직접 연관된 경험이 있었다. 이는 크게 놀랄 만한 사실이 아니다. 과학 분야에서 경험을 쌓은 창업자가 자신의 제품을 이해하고 기업을 규제하는 관련 산업 규칙을 다루는 데 더 유리할 수 있기 때문이다.

예를 들면 필 그린버그 박사Dr. Phil Greenberg는 기업을 창업하기 전 40년 동안 면역 치료법을 배우고 연구하는 데 전념했다. 그린버그는 1990년대 초 인체에서 세포를 추출해 연구실에서 수십억 개로 증식시킨 뒤 환자에게 주입해 질병에 감염된 특정 세포를 찾아내고 파괴

할 수 있다는 것을 처음으로 증명한 팀의 일원이었다. 몇 년간의 연구 실험을 바탕으로 최초로 성공한 결과는 골수이식을 받은 사람들에게 흔히 생기며 종종 치명적이기도 한 합병증인 거대세포 바이러스 감염에서 면역력이 약화된 환자를 보호하는 방법을 포함하고 있었다.

그린버그와 동료들은 동일한 방식으로 피부암의 한 형태이며 치명적인 흑색종을 치료할 수 있다는 사실도 알아냈다. 또한 그린버그가 집중 연구하는 공격성 백혈병을 포함한 다른 암을 치료할 가능성도 보여줬다. 결국 그는 암 환자를 위한 T 세포 치료제를 개발하는 주노 테라퓨틱스Juno Therapeutics를 창업하기에 이르렀고, 훗날 거대 제약 기업 셀젠Celgene이 90억 달러에 이 기업을 인수했다.

전문 산업 지식이 부족한 창업 CEO 가운데는 관련 산업 출신 공동 창업자와 결합해야 한다고 생각하는 사람도 있다. 일부 그런 사례도 있다. 벤처 캐피털업계 출신인 다비드 벨레스는 온라인 은행으로 브라질의 몇 안 되는 유니콘 중 하나인 누뱅크를 창업할 때 브라질 지역 은행에서 오랜 기간 경험을 쌓은 크리스티나 준케이라Cristina Junqueira와 팀을 이뤘다. 하지만 데이터 전체를 볼 때 직접 연관 분야 경험이 없는 창업 CEO는 마찬가지로 그런 경험이 없거나 부족한 CxO와 힘을 합치는 경우가 더 많았다. 그렇다고 해서 동일한 배경이나 산업 경험을 갖춘 공동 창업자가 일을 더 잘한다는 의미는 아니다. 창업자 중 한 명은 관련 산업 출신이어야 하고 다른 공동 창업자는 기술에 정통한 혁신가여야 이상적인 팀이라는 고정관념이 항상 옳은 것은 아니라는 뜻이다.

전문 산업 지식보다 더 중요한 점은 근무 경험이 조금이라도 있는 것이었다. 팀을 관리하고 직원을 고용하고 해고하며 자금을 조달하고 산업 내 연관성을 구축하는 소프트 스킬이 중요했다. 그런 능력을 갖춘 창업자는 신선하고 편파적이지 않은 사고방식으로 새로운 분야를 빠르게 배우며 더 나은 성과를 낼 수 있었다.

의학 분야 경력이 없는데도 20억 달러 가치의 암 관련 기업을 만든 창업자

– 플랫아이언 헬스 공동 창업자, 냇 터너 –

냇 터너Nat Turner와 자크 와인버그Zach Weinberg는 암 치료를 연구하는 또 하나의 기업 플랫아이언 헬스Flatiron Health 창업 당시 종양학에 관한 경력이 없었다. 광고 기술 기업에 근무해 전문 산업지식이 없던 터너와 와인버그는 수십억 달러 가치의 제약 스타트업을 창업하는 데 성공했다. 플랫아이언은 치료적 접근법을 다루지 않는다. 대신 인공지능과 알고리즘 분석, 데이터 인식 기능으로 최적의 판단을 도출하는 데이터 인텔리전스data intelligence를 활용해 암 환자에게 도움을 준다. 플랫아이언의 소프트웨어는 암 치료 병원의 업무 흐름을 개선하고 익명으로 된 데이터를 수집해 제약 기업 및 연구소와 공유하도록 디자인돼 있다. 나는 터너를 만나 어떻게 플랫아이언을 창업하고 성장시켰는지 들었다. 그가 직접 들려준 스토리를 소개한다.

나는 자라면서 취미가 많았고, 거의 모든 취미가 결국에는 비즈니스가 됐습니다. 8학년 때 파충류와 뱀을 키워 판매했는데 온라인에서 인기가 대단했습니다. 웹사이트가 필요해 독학으로 코딩과 웹페이지 디자인을 배워 나의 첫 번째 웹사이트를 만들었습니다. 그 후에는 다른 사람들에게 웹사이트를 만들어주기 시작했습니다. 고등학교 시절 아마 수백 개의 웹사이트를 만든 것 같습니다. 그중 하나는 기프트카드를 안전하게 거래하는 사이트였습니다. 예를 들면 사람들은 이 사이트를 통해 건축 자재 및 인테리어 도구 판매 체인 홈디포Home Depot의 기프트카드를 의류 소매 체인 제이크루J.Crew 기프트카드와 교환할 수 있었습니다. 펜실베이니아대학교 1학년 때는 공동 창업자 자크 와인버그와 함께 캠퍼스에서 온라인으로 음식을 주문하는 회사를 만들어 잇나우닷컴EatNow.com이라는 웹사이트를 운영했습니다. 펜실베이니아대학교 구내에서 파는 음식이 너무 형편없었기 때문에 학생들은 모두 학교 주변 식당에서 식사를 해결했는데, 포장 주문을 하려면 미리 전화해야 하는 불편함이 있어 이를 해결하는 온라인 사이트를 만든 것입니다. 다만 우리는 고객들에게서 음식 값을 먼저 받아 우리 수수료를 제하고 남은 돈을 식당에 지불하는 대신 월말에 수수료를 식당에 청구하는 좋지 않은 비즈니스 모델을 택했습니다. 그럼에도 그 회사를 약 10만 달러에 매각했습니다.

우리는 대학교 3학년 때 인바이트 미디어Invite Media라는 회사를 시작했습니다. 전시 공간에 설치하는 플래카드 같은 광고를 제작하는 회사였습니다. 2007년에 창업해, 3년 뒤 구글에 매각했습니다. 그리고 나서 구글의 디지털 광고 서비스 기업인 더블클릭DoubleClick에 우리 제품을 접목시키며 2년 동안 구글에서 근무했습니다.

인바이트 미디어를 매각했을 때 우리는 꽤 젊은 나이였기에 매각 후 48시간 만에 이미 다음 비즈니스를 생각했습니다. 매각하기 직전인 2009년에 백혈병 진단을 받은 어린 조카가 있었는데, 당시 조카는 일곱 살이었습니다. 와인버그와 나는 광고 관련 기술에 정말 싫증이 나 있는 상태였습니다. 뭔가 사명감 있는 일을 하고 싶었던 우리는 조카가 백혈병 진단을 받은 후 암 연구를 시작했습니다. 암은 고사하고 보건의료에 관해서도 전혀 몰랐지만 연구에 전념했습니다. 먼저 의료보험 아이디어를 살펴보고 암 환자에게 다른 의사의 2차 진료 의견을 제공하는 서비스를 검토했습니다. 내 조카는 두 번이나 잘못된 진단을 받았습니다. 암 연구센터를 위한 비즈니스 인텔리전스business intelligence(기업이 데이터를 수집, 정리, 분석하고 활용해 효율적인 의사결정을 하도록 도와주는 애플리케이션과 기술의 집합_옮긴이) 도구를 고려했습니다. 구글에 근무하는 동안 1년 넘게 아이디어를 구상한 뒤 2012년 6월 우리는 플랫아이언 헬스를 공식적으로 창업했습니다.

나는 플랫아이언이 우리의 첫 번째 기업이었더라면 완전히 실패했을 거라고 확신합니다. 우리에게는 인바이트 미디어 매각에 성공하고 구글 명함을 가지고 다니면서 얻은 신뢰성이 필요했습니다. 우리는 구글에 있는 동안 벤처 투자자 역할을 하는 구글 벤처스Google Ventures의 지원을 받아 많은 연구를 실행했습니다. 첫 번째로 방문한 암 연구센터는 펜실베이니아대학교에 있는 센터였습니다. 우리가 펜실베이니아대학교 동창이고 예전 교수들에게서 소개받을 수 있었기 때문입니다. 우리는 그곳에서 네트워크를 형성했고 많은 암 연구자가 판에 박힌 기업 행태에 지쳐 있다는 사실을 발견했습니다. 실제로 그들은 구글 소속 두 젊은이의 자금조달 능력에 열광했습니다. 당시 구글 뉴욕 사옥 1층에 종양 연구센터가 있었는데, 우리는 엘리베이터를 타고 그곳에 내려갈 수 있었습니다. 어느 날 연구센터 대기실에 앉아 의사 한 명과 미팅을 할 수 있을지 알아본 끝에, 마침내 마이클 그로스버드 박사Dr. Michael Grossbard와 미팅을 했습니다. 우리는 그로스버드 박사가 암 환자를 진료하는 다섯 시간 동안 그를 그림자처럼 따라다녔습니다.

아무것도 모르는 풋내기였던 우리는 선입견도 없고 나쁜 관습에 물들어 있지도 않았습니다. 우리는 모든 것에 대해 질문했습니다. 그로스버드 박사는 훗날 미국의 초거대 제약 기업 브리스톨마이어스스퀴브 Bristol-Myers Squibb의 최고과학책임자 자리에 오르고, 그 전에는 예일 대학교 암센터를 운영했던 톰 린치Tom Lynch와 함께 의과대학을 다녔습니다. 우리는 그로스버드 박사에게 깊은 인상을 남겨, 그는 우리를 톰 린치에게 소개해줬습니다. 나중에 알고 보니 톰 린치는 당시 필라델피아 외곽에 있는 폭스체이스 암센터Fox Chase Cancer Center를 운영하던 마이클 세이던Michael Seiden과 의과대학 동문이었습니다. 누가 누구에게 연결되는지 머릿속으로 그려보며 관념적인 네트워크가 크게 확대됐습니다. 의사들은 비즈니스 관련 인맥 서비스를 제공하는 링크트인 리스트에 올라 있지 않기 때문에 우리는 이처럼 직접 연결되는 네트워킹이 필요했습니다. 의사뿐만 아니라 중요한 제약 기업 경영자와 보험 기업을 비롯한 모든 관련 인물도 네트워킹 대상이었습니다.

우리는 1년 넘는 기간 하루에 10명 내지 20명을 만났습니다. 1년 반

동안 이 모든 일을 진행한 뒤 플랫아이언 헬스를 설립했고, 그 후에도 배움을 멈추지 않고 사람들과 대화를 계속 이어갔습니다.

우리는 "이것이 정말 옳은 아이디어일까?"라는 생각을 일부러 하지 않았습니다. 대신 와인버그와 나는 모든 것에 질문을 던지고 함께 헤쳐나가며 해결할 방법을 찾았습니다. '강하게 의사 표현을 하되 그것에 집착하지 않는' 유연한 사고방식을 뜻하는 "Strong opinions, loosely held"라는 문구를 좋아했습니다. 즉 새로운 데이터가 나오면 재빨리 움직이며 기꺼이 방향을 전환해야 하고, 그런 상황을 두려워하지 말아야 합니다. 시장 규모와 비즈니스 모델의 경쟁력, 개발비용, 제품의 시장 적합성 사이에서 항상 균형을 유지해야 합니다. 피드백 100개를 받으면 대부분은 서로 상충하고, 그들 중 90개는 잘못된 것일 수도 있습니다. 창업 기업가로서 의사결정을 꺼리거나 두려워하지 말아야 합니다. 그 누구도 완벽할 수는 없습니다.

우리는 사람들과 대화하며 질문하고 묵묵히 메모하며 네트워크를 형성하고 충분한 피드백을 얻는 데 많은 시간을 할애했습니다. 나는 시제품을 만들 수 있고 와인버그는 내가 지금껏 같이 일했던 사람 중 가장 뛰어난 제품 매니저이기에 우리는 함께 힘을 합쳐 초창기 실제 제품과 비슷한 충실도가 높은 실물 모형을 만들어 피드백을 빠르게 받을 수 있었습니다. 사실 나는 컴퓨터공학 고등학교를 4년간 다녔고 비교적 기술적인 일에 능통했기에 인바이트 미디어와 플랫아이언 헬스의 초기 제품을 직접 디자인했습니다. 그 덕분에 실제로 직원을 고용하거나 많은 돈을 엔지니어링에 쓰기도 전에 시제품이 나온 바로 그날 마치 실제 제품인 것처럼 고객들에게 홍보하고 피드백을 얻을 수 있었습니다.

자동차로 치면 출발에서 시속 100킬로미터에 이르게 만드는 처음 부분이 가장 어렵지만, 우리는 그 부분을 제일 좋아하며 비교적 그 일을 잘 해내는 편입니다.

우리가 플랫아이언 헬스에 큰 기대를 하지 않았다고 하면 거짓말입니다. 인바이트 미디어는 우리가 매각한 지 몇 년 만에 수십억 달러의 광고를 처리하며 수익 측면에서 거대 기업이 됐습니다. 결국 초고속으로 성장할 수 있는 기업을 우리가 너무 싼 값에 매각한 것으로 판명됐습니다. 그래서 우리는 플랫아이언을 출범시킨 첫날부터 큰 기대와 희망을 품었습니다.

하지만 우리의 기대는 꽤 빠른 속도로 무너졌습니다. 플랫아이언이 개인병원과 종합병원의 데이터를 분석하며 암센터를 위한 비즈니스 인텔리전스 도구를 제공하는 기업이었지만, 종합병원과 암센터의 예산이 그리 많지 않았습니다. 도구 판매 비즈니스를 절대 구축할 수 없는 상황이었죠. 그래서 우리는 소프트웨어와 도구를 암센터에 무료로 제공하고 그 대가로 암센터에서 확보한 데이터를 상업화하고 연구 목적으로 활용하는 방식으로 전환했습니다. 제약 기업들이 약제 등의 특정 카테고리에서 자신들의 시장 점유율을 추적하기 위해 데이터를 구입할 것으로 생각했습니다.

그런데 이처럼 임상 현장에서 수집한 대규모 임상 데이터는 미국식품의약국FDA과 제약 기업, 학계, 규제 기관이 어떤 약을 다뤄야 할지, 어떤 약이 효과 있고 안전한지, 상대적으로 어떤 약이 가장 좋은지, 약을 만드는 비용은 얼마나 드는지 등 약에 관한 모든 것을 결정하는 데 도움을 줄 수 있다는 사실이 드러났습니다. 이런 데이터는 실제 임상 증거real-world evidence 또는 RWE로 불립니다. 플랫아이언을 시작할 때 우리는 RWE가 무엇인지도 몰랐지만, 현재 플랫아이언은 RWE를 제공하는 기업으로 널리 알려져 있습니다.

우리는 현재 플랫아이언의 최고의료책임자인 보비 그린Bobby Green을 그때 영입했습니다. 지방의 개인병원 출신인 그린은 정보가 부족한 상태에서 의사결정을 하는 우리에게 암센터에서 정기적으로 데이터를 수집하면 더 많은 정보를 얻을 수 있다고 말했습니다. 암 환자의 약 96%가 임상실험에 참여하지 않기 때문에 실제로 우리는 암 환자의 약 4%에 관한 정보만 알 수 있습니다. 이에 따라 우리의 비전은 96%의 환자에게서 정보를 확보하는 것으로 바뀌었고, 이 비전은 창업한 지 1년도 안 되어 매우 구체화됐습니다.

우리는 플랫아이언의 채용 과정을 구글에서 차용했습니다. 이 채용 과정을 거치는 모든 사람은 주로 짝을 이뤄 최소 8명의 면접관과 진행하는 표준화된 면접을 받습니다. 표준화된 채점표와 질문들이 있으며, 이 모든 것을 지원자 추적 시스템이 관리합니다. 채용 매니저는 각 지원자에 대해 학위 논문을 발표하듯 자세히 설명해야 하고, 그 내용에 따라 와인버그와 내가 최종적으로 승인합니다. 지금도 이 과정을 유지하고 있습니다. 우리는 직원이 150명 내지 200명으로 늘어날 때까지 모든 지원자를 직접 면접했습니다. 우리는 상식에 의거한 논리적 사고 방식을 뜻하는 수직적 사고와 순차적 사고, 문제 해결 능력 등 우리가 추구하는 모든 것을 갖췄습니다. 의료 전문가가 아닌 우리에게 의료 지식은 크게 중요하지 않습니다. 어떤 방식으로 처리하고 어떻게 생각하며 어떤 좋은 질문을 던지고 문제를 해결할 수 있는지가 중요하죠.

터너와 와인버그의 '경력 여정'은 주로 기업 창업으로 구성돼 있다. 그들은 아주 어린 시절 창업을 시작했으며 대학에 진학했을 때 이미 성공을 경험하기 시작했다. 이른 시기에 이룬 성공은 그들이 전문 지식이 없는 분야로 진출하는 데 도움을 줬다. 하지만 실제로는 그들의 소프트 스킬과 자금조달 능력, 인맥이 전혀 다른 분야에서 새로운 내용을 빠르게 배우고 성공적인 기업을 구축하는 데 더 많은 힘을 보탰다. 이처럼 반복 창업자가 터너와 와인버그만은 아니다. 이어지는 장에서는 두 번째 창업이 수십억 달러 스타트업의 성공에 어떤 역할을 하는지 살펴본다.

4

슈퍼 창업자

새해를 하루 앞둔 2008년 12월 31일, 개릿 캠프Garrett Camp는 집으로 돌아갈 방법이 없었다. 친구들과 샌프란시스코에서 한 해의 마지막 날을 즐기기 위해 나와 있었는데, 택시를 기다리는 줄이 숨 막힐 정도로 길었다. 대중교통은 이미 끊겼고 샌프란시스코의 가파른 언덕길 때문에 걸어가는 것도 불가능했다. 그와 친구들은 할 수 없이 800달러를 지불하고 리무진 서비스를 불렀다. 그러고는 집으로 오는 내내 투덜거렸다.[1]

캠프는 이번 일뿐만 아니라 이동수단과 관련해 비슷한 문제를 여러 번 겪었다. 그럴 때마다 값비싼 고급 택시나 드물기는 하지만 운전기사가 딸린 리무진을 제공하는 블랙카black car 서비스를 이용하곤 했다. 그래도 800달러에 이르는 비용은 모욕적일 정도로 터무니없었다. 그

때 새로운 아이디어가 떠올랐다. 서비스를 예약하거나 시간당 또는 반나절 단위로 비용을 지불하는 대신 필요할 때마다 이용 횟수 단위로 지불하면 개인이 운영하는 블랙카나 리무진 서비스의 비용을 낮출 수 있을 거라고 생각했다. 승객을 여러 번 태우는 운전자는 여전히 하루치 일당만큼 벌 수 있을 것이다. 그는 곧바로 이 개념을 간단하게 정리한 뒤 우버캡UberCab이라 이름 붙였다. 이 서비스는 GPS를 활용해 고객의 위치를 확인한 뒤 가장 가까이 있는 운전자에게 문자 메시지를 보내는 방식이었다.

당시 막 서른 살에 접어든 캠프는 소프트웨어 엔지니어링 석사 학위 소유자였고, 그의 아이디어로 시험 모델을 만드는 데 기꺼이 동의한 친구 오스카 살라자르Oscar Salazar와 콘래드 웰런Conrad Whelan도 함께했다. 일이 잘될 것처럼 보이자 캠프는 트래비스 캘러닉Travis Kalanick을 투자자 겸 중요한 조언을 해줄 '거물급 어드바이저'로 영입했다.

이후 우버는 그 당시 가장 성공한 기업 중 하나로 성장했다. 운명적인 섣달 그믐날 밤 리무진을 이용하고 10년 뒤 우버는 500억 달러가 넘는 가치평가를 받으며 뉴욕증권거래소에 상장했다. 이를 통해 캠프와 캘러닉은 억만장자 반열에 올랐다. 우버의 스토리를 보며 두 젊은이가 그 시기에 딱 맞는 훌륭한 아이디어로 대성공을 이뤘다고 생각하기 쉽다. 부분적으로는 맞는 말이지만 캠프와 캘러닉은 아무 경험도 없는 풋내기가 아니었다. 두 사람 모두 성공적인 기업을 창업한 경험이 있었으며, 그런 스타트업을 창업하며 터득한 요령과 투자자 및 조언자 네트워크를 우버에 접목했다.

투자 유치를 위해 벤처 캐피털을 상대로 진행하는 기업 설명회 대다수는 처음으로 창업하는 창업자들이 한다. 이미 기업 매각에 성공한 창업자들이 하는 경우는 드물다. 하지만 나는 내 연구에 포함된 수십억 달러 기업을 보며 주목할 만한 패턴을 찾아냈다. 이런 기업의 창업자 중 거의 60%가 이전에 스타트업을 창업한 경험이 있었다. 스타트업 초기 멤버가 아니라 '창업자'였으며, 대부분의 경우 창업 CEO 역할까지 맡았다. 이들 중 일부는 엄청난 성공을 이뤘다. 반면 처참하게 실패한 스타트업도 있었다. 중요한 점은 이런 일을 여러 번 경험한다는 것이다.

이 수치를 랜덤 그룹의 기준치와 비교해보면 반복 창업자의 가치는 더욱 두드러진다. 벤처 캐피털에서 지원받은 랜덤 그룹 스타트업 중 반복 창업자는 40%가 약간 넘는 수준이다. 크게 성공하지 못한 기업일지라도 한번 창업해본 경험은 수십억 달러 또는 그 이상의 가치를 지닌 또 다른 기업을 창업할 가능성을 높였다.

물론 성공한 기업을 창업해본 경험이 더 낫다. 그리 크지 않은 규모일지라도 기업을 성장시킨 경험이 있는 반복 창업자는 다음번에 창업할 때 모든 일을 순조롭게 진행할 수 있는 업적을 확보한 셈이다. 수십억 달러 기업 그룹에 속한 반복 창업자의 70%는 성공적인 기업을 최소한 한 번 이상 창업한 경험이 있었다. 이에 비해 랜덤 그룹 중에서 이런 경험이 있는 창업자는 24%로 상당한 차이를 보인다. 과거에 성과가 좋은 기업을 창업했던 자들은 수십억 달러 기업을 창업할 가능성이 훨씬 높았다. 이는 내가 수집한 수십억 달러 그룹과 랜덤 그룹의

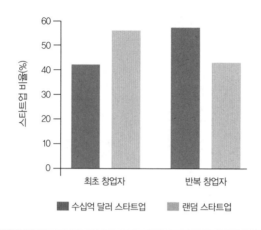

반복 창업자가 수십억 달러 스타트업을 창업할 가능성이 더 높았다.

데이터에서 발견한 두 그룹 사이 가장 큰 차이였다.

반복 창업자는 단순히 '연쇄 창업 기업가serial entrepreneurs'를 뜻하는 것이 아니다. 이 용어는 너무 많이 사용되는 바람에 의미가 퇴색해 더 이상 아무런 의미가 없다. 그 대신에 나는 이런 창업 기업가 그룹을 '슈퍼 창업자Super Founder'로 부른다. 아울러 벤처 투자자에게서 자금을 조달했는지 여부와 상관없이 1,000만 달러 이상의 가치평가를 받고 매각한 기업이나 1,000만 달러 이상의 수익을 올린 기업을 최소한 한 개 이상 창업한 사람을 슈퍼 창업자로 정의한다. 초대형 인수합병이 이뤄지는 산업계에서는 1,000만 달러 매각이 그리 큰 규모가 아니지만, 수십억 달러 인수합병을 이룰 가능성이 훨씬 높은 다음번 창업 시도의 훌륭한 준비 과정이 될 수 있다. 이런 형태의 인수는 인수 대상 스타트업이 아직 대규모 상업적 성공을 이루지 못한 상태에서 주로 기술이나 제품 또는 팀을 매입하는 경우다. 1,000만 달러 기준은 절대적이라기보다 시간이 지나면서 그리고 다른 환경에서 바뀔 수 있는 개념적 기준치로 여겨야 한다. 슈퍼 창업자의 가치는 기업을 특정 규모와 성과로 성장시키고, 그런 과정을 한 번 이상 할 수 있는 능력에 있다.

현재의 슈퍼 창업자가 미래의 수십억 달러 기업을 창조한다

패트릭 콜리슨과 존 콜리슨 형제의 사례를 보자. 10대 시절 두 사람은 이베이에서 파워 셀러power seller로 선정된 사람들에게 경매 관리 시스템을 제공하는 기업 옥토매틱Auctomatic을 창업했다. 2007년 겨울 스타트업 액셀러레이터 프로그램 와이 콤비네이터에 이 아이디어를 제시하고 최초 자본조달 단계seed round를 통해 크리스 사카Chris Sacca와 폴 부케이트Paul Buchheit를 포함한 투자자들에게서 소규모 시드 자본을 조달했다. 설립하고 열 달이 지난 뒤 옥토매틱은 약 500만 달러를 받고 캐나다 상장 기업에 인수되며 스물한 살이 채 안 된 콜리슨 형제를 백만장자 반열에 올려놓았다.

인수하고 얼마 지나지 않아 별도의 프로젝트를 추진하던 형제는 온라인 결제가 매우 어렵다는 것을 발견했다. 곧바로 온라인 결제를 보다 쉽게 만드는 프로젝트를 시작했고, 이런 노력은 2010년 스트라이프 창업으로 이어졌다. 오늘날 스트라이프는 수십만 개가 넘는 웹사

이트에서 사용되고 있으며, 마지막으로 받은 가치평가는 350억 달러
가 넘었다.

비록 그들의 첫 번째 기업 매각이 1,000만 달러를 넘지 못했지만 콜
리슨 형제는 여전히 슈퍼 창업자의 특징을 보여줬다. 그들은 현실 세
계 문제를 해결하겠다는 간절한 바람으로 고객들을 불러 모으며 가
치 있는 일을 만들어냈다. 콜리슨 형제처럼 처음 시도가 1,000만 달러
기준을 넘지는 못했지만 슈퍼 창업자의 기본 본질을 보여준 창업자가
많았다. 이는 1,000만 달러 기준을 문자 그대로 받아들여서는 안 되
는 이유이기도 하다.

사용자가 QR 코드를 이용해 결제할 수 있는 수십억 달러 가치의 인
도 전자결제 애플리케이션 페이티엠Paytm을 창업한 비제이 셰카르 샤
르마Vijay Shekhar Sharma는 대학 시절 뉴스와 콘텐츠를 제공하는 웹사이
트를 만들었고, 훗날 이 사이트를 100만 달러에 매각했다. 다니엘 엑
Daniel Ek은 유명한 음원 스트리밍 서비스 스포티파이를 창업하기 전
스웨덴에서 온라인 광고 기업을 설립했고 이후 150만 달러에 매각했
다. 슈퍼 창업자들은 단순히 기업을 매각하는 것을 넘어 새로운 일을
만들어내고 그 아이디어를 실현하기 위해 최선의 노력을 다하는 성향
을 공유한다.

캠프와 캘러닉 모두 슈퍼 창업자다. 캠프는 우버를 창업하기 전 최
초의 웹 서비스 검색 플랫폼 스텀블어폰StumbleUpon을 창업했다. 이 기
업은 사용자가 클릭 한 번으로 새로운 웹 콘텐츠를 찾을 수 있는 플랫
폼을 제공하며 곧바로 브래드 오닐Brad O'Neill과 팀 페리스Tim Ferriss, 램

슈리램Ram Shriram, 론 콘웨이Ron Conway, 미치 케이퍼Mitch Kapor를 비롯한 에인절 투자자들과 퍼스트라운드 캐피털First Round Capital 같은 벤처 캐피털의 투자를 유치했다. 이후 이베이가 7,500만 달러에 인수했다. 캠프는 스텀블어폰이 이베이에 인수된 뒤에도 여전히 CEO로 남아 있었고, 2009년 다른 투자자들과 함께 이 기업을 다시 사들였다.

UCLA에서 컴퓨터공학과 경영경제학을 공부한 캘러닉은 4학년 때 자퇴하고 다섯 명의 친구와 함께 창업한 피어투피어peer-to-peer, P2P 방식(인터넷에서 개인과 개인이 직접 연결돼 파일을 공유하는 방식)을 기반으로 콘텐츠를 공유하는 서비스 기업 스카우어Scour에서 일했다. 스카우어는 크게 성장하며 영화와 음악 산업계의 주목을 받았고, 이들 산업계는 저작권 침해로 스카우어에 소송을 제기했다. 이 소송에 맞서 싸우느라 스카우어는 자금이 고갈되어, 결국 소송당한 그해에 파산 보호를 신청했다.

그다음 해 캘러닉과 스카우어의 공동 창업자 한 명은 레드 스위시Red Swoosh라는 새로운 파일 공유 서비스 기업을 설립했다. 스카우어처럼 레드 스위시도 2000년대 초 인터넷 대역폭이 점점 늘어나며 인터넷 속도가 빨라지는 추세에 맞춰 사용자들이 음악과 비디오 파일 등 대용량 파일을 보낼 수 있는 서비스를 제공했다. 레드 스위시가 스카우어의 가장 좋은 부분을 많이 재현했지만 캘러닉은 자금조달에 어려움을 겪었다. 3년간 월급을 받지 않으며 부모님과 함께 살았고, 그 후에는 생활비를 아끼기 위해 태국에 거주했다. 하지만 끈질기게 버틴 끝에 마침내 오거스트 캐피털August Capital과 크로스링크 캐피털

Crosslink Capital을 설득해 자금을 확보했다. 2007년 인터넷 인프라 분야 상장 기업 아카마이 테크놀로지스Akamai Technologies는 레드 스위시를 1,900만 달러에 인수했다.

기술 선구자들을 대상으로 파리에서 열리는 최첨단 산업 콘퍼런스 르웹LeWeb에서 만나기 전, 캘러닉과 캠프는 각자 스타트업을 경영하며 성공과 좌절을 경험했다. 두 사람이 우버를 창업하기로 결정했을 때는 성공 가능성이 있는 제품을 만든 경험도 있었다. 그 덕분에 그들은 연락 가능한 투자 후보자 명단을 가지고 있었다.

캠프는 우버를 시작할 때도 여전히 스텀블어폰의 CEO 자리에 있었고, 당시 우버의 메가 어드바이저였던 캘러닉은 우버에 전념하기를 주저했다. 우버 아이디어가 엄청난 성공을 거두려면 몇 년 더 있어야 할 것 같았던 터라 두 사람 중 누구도 우버 경영에 전력을 다하며 뛰어들려 하지 않았다. 2010년 초 캘러닉은 자신과 캠프의 업무량을 줄일 수 있는 창업 기업가적 성향을 지닌 제품 관리자를 찾는다는 글을 트위터에 남겼다. 위치 기반 SNS 서비스 포스퀘어Foursquare에서 비즈니스 개발 인턴으로 근무하던 당시 스물여섯 살 라이언 그레이브스Ryan Graves가 이 트윗에 회신을 보내왔다. 그렇게 해서 총괄 매니저로 근무를 시작한 그레이브스는 우버가 출범하고 얼마 지나지 않아 CEO 자리에 올랐다. 여기서 얻는 교훈은 아주 초기 단계에 있는 스타트업에 합류하고 싶을 때 슈퍼 창업자가 창업한 기업을 찾으면 성공 가능성을 높일 수 있다는 것이다. 그로부터 11개월 뒤인 2010년 12월 캘러닉은 우버의 성공 잠재력을 확신하며 공동 창업자로 우버에 전념했고, 그레

96

travis kalanick ✓ @travisk · Jan 5, 2010
Looking 4 entrepreneurial product mgr/biz-dev killer 4 a location based
service.. pre-launch, BIG equity, big peeps involved--ANY TIPS??

  💬 31   🔁 230   ♡ 722   ↥

=Ryan Graves= ✓ @ryangraves · Jan 5, 2010
@KonaTbone heres a tip. email me :) graves.ryan[at]gmail.com

  💬 25   🔁 264   ♡ 980   ↥

트위터에서 우버의 총괄 매니저를 찾았던 트래비스 캘러닉.
출처: 트래비스 캘러닉(@travisk), 트위터, 2010년 1월 5일,
https://twitter.com/travisk/ststus/7422828552?lang=en.

이브스에 이어 CEO를 맡았다.

앞선 장에서 소개한 스토리 중 다수도 슈퍼 창업자와 관련이 있다. 랭글리 스타이너트는 카구루스를 창업하기 전에 여행 관련 정보를 제공하는 트립어드바이저를 창업했다. 가이 해들턴은 아나플랜을 창업하기 전에 기업용 계획 수립 소프트웨어를 만드는 어데이텀을 설립했다. 마크 로어는 젯닷컴을 창업하기 전에 유아용품 전자상거래 사이트 다이퍼스닷컴Diapers.com을 먼저 시작했다. 릭 풀롭은 데스크톱 메탈을 창업하기 전에 전기자동차 배터리 제조 기업 A123 시스템스A123 Systems를 창업해 기업 공개까지 한 경험이 있었다. 데이비드 더필드는 워크데이를 창업하기 전에 인사관리 시스템을 제공하는 피플소프트 PeopleSoft를 설립했다. 냇 터너와 자크 와인버그는 플랫아이언 헬스를 창업하기 전에 광고 기술 기업을 창업했고 구글에 이 기업을 팔았다. 이어지는 장에서 다루는 스타트업들 중에도 슈퍼 창업자가 만든 스타트업이 많다.

또 다른 사례는 에어테이블Airtable의 공동 창업자 하위 리우Howie Liu
다. 리우는 대학을 졸업한 뒤 자기 일을 시작하기 위해 컨설팅 기업 액
센추어Accenture의 소프트웨어 개발직을 거절했다. 이메일과 페이스북,
트위터로 받은 메시지를 통합하며 디지털로 주고받은 모든 통신 내용
을 한곳에 모으는 서비스 아이디어를 떠올렸다. 이 아이디어로 시작한
스타트업 이택츠Etacts는 2010년 스타트업 액셀러레이터 와이 콤비네
이터 프로그램을 거치며 영화배우 애슈턴 커처Ashton Kutcher를 비롯한
다양한 부류의 에인절 투자자들에게서 70만 달러의 자금을 조달했다.
이택츠는 장래성이 있어, 운영한 지 1년이 채 안 된 시점에 마크 베니
오프Marc Benioff의 세일스포스에 인수됐는데, 인수 가격이 2,500만 달
러라는 소문이 돌았다. 매각 당시 스물한 살이던 리우는 곧바로 백만
장자 대열에 합류했다.

리우는 세일스포스에 그리 오래 머무르지 않았다. 뭔가 새로운 일을
하고 싶었고, 단지 무엇을 할지 결정만 하면 되는 상황이었다. 그는 세
일스포스에서 봤던 스프레드시트를 떠올리며 어떻게 그 다양한 데이
터가 그 많은 스프레드시트에 아무런 체계도 없이 어수선하게 저장돼
있는지 생각해봤다. 스프레드시트는 수치 분석이나 재무적 계산에 유
용하지만 대부분의 사람은 스프레드시트를 순전히 조직의 업무 관리
용으로 사용했다. 리우는 단지 더 나은 스프레드시트가 아니라 완전
히 새로운 조직 업무 관리용 도구를 만들면 이런 필요성에 부응할 수
있다고 생각했다. 새로운 제품 에어테이블은 많은 투자자의 관심을 끌
었고, 마지막으로 받은 가치평가는 20억 달러가 넘었다.

사람들은 슈퍼 창업자가 이미 기업을 창업해 운영하고 매각한 경험이 있기 때문에 대체로 나이가 많을 것으로 생각할지 모르지만, 여기서 설명한 많은 사례를 보면 나이는 슈퍼 창업자와 상관없다는 사실을 알 수 있다. 어느 정도 성공한 기업을 만들어낸 경험이 중요하며, 그런 경험은 창업자가 열여덟 살이든 예순 살이든 상관없다.

　성공적인 기업을 만들어내는 데 지금까지 경험이 그렇게 중요한 이유는 여러 가지다. 리우의 사례에서 보듯이 반복 창업자는 벤처 투자 기업과 투자자를 접촉할 기회가 더 많고, 이에 따라 보다 쉽게 자금을 조달할 수 있다. 그들에게는 초기 직원들을 발굴하고 잠재적 고객을 소개받을 수 있는 강력한 네트워크가 있다. 그들은 또 스타트업을 운영하려는 개인적 욕구에 더 잘 적응하며 실수를 반복할 가능성도 낮다.

　전 세계 스타트업을 보더라도 슈퍼 창업자는 곳곳에 있다. 중동 지역의 우버로 불리며 2019년 우버가 31억 달러에 인수한 카림Careem의 공동 창업자 겸 CEO 무다시르 셰이카Mudassir Sheikha도 슈퍼 창업자였다. 그는 카림을 창업하기 전 실리콘밸리에서 10년 동안 여러 스타트업을 창업했으며, 그중에서 공동 창업했던 디바이스 애니웨어Device Anywhere는 키노트 시스템스Keynote Systems에 6,000만 달러에 인수됐다.

　이처럼 경험이 중요하기는 하지만, 그렇다고 경험이 전부는 아니다. 많은 슈퍼 창업자에게는 또 다른 공통점이 있다. 바로 운이다. 최상의 아이디어를 지닌 가장 영리한 사람들도 적합한 투자자의 주목을 받았거나, 아이디어를 제시한 타이밍이 적절했거나, 팀원으로 합류하기에 적당한 사람을 만났거나, 기업을 인수할 인수자를 찾아냈거나 하는 식으로 어딘가에서 행운이 따라줬다. 졸업 후 안정적인 직장에 들어가 학자금 대출을 갚는 대신, 학교를 자퇴하고 월급도 받지 않으며 스타트업 창업에 열중할 수 있는 행운을 타고난 사람들도 있었다. 때로는 인맥이 좋은 가문 출신이라는 특권을 누리기도 한다. 슈퍼 창업자에게 한때 찾아왔던 행운은 그들의 재능과 노력과 합쳐져 그들이 명성을 쌓고 네트워크를 구성하는 데 도움을 주며 훨씬 더 큰 결과로 이어졌다. 하지만 중요한 점은 이런 창업자들이 행운을 만날 때까지 기업을 만드는 노력을 아끼지 않았다는 사실이다. 그들의 말처럼 노력해야 행운도 따른다.

일부 슈퍼 창업자는 이와 같은 이점을 반복적으로 활용해 복수의 번창하는 기업을 창업했다. 2장 인터뷰에서 만난 생명공학 부문 창업 기업가 아리 벨더그룬은 1996년 에이젠시스(5억 달러에 매각), 2007년 쿠거 바이오테크놀로지(9억 7,000만 달러에 매각), 2009년 카이트 파마(120억 달러에 매각), 2017년 알로젠(20억 달러 이상의 가치평가로 상장) 등 스타트업 네 개를 창업했다. 프레드 몰Fred Moll은 의료장비와 수술용 로봇 분야에서 엔도테라퓨틱스Endotherapeutics, 오리진 메드시스템스Origin Medsystems, 한센 메디컬Hansen Medical, 인튜이티브 서지컬Intuitive Surgical, 오리스 헬스Auris Health 등 다섯 개 기업을 연이어 설립했다.

여기서 명백한 점은 많은 슈퍼 창업자가 단지 돈을 벌기 위한 목적으로 기업을 창업하지는 않았다는 것이다. 그들의 목표가 기업을 설립해 매각할 정도로 키워 은퇴 자금을 마련한 뒤 나머지 생을 즐겁게 보내는 것이었다면, 아무것도 없는 상태에서 새로운 아이디어를 생각해내며 기업을 창업하는 수고를 그렇게 여러 번 반복하지는 않았을 것이다.

슈퍼 창업자가 아니더라도 수십억 달러 기업을 창업한 사람들은 뭔가 만들어내고 싶은 충동을 느끼는 경향이 있다. 마크 저커버그가 그런 부류에 속한다. 하버드대학교 기숙사 방에서 유명한 페이스북을 만들었을 때 그는 실제로 일한 경험이 전혀 없는 열아홉 살 신동이었다. 하지만 그 전에 프로젝트 세 개를 실행한 경험이 있었다. 수강 과목을 선택하는 데 도움을 주는 코스매치CourseMatch와 하버드 학생들을 매력도에 따라 순위를 매기는 애플리케이션 페이스매시FaceMash, 시냅스 뮤직 플레이어Synapse Music Player를 만드는 프로젝트였다.

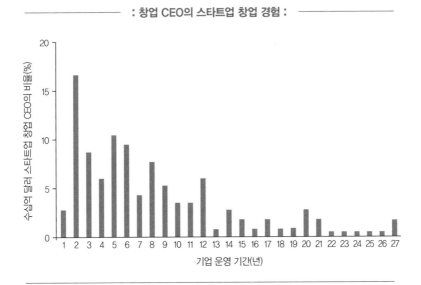

: 창업 CEO의 스타트업 창업 경험 :

전에 기업을 창업한 경험이 있는 수십억 달러 스타트업 창업자 중에는 단 1년만 기업을 운영한 사람도 있고 수십 년간 운영한 사람도 있다. 2년에서 3년 정도 운영한 경우가 가장 많다.

저커버그의 초기 프로젝트 중 하나인 시냅스는 데스크톱용 뮤직 플레이어였다. 그는 1999년 고등학생 시절 시냅스를 만들었으며, 시냅스는 사용자의 음악 취향을 오랜 시간에 걸쳐 학습하는 알고리즘을 활용한 음원 스트리밍 서비스 스포티파이의 원형 격이었다. 당시 마이크로소프트가 시냅스 애플리케이션을 95만 달러에 인수하겠다고 제안했다는 소문이 돌았지만, 저커버그는 결국 프로그램의 소스 코드를 공개하고 하버드대학교에 입학했다. 저커버그는 재미로 뭔가 만드는 일을 좋아하던 동급생 애덤 디앤젤로Adam D'Angelo와 함께 시냅스를 만들었다. 디앤젤로는 훗날 어떤 주제에 관한 질문을 주고받는 게시판을 중심으로 사용자 커뮤니티를 구축하고 관련 광고를 보여주는 또 하나의 수십억 달러 기업 쿼라Quora를 창업했다.

수십억 달러 기업의 창업자 거의 대부분은 뭔가 만들어내는 성향을 지니고 있다. 고등학교 시절이나 그보다 더 어릴 때 학업과 관계없는 별도의 프로젝트를 시작하고 학생 클럽에 가입해 활동하며, 심지어 회사를 설립하기도 한다. 박스 창업자 에런 레비는 부모님의 온수 욕조에서 친구들과 함께 회사 설립 아이디어를 나누며 고등학교 시절을 보냈다. 이들 중 집을 사고파는 웹사이트와 레비가 "구글을 제외하고 세상에서 가장 빠른 검색 엔진"이라고 묘사한 검색 엔진 아이디어로 실제 회사를 설립하기도 했다.[2]

플랫아이언 창업자 냇 터너는 대학 시절 주문형 음식 배달 서비스 기업을 창업했고, 그 전에는 기프트카드 교환 서비스를 제공하는 기업을 만들었다. 브렉스 창업자 엔히키 두부그라스는 브라질에서 고등학교 다닐 때 B2B 결제 서비스 기업을 창업했다. 이 프로젝트들은 벼락부자가 되려는 것이 아니라 뭔가 만들어내고 싶은 욕구를 해소하기 위한 것이었다. 데이터를 보면 수십억 달러 기업을 창업하기 위한 최상의 준비는 먼저 1,000만 달러 기업을 만드는 것임을 알 수 있다. 그러기 위해서는 취미로 하는 프로젝트든 부업이든 학생 클럽이든 일단 뭔가 시작하는 것이 가장 좋다.

수십억 달러 기업 창업자 모두가 슈퍼 창업자는 아니다. 창업자는 과거 많은 성공을 이루거나 심지어 실패한 경험이 있는데도 큰 아이디어를 생각해낼 수 있는 사람이다. 눈여겨볼 점은 이 창업자들에게 각자 나름의 여정이 있다는 것이다. 다음번 창업 시도에서 수십억 달러 기업을 창업할 가능성은 과거 실패를 겪은 창업자가 1.6배, 그리고 벤

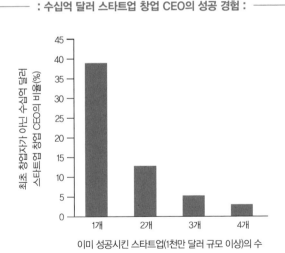

: 수십억 달러 스타트업 창업 CEO의 성공 경험 :

1천만 달러 이상 규모로 성장시킨 스타트업 수가 4개에 이르는 슈퍼 창업자들도 있다.

처 캐피털업계에서 종종 실패로 간주되는 그저 그런 매각에 성공한 창업자가 3.3배 더 높았다.

클럽하우스Clubhouse 공동 창업자 폴 데이비슨Paul Davison과 로한 세스Rohan Seth를 예로 들어보자. 클럽하우스는 사용자들이 대화 내용을 실시간으로 들으며 기술이나 스포츠 같은 다양한 주제를 논의할 수 있는 오디오 전용 소셜 네트워크 서비스다. 2020년에 창업한 이 기업은 일 년도 채 안 돼 수백만 명의 사용자를 모으고 수십억 달러의 가치평가를 받았다. 갑자기 성공한 것처럼 보이지만 데이비슨과 세스는 10년 동안 다양한 소비자 소셜 애플리케이션을 제공하는 스타트업을 창업했으며, 아홉 차례 실패를 겪은 뒤 마침내 성공에 이르렀다.

기업 창업을 향한 끝없는 노력과 열정이 화려한 이력서보다 더 중요하다. 단거리 경주가 아니라 마라톤처럼 해야 한다. 창업을 하나의 여정으로 여기며 매번 시도할 때마다 교훈을 얻어야 한다. 성공을 갈망하는 투자자를 위한 교훈은 기업을 구성하는 사람들의 포트폴리오를 보고 투자하고, 그들의 다양한 시도와 노력에 연속적으로 투자하라는 것이다. 즉 기업을 구성하는 요소가 아니라 사람 중심의 관점으로 투자하라는 뜻이다.

성공을 꿈꾸는 창업 기업가를 위한 교훈은 첫 번째 창업 시도에서 수십억 달러 규모로 성장할 기업을 창업하지 않아도 된다는 것이다. 슈퍼 창업자가 걸어온 길은 기업 구축과 문제 해결을 향한 열정, 운영 상의 기복에 침착하게 대처하는 자세, 목적지가 아니라 그곳에 이르는 과정을 더 즐기는 태도로 가득하다. 당연한 말이지만 창업만을 위한

104

기업 창업은 하지 말아야 하고 자신의 야망을 낮추지도 말아야 한다. 시작하는 모든 기업은 엄청난 성공을 거둘 가능성이 있다. 그리고 창업은 시작이 아니라 마무리가 중요하다. 스타트업 네 개를 연이어, 또는 더 나쁜 경우인 동시에 창업하는 것이 최종 목적은 아니다. 중요한 사실은 비록 실패하거나 아주 적은 성공을 거둔다 하더라도 한 기업을 최종 목적지까지 이끌고 나가는 것이다.

두 번째 시도에서
성공을 거둔 창업자

– 인스타카트 공동 창업자, 맥스 멀린 –

지금까지 슈퍼 창업자의 훌륭한 자질과 특징, 그리고 그들이 어떻게 수십억 달러 기업을 창업하는 데 성공했는지 살펴봤다. 이 책은 많은 슈퍼 창업자의 스토리를 소개하지만 우리는 이렇게 성공한 기업 대부분이 최초 창업자 또는 앞선 시도에서 큰 성공을 이루지 못한 두 번째 혹은 세 번째 창업자에 의해 시작됐다는 사실을 기억해야 한다. 그들 중 한 명과 나눈 이야기를 소개한다.

인스타카트Instacart 공동 창업자 맥스 멀린Max Mullen의 창업 여정은 10대 시절 다른 사람을 위해 컴퓨터와 웹사이트를 만들어주는 작은 비즈니스를 설립하면서 시작되었다. 인스타카트를 개발할 때만 하더라도 멀린은 엄청난 성공을 거두며 기업을 매각해본 경험이 없었지만, 큰 아이디어를 추구하며 항상 새로운 것을 만들어내려는 끝없는 욕구를 포함해 성공한 창업자의 특성을 많이 갖추고 있었다. 나는 샌프란시스코 도심에 있는 인스타카트의 사무실에서 멀린과 마주 앉아 그가 어떻게 수십억 달러 아이디어를 떠올렸는지 들었다. 이제 그가 직접 얘기한 스토리를 들어보자.

나의 첫 번째 직장은 로스앤젤레스에 있는 온라인 마케팅 대행업체 스키매틱Schematic이었습니다. 내가 입사했을 때는 직원이 40명이었는데, 6년 뒤 퇴사할 때는 400명이나 되었습니다. 그 경험은 내 경력에 많은 변화를 일으켰습니다. 경영학을 공부하는 대학생 시절 입사했기 때문에 학업과 직장 생활을 병행했습니다. 학교에서는 비즈니스 운영 방법을 이론으로 배우고, 직장에서는 비즈니스 구축에 실제로 참여했습니다. 그곳에서 고객 서비스 담당 디렉터로 승진했지만 내가 진정으로 열망하는 일은 기업 창업이어서, 나 자신의 스타트업 여정을 시작하기 위해 퇴사했습니다.

스키매틱을 퇴사하고 얼마 지나지 않아 첫 번째 기업 볼리Volly를 창업했습니다. 공동 창업자와 나는 사람들이 현실 세계에서 서로 만날 수 있게 도움을 주는 소셜 네트워크를 구축하기 위해 초기 단계 벤처 투자를 통해 시드 자본을 마련했습니다. 하지만 볼리의 첫 번째 버전은 성공하지 못했습니다. 사람들이 자주 사용하지 않았고 친구들과 공유하지도 않았기 때문입니다. 우리는 다음 단계의 투자를 유치하려면 보다 강력한 결과치가 필요하다는 것을 알았습니다. 그래서 우리 제품의 특색 중 가장 많이 사용되는 그룹 메시지 서비스를 중심으로 제품을 변환시켰습니다.

이 전환은 우리의 실적 수치를 크게 향상시켰습니다. 우리 제품의 두 번째 버전은 첫 번째보다 열 배 더 성공적이었습니다. 하지만 전환 과정에서 제품에 대한 처음 비전을 포기해, 곧바로 방향을 잃어버리고 말았습니다. 우리가 만든 제품에 더 이상 열광하지 않아, 결국 기업을 매각하기로 결정했습니다. 나는 이 고통스러운 과정에서 얻은 교훈을 내가 에인절 투자자로서 만나는 창업 기업가들에게 들려주고 싶습니다. 바로 자신이 하고 있는 일에 열정적이어야 한다는 교훈입니다.

우리는 잠재적 인수 희망자 두 곳을 만나 제안을 받았습니다. 그들 중 하나는 샌프란시스코 베이 에어리어Bay Area에 자리 잡은 로케이션 랩스Location Labs였습니다. 공동 창업자와 나는 샌프란시스코로 이전해 스타트업 생태계에 좀 더 가까이 있기를 원해, 인수 계약을 맺고 샌프란시스코로 갔습니다.

로케이션 랩스는 80명의 직원을 둔 훌륭한 기업이었습니다. 별 볼 일 없는 우리 스타트업에서 정말 잘 운영되는 스타트업으로 이전하는 일은 매우 흥미로웠습니다. 하지만 그때 나는 진정한 창업자는 아무것도 없는 상태에서 뭔가 시작하며 창업 기업가적 에너지를 느껴야 한다는 사실을 깨닫고 일 년 만에 그곳을 떠나기로 결심했습니다.

앞으로 할 일에 대한 아이디어가 많았는데, 특히 주문에 따라 제품을 배달하는 서비스 아이디어가 돋보였습니다. 사실 이 아이디어에 사로잡혀 있었습니다. 그 일에 착수하고 싶은 생각에 잠을 이룰 수 없을 정도였죠. 나는 볼리와 마찬가지로 세상 사람들에게 도움을 주는 일을 하고 싶었습니다. 하지만 이번에는 단지 소프트웨어만 만드는 것이 아니라 운영까지 제대로 하고 싶었습니다.

이 아이디어가 왜 그토록 나를 강력하게 사로잡았는지는 잘 모르지만, 대학 시절 런치잇LunchIt이라는 비슷한 아이디어로 비즈니스 계획을 작성한 적이 있습니다. 그 비즈니스 개념은 집안살림만 하는 전업주부나 남편이 음식을 만들어 점심시간에 직장인들에게 배달하는 장터였습니다. 2012년에 나는 그 아이디어를 다시 떠올렸고, 이를 바탕으로 샌프란시스코의 초창기 주문형 경제를 바라보는 내 관점이 생겼습니다.

내가 그리는 미래의 모습은 매우 분명해졌습니다. 즉 모든 제품이 한 시간 안에 배달되며 스마트폰으로 모든 것이 이뤄집니다. 그 시점부터 내가 던지는 질문은 '무엇을 할까?'가 아니라 이 특정 아이디어를 '어떻게 실현시킬까?'였습니다.

그다음 질문은 '누가 나의 기술적 공동 창업자로 적합할까?'였습니다. 나는 샌프란시스코에서 매우 영리한 친구 열두 명을 만났고 그들 모두 잠재적 공동 창업자였습니다. 나는 테이블을 돌아다니며 "우리 모두 자신이 가장 좋아하는 아이디어 하나씩을 소개해보자"고 제안했고, 실제로 모두 그렇게 했습니다. 나도 아이디어를 말했습니다. 그들은 내 아이디어를 좋아하는 것 같았고, 나는 그들을 통해 피드백을 얻었습니다.

그중 친구이며 현재 공동 창업자인 브랜든 리어나도가 내게 말했습니다. "이봐, 코워킹 스페이스에서 함께 일하는 아푸르바Apoorva라는 친구가 네가 말한 아이디어와 매우 비슷한 일을 시도하고 있는데, 그 친구에게 너를 소개해주고 싶어." 리어나도는 나를 아푸르바에게 소개했고, 우리는 전화상으로 오랫동안 대화를 했습니다. 그 내용을 요약하면 이렇습니다. "저기, 내가 지금 하는 일을 관두고 당신과 함께 일하겠습니다. 당신은 이 애플리케이션 만드는 일을 이미 시작했고, 만약 우리가 서로 마음에 들지 않으면 감정 상할 필요 없이 각자의 길을 가면 됩니다." 이를 계기로 우리의 믿음이 한층 강해졌죠. 나는 속으로 이렇게 생각했던 것으로 기억합니다. "이 일은 위험성이 높아. 잘못하면 실업자 신세가 될 수도 있다고." 하지만 나의 첫 번째 창업도 위험하기는 마찬가지였으며, 나는 그 결정을 전혀 후회하지 않았습니다.

아푸르바와 함께 일하기 시작했고, 우리는 그 시간을 정말 즐겼습니다. 몇 주 지난 뒤 개발 속도를 느리게 하는 가장 큰 문제가 대역폭bandwidth 엔지니어링이라는 사실을 깨닫고 브랜든을 세 번째 공동 창업자로 영입했습니다. 와이 콤비네이터의 2012년 여름 프로그램에 선택된 우리는 거기에서 열린 기업 설명회 당일 투자자의 명함을 최대한 많이 수집하며 그들에게 우리의 비전을 알렸습니다. 하지만 우리 비즈니스를 또 하나의 웹밴Webvan(인스타카트와 비슷한 아이디어를 바탕으로 한 스타트업으로, 많은 투자를 유치했지만 2000년 닷컴 거품이 붕괴하는 시기에 크게 실패했)으로 여긴 많은 투자자에게 거절당했습니다. 다행히 몇몇 거물급 투자자가 우리의 아이디어와 비전을 신뢰해, 설명회 후 곧바로 시드 자본을 조달했습니다.

그 후 나는 밤잠을 못 자게 만드는 어떤 스타트업 아이디어도 떠올리지 않았습니다. 요즈음 나를 잠 못 들게 하는 일은 어떻게 인스타카트와 우리의 기업 문화를 매일매일 더 좋아지게 할 수 있을까 하는 생각입니다.

110

인스타카트는 300개가 넘는 소매상과 협력관계를 맺고 있으며 북아메리카 대륙의 5,500개가 넘는 도시에서 서비스를 제공하는 규모로 성장했고, 미국 인구의 80% 이상이 이용할 수 있다. 인스타카트는 벤처 캐피털에서 20억 달러가 넘는 믿기 힘들 정도의 엄청난 투자를 유치했고, 마지막으로 받은 가치평가액은 150억 달러가 넘었다. 멀린은 앞으로 10년 안에 기술 분야에서 식품의 생산과 소비, 배달 등을 중심을 한 스타트업이 폭발적으로 늘어나리라 예상한다.

인스타카트처럼 영향력이 큰 기업을 창업하려면 훌륭한 아이디어만으로는 부족하다. 집착에 가까울 정도의 욕망이 필요하다. 멀린과 같은 창업자는 아이디어를 창출하기 위해 만들고 수선하며 집착할 정도로 완전히 몰입한 경력을 갖추고 있다. 나이나 학력, 기술적 재능이 아니라 그런 자질들이 위대한 창업자를 만든다.

SUPER

PART _ 2

기업

FOUNDERS

────── 스타트업은 창업자만으로 이뤄지는 것이 아니다. 창업자가 생각 해내고 다듬고 시장에 제시해야 하는 아이디어에서 시작된다. Part 2에서는 수십억 달러 기업의 아이디어 형성 과정과 해결하려는 문제의 종류, 진출한 시장의 역학관계와 규모를 검토한다. 또 시장 진출 타이밍과 경쟁 상황, 방 어 가능성처럼 고려해야 할 사항이 어떻게 스타트업의 성공 요인으로 작용 했는지 이해하기 위해 데이터를 활용한다. 큰 성공을 꿈꾸는 창업 기업가나 앞으로 대단한 일을 하려는 사람들이 자기 아이디어를 다양한 측면에서 자 세히 분석하고 수치의 관점에서 평가하며 기업의 성공을 위한 보다 나은 입 지를 확보하는 데 도움이 되기를 바란다. ──────

5

수십억 달러 스타트업의
기원 스토리

냇 터너와 자크 와인버그는 플랫아이언 개념에 안착하기 전 몇 년 동안 자신들의 아이디어를 관념화하고 연구하며 개선했다. 처음에는 보험에 관한 아이디어로 시작했으나, 다른 의사의 2차 진료 의견에 관한 개념으로 바뀌었다가 이후 암 치료를 위한 데이터 분석으로 발전한 뒤, 궁극적으로 암 치료의 효능을 연구하기 위해 실제 사례와 치료에 대한 환자의 반응에서 수집한 실제 임상 증거RWE를 활용하는 개념으로 진화했다. 이 개념이 플랫아이언을 성공으로 이끌었다.

이와 비슷하게 맥스 멀린은 인스타카트 아이디어에 초점을 맞추기 전 아이디어 기록 일지를 쓰며 "버튼 하나만 누르면 현실에서 뭔가 이루어지는" 마법과 같은 주문형 경제를 두고 오랜 기간 생각했다. 수십억 달러 가치의 암호 관리 스타트업 옥타의 창업자 토드 매키넌은 원래 암호 문제 해결 전도사가 아니었다. 그는 서비스형 소프트웨어 Software as a Service, SaaS(소프트웨어의 여러 기능 중에서 사용자가 필요한 서비스만 이용할 수 있게 만든 소프트웨어_옮긴이) 도구의 폭발적 증가를 목격한 뒤 이 트렌드를 주의 깊게 관찰해 온프레미스on-premise 소프트웨어(사용자가 있는 현장에 설치된 컴퓨터에서 운영되는 소프트웨어_옮긴이)에서 클라우드 환경의 소프트웨어로 전환이 기존 판매자의 비즈니스를 파괴할 거라고 확신했다.[1] 그는 다양한 아이디어를 반복적으로 시도한 끝에 옥타를 창업하기에 이르렀다.

창업한 지 7년 만에 이루어진 기업 공개에서 500억 달러의 가치평가를 받은 주문형 배달 기업 도어대시의 창업자들 또한 식당 음식 배달에 관한 전도사가 아니었다. 공동 창업자 중 한 명인 에번 무어Evan Moore는 말했다. "아이디어 하나 없이 한데 모였지만 우리에게는 우리가 자랑스러워할 만한 뭔가를 만들고 싶은 욕망이 있었습니다." 그들은 소상공인을 위한 소프트웨어를 만드는 아이디어를 좋아했다. 그들은 와이 콤비네이터 프로그램 신청서에 이렇게 썼다.[2] "우리가 처음에는 그들에게 무엇이 필요한지(무슨 문제를 해결해야 할지) 몰랐기 때문에 우리가 만날 수 있는 모든 소상공인을 만나 얘기를 나눴습니다. 우리가 (그들에게) 했던 가장 유용한 질문은 '당신이 오늘 했던 모든 일을 우리에게 말해주세요'였습니다. 우리는 몇 가지(아이디어)를 시도했는데, 그중 하나는 소매 매장에서 아이패드로 마케팅 속성에 관한 설문 조사를 하는 것이었습니다. 당시 어느 마카롱 판매 매장에 처음으로 배달 요청이 들어왔습니다. 그곳에서 인터뷰를 마무리할 때쯤 우리는 배달 주문을 거절하는 매장 매니저의 목소리를 들었습니다. 바로 그 순간 전구에 불이 번쩍 들어오듯 아이디어가 떠올랐습니다."[3]

나는 이런 방식을 '하향식' 사고 모델이라 부른다. 창업 기업가는 시장이나 고객 형태 또는 트렌드를 선택한 뒤 해결해야 할 문제를 찾아나선다. 이런 과정들은 우리가 흔히 듣는 수십억 달러 기업의 전형적인 형성 스토리가 아니다. 이런 기원 스토리는 우리가 접할 가능성이 높은 스토리, 즉 수십 년 동안 개인적 문제로 고통받은 끝에 그 문제를 해결할 사명감으로 창업에 나서는 창업자에 관한 스토리만큼 흥미롭지 않다. 하지만 창업자에 관한 그런 기원 스토리는 사실 언론이 그렇게 보이도록 만드는 것만큼 흔하지 않다.

창업 기업가는 보통 개인적으로 고통받는 문제를 스타트업을 통해 해결해야 했던 것으로 알려져 있다. 몇 가지 다른 아이디어를 저울질하며 관념화 단계를 거치거나 단순히 시장 기회를 따라가는 행태가 때로는 비난을 받기도 한다. 한 초기 단계 투자자는 기회주의적이며 해결해야 할 문제를 '찾아다니는' 창업자에게 절대 투자하지 않는다고 내게 말했다. 그는 자신이 지원하는 창업자가 직접 문제를 겪었기를 바랐다. 하지만 대개의 경우 수십억 달러 스타트업의 실제 창업 스토리는 그렇지 않다. 벤처 캐피털 투자자 제임스 커리어James Currier는 이렇게 표현한다. "성공한 창업 기업가는 훌륭한 아이디어를 찾기 위해 분투하던 처음 몇 달간의 스토리를 좀처럼 얘기하지 않습니다. 하지만 실제로 크게 성공한 창업자 대부분은 오늘날 그들을 유명하게 만든 아이디어를 떠올리기 위해 혹독한 관념화 과정을 거칩니다."[4] 일부 스타트업 아이디어는 "유레카!"를 외치는 깨달음 순간에 탄생했지만 다른 대다수는 몇 달 또는 몇 년 동안의 세심하고 신중한 관념화 과정을 거친 끝에 나왔다. 수십억 달러 기업의 기원을 보면 기회에 바탕을 둔 기업이 많았다. 일부는 신중하게 문제를 찾은 결과 탄생했다. 수십억 달러 기업 모두가 자신의 개인적 문제를 해결하려는 창업자의 사명감에서 만들어졌다는 말은 근거 없는 믿음이다. 사명감에 바탕을 두고 성공할 수도 있고 그저 돈을 벌기 위한 목적만으로 성공할 수도 있다.

기술 스타트업업계에서 최고의 에인절 투자자로 활동하는 엘라드 길은 많은 접근 방식이 실제로 일어났다고 내게 말했다.

구글의 래리 페이지는 전 세계 정보를 체계화하고 이를 누구에게나 접근 가능하고 유용하게 만들겠다는 측면에서 사명감이 매우 충만한 사람이었습니다. 그와 동시에 구글 창업자들은 아주 초창기에 구글을 100만 달러에 매각할 생각도 했습니다. 그래서 나는 사명에 대한 그런 확신이 곧바로 생기기도 하지만, 기업이 성공하고 뭔가를 향해 나아간다고 인식한 뒤에야 기업의 평생 사명이 되는 경우도 있다고 생각합니다. 실리콘밸리에는 창업자에 관한 만들어지고 부풀려진 형태의 편견이 아주 많다고 생각합니다. 편견들이 생겨난 이유는 그런 스토리가 더 흥미롭고 언론이 그런 창업자 스토리를 다루고 싶어 하기 때문입니다. 언론은 기업이 아니라 창업자 개인의 연관성에 더 관심이 많습니다. 예를 들면 창업자의 어린 시절로 되돌아가 다섯 살 때부터 벽장에 물건을 보관했는데 그 습관이 훗날 클라우드 저장 시스템에 이르렀다는 이야기

118

등을 다루고 싶어 합니다. 하지만 실제로 창업자가 그랬는지 누가 알겠어요? 이처럼 과장을 시도하는 끔찍한 이야기가 정말 많습니다. 또 다른 경우에서는 한 창업자가 사기성이 짙은 인터넷 여론조사 애플리케이션을 만들다 뭔가 다른 일을 하기로 마음을 고쳐먹고 그 일이 거대한 비즈니스로 변하며, 그때부터 사명 중심의 관점을 갖기 시작했다는 스토리를 듣기도 합니다.

기회를 기반으로 한 방식이 제대로 작동할 수도 있지만 기회 포착만을 목적으로 스타트업을 창업하면 위험하다는 사실을 기억해야 한다. 스타트업 운영은 정말 어렵고 대부분은 실패한다. 게다가 오랫동안 힘들게 노력하고 갈등을 해결하며 투자자를 상대하는 등 많은 일을 하고 나서야 비로소 실패할 것임을 깨닫는 경우도 있다. 플러드게이트 펀드Floodgate Fund의 경영 파트너 마이크 메이플스Mike Maples는 말했다. "때로는 스타트업을 해보겠다는 함정에 빠지게 만드는 유혹이 생기기도 하지만 그건 올바른 길이 아닙니다. 당신이 생각하기에 이 세상을 향한 당신의 평생 선물로 보일 만한 일을 하세요. 그런 일을 할 수 있는 기회는 그리 많지 않습니다."[5] 이는 사명감을 가지거나 개인적 문제를 해결하는 것과 다르다. 기회 중심으로 나아갈 수 있지만, 그래도 자신이 만드는 제품이나 서비스를 사용하는 고객에 대한 사랑과 열정이 있어야 한다.

신제품을 소개하고 추천받는 웹사이트 프로덕트 헌트Product Hunt의 창업자 중 한 명이며 초기 단계 투자 벤처 캐피털 빌리지 글로벌Village

Global의 공동 창업자 에릭 토렌버그Erik Torenberg는 매년 수많은 스타트업 아이디어를 검토한다. 내가 토렌버그에게 창업자들이 아이디어를 어떻게 떠올리는지 묻자, 그는 몇 가지 기본 틀을 제시했다. 어떤 기업은 새로운 연애 상대를 만나는 문제를 해결한 온라인 데이팅 앱 틴더처럼 사람들에게 매우 중요한 문제를 해결한 덕분에 성공한다. 콘텐츠의 새로운 공급원을 찾아낸 페이스북과 여행자들의 숙박 장소 공급망을 새롭게 제시한 에어비앤비처럼 새로운 공급원이나 자산을 만들어낸 기업도 있다. 또 다른 기업은 물류와 선박 운송 분야 스타트업 플렉스포트Flexport처럼 너무 뻔하고 재미없는 일을 하기 때문에 성공하기도 한다. 토렌버그는 내게 말했다. "다른 사람들이 절대 하지 않으려는 너무나 뻔하고 지겨운 일을 선택하세요." 일부 창업자는 "멋지고 기발한 아이디어cool idea"를 찾지만, 비록 지겨운 산업에서 이룬 것이라 할지라도 엄청난 성공보다 멋진 일은 없다.

아이디어가 기업 차원에서 개발되는 경우도 있다. TV를 인터넷에 연결시켜 실시간 스트리밍 서비스를 제공하는 기업 로쿠Roku는 넷플릭스Netflix의 사내 프로젝트로 시작했다가 스트리밍 기업에 하드웨어를 공급하는 협력 기업을 소외시키는 상황을 피하기 위해 넷플릭스에서 분사했다. 이와 비슷하게 익스피디아Expedia는 마이크로소프트에서 여행에 초점을 맞춘 프로젝트로 시작했다. 유명한 포켓몬고Pokémon Go 게임을 만든 소프트웨어 개발 기업 나이앤틱Niantic은 사내 프로젝트로 시작한 지 5년 후 구글에서 분사했다.

벤처 캐피털의 지원으로 탄생한 기업도 있다. 기업 내부 사용자가 정보에 쉽게 접근할 수 있도록 기업 내에 흩어져 있는 방대한 자료를 한데 모으는 데이터 웨어하우징 기술을 제공하는 스타트업 스노플레이크는 서터 힐 벤처스Sutter Hill Ventures의 기업 육성 프로그램 지원을 받아 설립됐다. 워크데이와 팰로앨토 네트웍스Palo Alto Networks는 그레이록 파트너스Greylock Partners의 육성 프로그램으로 탄생했다.

일부 벤처 기업은 이런 육성 프로그램 개념을 최대한 확대해서 직접 창업자들을 불러 모아 사내 기업을 만드는 벤처 스튜디오를 개발했다. 벤처 스튜디오의 한 사례인 아토믹 랩스Atomic Labs는 여러 스타트업을 창업했는데, 그중 대표적인 것은 개인 위생 및 미용 제품 구독권을 판매하는 힘스Hims다. 바이오테크 분야에서는 이런 일이 더 자주 일어난다. 보스턴에 기반을 둔 벤처 육성 기업 플래그십 파이어니어링Flagship Pioneering은 메신저 리보핵산mRNA 계열의 약제와 백신을 개발해 코로나 바이러스 감염증COVID19 백신 개발에 처음으로 성공한 기업 중 하나인 모더나 테라퓨틱스Moderna Therapeutics를 포함한 다수의 대규모 스타트업을 이런 방식으로 출범시켰다.

또 다른 아이디어들은 교육기관에서 탄생했다. 구글 창업자들은 스탠퍼드대학교 시절 인터넷 검색 엔진에서 웹사이트 검색 순위를 정하는 페이지랭크PageRank 알고리즘을 개발한 뒤 1977년 구글닷컴google.com 사이트를 등록하기 전까지 구글 웹페이지를 스탠퍼드대학교 도메인google.standford.edu에서 운영했다. 바이오테크놀로지 기업 제넨테크는 학문적 지적재산권에서 출발했다. 로버트 스완슨Robert Swanson은 제넨테크를 창업하기 전 설립한 지 얼마 안 된 벤처 캐피털 기업 클라이너 퍼킨스Kleiner Perkins에서 동업자로 근무하는 동안 이 기업의 투자를 통해 재조합 DNA 기술에 관한 정보를 습득했다. 벤처 캐피털에서 해고된 뒤에도 스완슨은 여전히 그 아이디어에 매료되어, 이 기술을 연구하는 과학자들에게 이 기술의 상업화를 권유하는 전화를 돌리기 시작했다. 그중에서 재조합 DNA 분야 선구자이자 캘리포니아 샌프란시스코대학교 교수인 허버트 보이어Herbert Boyer 박사가 이 기술의 상업화에 동의하며 스완슨의 공동 창업자가 됐다. 현대 바이오테크 산업의 발전을 촉진한 제넨테크는 당뇨병 환자를 위한 합성 인슐린을 처음으로 생산했으며 그 후에도 현재 환자들이 사용하는 매우 중요한 약을 많이 발명했다.[6] 엄청난 주주 가치를 축적한 제넨테크는 2009년 470억 달러에 매각됐다.

관념화는 모든 스타트업에서 필수적으로 해야 하는 부분이다. 흔히 아이디어는 온 사방에 널려 있을 만큼 매우 흔하다고 말하지만, 올바른 아이디어에 이르기 위한 실행이 사실상 성공의 열쇠다. 앞으로 10년 동안 스타트업에 전념할 생각이라면 먼저 그 스타트업 아이디어가 노력을 기울일 만한 가치가 있는지 검증하는 데 충분한 시간을 할애해야 한다. 첫째, 자신이 개인적으로 겪고 있는 문제, 특히 일터에서 직면하는 문제들을 찾아야 한다. 과거 사례에 비추어볼 때, 문제를 찾을 수 없을 경우에는 일반적인 부분에서 시작해 세부적인 사항으로 검토하는 방식을 관념화하면 좋은 결과를 얻을 수 있다. 그러고 나서 트렌드를 확인하거나 시장을 선택해야 한다. 가장 이상적인 방법은 다른 사람보다 더 많이 알고 있는 소비자 부류를 선택해 그들이 직면한 실제 문제를 찾는 것이다. 초기에 검증해야 하며, 노력하고 있는 부분이 만들어진 허구의 문제가 아닌지 분명히 확인해야 한다. 이를 알 수 있는 가장 좋은 방법은 사람들에게 관련 제품을 원하는지 물어보는 대신 제품을 사전에 판매하는 것이다. 창업자의 시장 적합성도 고려해야 한다. 즉 자신들이 특정 문제 해결을 추구하는 데 가장 적합한 창업팀인지, 그리고 남들이 모르는 어떤 사항을 알고 있는지, 보유하고 있는 독특한 장점은 무엇인지 자문해야 한다.

거대 기술 기업에 기원을 둔
수십억 달러 스타트업

- 컨플루언트 공동 창업자, 네하 나크헤데 -

네하 나크헤데Neha Narkhede와 제이 크렙스Jay Kreps, 준 라오Jun Rao는 2011년 링크트인에 근무하며 실시간으로 처리해야 할 방대한 양의 데이터를 처리하는 도구 만드는 업무를 맡았다. 그들이 제시한 해결 방안 카프카Kafka는 현재 골드만삭스와 같은 은행뿐만 아니라 우버와 에어비앤비 같은 기술 기업에서 널리 사용되는 오픈 소스 도구로 발전했다. 이후 세 사람은 카프카를 지원하는 도구와 관리 서비스를 제공하는 기업 컨플루언트Confluent를 창업했다. 나는 컨플루언트의 공동 창업자이자 창업 최고기술책임자CTO인 네하 나크헤데를 만나 컨플루언트의 초창기에 관해 더 많은 스토리를 들었다. 나크헤데가 설명한 컨플루언트의 기원을 소개한다.

나는 인도의 푸네라는 도시에서 자랐습니다. 그곳에서 컴퓨터공학을 공부한 뒤 조지아공과대학교 대학원에 진학했습니다. 대학원에 두어 달 일찍 도착한 나는 20명이 넘는 교수들과 면담하며 대학원 학비를 위해 그들이 나를 연구보조로 채용할 수 있는지 알아봤습니다. 석사 과정을 마쳤을 때 지도교수는 내게 대학원에서 박사 과정을 밟으라고 제안했지만, 현장 경험이 내 성격과 훨씬 더 어울린다고 확신했습니다.

금융위기가 닥친 2008년에 졸업한 나로서는 안정적인 직장을 구하는 것이 정말 중요했습니다. 스타트업도 알아보고 싶었지만, 당시에는 내가 미국에 계속 머무를 수 있게 해주는 기업에 취직하는 것이 더 좋겠다고 생각했습니다. 그 기업이 바로 오라클이었습니다. 입사 첫해는 정말 재미있었습니다. 성공적인 기업용 제품을 만드는 방법에 관해 많이 배웠습니다. 하지만 그곳은 내가 원하는 성장 속도보다 조금 느리다는 생각이 들었고, 성장하며 파산하지 않을 스타트업에 합류하고 싶었습니다. 당시 분산 시스템에 정말 큰 변화를 일으킨 오픈 소스 기술을 지원하는 스타트업에 관심이 많았습니다.

몇몇 스타트업을 검토한 뒤 2009년 약 400명의 직원을 둔 링크트인에서 면접을 봤습니다. 링크트인에 자신들이 추진하는 오픈 소스 프로젝트에 관한 랜딩 페이지landing page(인터넷에서 링크 버튼을 클릭하면 연결되는 웹페이지_옮긴이)가 있었던 것으로 기억합니다. 그것이 오픈 소스 커뮤니티에 관심 많은 엔지니어를 불러 모을 수 있는 매우 훌륭한 브랜드 이미지 제고 방법이라고 생각했습니다. 결국 나는 링크트인에 합류했습니다. 링크트인의 환경은 아무리 좋게 보더라도 혼돈의 연속이었지만, 정말 놀랄 만한 문화도 조성돼 있었습니다.

나는 링크트인의 검색 제품 부문에서 일했습니다. 그곳에서 내가 어려움을 겪었던 문제는 검색 자체에 관한 것이 아니라 모바일이나 데스크톱 같은 다양한 링크트인 사이트에서 나오는 데이터를 검색 시스템에 입력하는 방법이었습니다. 나와 동료들은 뭔가 새로운 방식을 만들어야 한다는 사실을 깨달았습니다. 링크트인에서 데이터를 확실하게 이동시킬 방법을 고민 중이던 다른 팀 동료에게 "왜 아무도 이 일을 하지 않죠?"라고 물었더니 그가 대답했습니다. "모든 사람이 제품에 관한 일을 하고 싶어 합니다. 인프라에 관련된 일을 하고 싶어 하는 사람은 아무도 없어요." 그 일이 매우 중요하다고 생각한 나는 상사에게 내가 그 프로젝트에 참여할 수 있는지 물었고, 2년 뒤 그 프로젝트는 카프카를 개발하는 결과로 이어졌습니다.

당시에는 실시간 데이터와 실시간 제품에 대한 수요가 아주 많았습니다. 그런 수요는 모바일 앱과 웹 시스템, 다양한 데이터 센터를 비롯한 모든 곳에서 발생하는 경향이 있었습니다. 그전에는 거대한 데이터베이스에 저장됐고, 데이터를 옮기고 처리하는 일이 상당히 간단했지만, 하루에 한 번만 옮길 수 있다는 문제가 있었습니다. 기껏해야 하루에 한 번 자정 즈음 데이터에 관한 통찰을 생성할 수 있었습니다. 나는 하루 중 어느 때라도 통찰을 생성하고 싶었습니다. 실시간 데이터를 처리할 메시지 전달 대기 행렬 같은 기술이 있었지만 적은 양의 데이터를 소규모로만 처리할 수 있었습니다. 데이터를 추출extract, 전환transform, 적재load하는 ETL과 로깅 시스템logging system처럼 대규모 데이터를 처리할 기술도 있었지만 실시간 처리는 불가능했습니다. 이와 같은 ETL 도구 중 어느 것도 링크트인에 저장된 방대한 양의 데이터를 초당 수십억 개 단위로 처리할 만큼 확장될 수 없었습니다.

우리는 카프카를 오픈 소스 프로젝트로 개발해, 그 코드를 아파치 재단Apache Foundation에 기부했습니다. 링크트인은 자신들의 비결이 시스템 운용 인프라가 아니라 데이터 알고리즘과 네트워킹 데이터 등 보유한 데이터 자체에 있다는 사실을 잘 알고 있었습니다. 이에 따라 링크트인은 기꺼이 인프라 소프트웨어를 자사 엔지니어링 브랜드를 구축하는데 활용했으며, 나는 링크트인이 놀랄 만한 일을 해냈다고 생각합니다.

또한 카프카가 당연히 링크트인에서 실행한 가장 성공적인 오픈 소스 프로젝트일 거라고 생각하지만, 우리는 거의 100개에 이르는 모든 종류의 오픈 소스 도구를 개발했습니다. 이 일은 대부분 인재 영입과 관련돼 있어, 링크트인은 최고 엔지니어를 고용한다는 이미지를 구축했습니다. 우리는 실시간 데이터 처리가 링크트인만의 문제가 아니라는 것을 알았기 때문에 이 도구를 오픈 소스로 만들고 싶었습니다. 이를 계기로 보다 디지털화하고 더욱 실시간화해야 하는 기업들에 필요한 기술 분야가 광범위해지는 변화가 일어났습니다. 처음 2년 동안은 실리콘밸리에 있는 기술 기업들이 이 도구를 채택했습니다. 그들이 사용했다는 소문이 퍼져나갔고, 이후 1~2년 동안 포춘 500대 기업 리스트에 포함된 기업들이 이 도구를 선택했습니다.

2012년 말쯤 제이 크렙스와 나는 포춘 500대 기업에 속한 어느 대기업과 미팅을 했는데, 오픈 소스 커뮤니티의 일원으로서 우리는 기업들이 겪는 카프카 관련 문제를 무료로 해결해줬습니다. 크렙스가 그들과 대화하는 동안 나는 의자에 앉아 몸을 뒤로 젖히고 생각에 잠겼습니다.

"와우, 카프카가 광범위한 세계로 진출했어. 그렇다면 카프카에 힘을 보태줄 기업이 분명히 생길 텐데, 카프카 기술을 만들어낸 사람이 그런 기업을 만들지 않는다면 매우 창피할 거야." 그다음 주에 팀원들에게 내 생각을 전했습니다. 사실 팀원들도 그 일에 관심이 많았고, 그것이 컨플루언트 여정의 출발점이었습니다.

그러고 나서 우리는 1년 반 동안 링크트인에 있으면서 비즈니스 모델을 두고 우리가 플랫폼 기업을 원하는지 아니면 애플리케이션 기업을 원하는지, 그리고 소프트웨어 기업이 나을지 아니면 서비스형 소프트웨어 기업으로 가야 할지 생각했습니다. 당시를 되돌아보면 그 시간이 어느 정도 유용하기는 했지만, 대부분은 이론적인 논의에 불과했습니다. 우리가 제품 전략을 수립한 시간은 유용했지만, 링크트인에 있는 동안 브레인스토밍과 은밀한 회의를 하면서 내가 원했던 것보다 조금 더 많은 시간을 썼습니다.

2014년이 다가오자 나는 꽤 초조해지며 '우리는 반드시 이 일을 해야 하고, 기업을 시작하기에 좋은 시기는 따로 없다'는 생각이 들었습니다. 벤처 캐피털업계는 카프카 팀원들을 눈여겨보고 있었고, 카프카 주위에 오픈 소스 기업이 생기는 것은 꽤 분명한 일이어서, 자금조달은 생각보다 쉬웠습니다. 당시 1,000개에 이르는 기업이 아파치 카프카 코드를 무료로 사용하고 있었습니다. 자금을 조달하기도 전에 제품의 시장 적합성이 확인된 상태여서, 컨플루언트의 창업 스토리는 그리 흔치 않은 창업 스토리 중 하나입니다.

나는 우리가 한 명씩 차례로 퇴사하며 창업 사실을 숨길 것이 아니라 링크트인 경영진에게 먼저 솔직하게 말해야 한다고 늘 생각했습니다.

128

우리는 용기를 내어 엔지니어링 부문 최고책임자와 CEO 제프 와이너 Jeff Weiner에게 우리가 하려는 일에 대해 설명했습니다. 긍정과 부정이 혼합된 어느 정도 엇갈린 반응을 기대했는데, 두 사람 모두 우리의 계획을 적극 지지했습니다. 심지어 링크트인의 공동 창업자이자 이사회 의장인 리드 호프먼Reid Hoffman은 기업을 창업하는 방법과 유의해야 할 사항들에 관한 자신의 통찰을 전해주기도 했습니다. 우리가 처음 면담한 시점부터 퇴사하는 시점까지 전 과정이 한 달 남짓 안에 빠르게 진행됐습니다. 링크트인은 컨플루언트에 대한 지원의 표시로 작은 규모지만 투자도 했습니다.

나크헤데와 공동 창업자들은 링크트인의 프로젝트를 진행하는 동안 창업 아이디어를 생각해냈다. 앞서 설명했듯이 대규모 기술 기업에서 내부 기능을 분리해 다소 덜 기술적인 소규모 기업이 사용할 수 있게 하는 전략은 몇몇 수십억 달러 스타트업의 창업 기원으로 작용했다. 이후 컨플루언트의 아이디어는 크게 변하지 않았지만, 다수의 수십억 달러 스타트업은 성장 과정에서 중대한 전환 과정을 거쳤다. 다음 장의 주제가 바로 이와 같은 사업 전환pivot이다.

6

전환

의사결정에 감정적 이해관계가 없는 사람들만 무엇을 먼저 해야 할지 알 수 있다.

_ 앤디 그로브, 인텔 전 CEO

스튜어트 버터필드Stewart Butterfield는 2008년 야후에서 퇴사한 후 멀티플레이어 온라인 게임 글리치Glitch를 시작했다. 글리치는 팬 층이 적었지만 명쾌하고 멋진 게임이었다. 문제는 많은 인기를 얻지 못했다 는 것이다. 결국 이 게임을 포기해야만 했던 버터필드는 2012년 투자 자들에게 이메일을 보냈다. "나는 이 시점에서 불꽃을 키우기 위해 더 많은 연료를 붓고 싶지 않습니다. 그런 짓은 마치 동네 구멍가게에 놓 인 전기담요에 값비싼 위스키를 붓는 꼴입니다. 결코 활활 타오르지 않을 것입니다."[1]

버터필드는 데리고 있던 직원 35명 모두에게 일일이 새로운 일자리를 찾아주려 노력했고 핵심 팀원들은 따로 결집시켰다. 과거 게임을 만드는 동안 그들은 사내에서 쓰는 이메일을 대신할 커뮤니케이션 도구를 개발했었다. "우리는 (글리치로) 성공하지 못했지만 매우 효율적으로 일했습니다." 훗날 버터필드는 말했다. "이런 시스템 없이는 결코 다시 일할 수 없다는 사실을 깨달았을 때 우리는 이 시스템이 하나의 제품이 될 수 있다는 결론에 이르렀습니다." 버터필드와 소규모 팀은 남아 있던 약간의 자금을 활용해 내부 커뮤니케이션용 도구를 제품으로 개발했고, 2014년 기업용 인스턴트 메시징 플랫폼 슬랙Slack을 출범시켰다. 이후 슬랙은 엄청난 성공을 거두며 투자자들에게서 수억 달러의 투자를 유치했다. 2019년 1월 기업 공개를 통해 상장 기업이 됐으며, 기업 공개 당일 거의 200억 달러에 이르는 가치평가를 받았다.

"내 경력에서 얻은 가장 중요한 교훈은 당연히 '엄청나게 운이 좋아야 한다'입니다." 버터필드는 이렇게 표현한다. "하지만 운에 의존하지 않는 실질적인 측면이 있다면 그것은 바로 우리에게 선택할 옵션이 있는데도 기꺼이 포기하는 자세입니다. 우리는 우리에게 뭔가 새로운 것으로 바꿀 수 있는 충분한 시간과 자금이 남아 있는 상태에서 (글리치를 접기로) 결정했습니다."[2]

슬랙은 버터필드가 한 첫 번째 전환이 아니었다. 버터필드는 2002년 네버엔딩Neverending이라는 또 다른 게임 기업을 설립했었다. 게임은 전혀 인기를 끌지 못했지만, 버터필드는 게임을 위해 개발된 특성 중 하나인 사진 공유가 별도 프로젝트로 발전할 가능성이 있다고 생각했다. 버터필드와 팀원들은 이 특성을 별도의 웹사이트로 개조하기로 결정하고, 이를 플리커Flickr라 불렀다. 당시는 페이스북이 탄생하기 몇 달 전이라 사진 공유가 여전히 생소한 특성이었다. 사진을 저장하고 인쇄하는 다른 웹사이트들도 있었지만 사진 찍기에 열정적인 사람들이 자기 작품을 공유할 웹사이트는 없었다. 플리커는 어느 정도 성공을 거뒀고, 2005년 3,500만 달러 대금으로 야후에 매각되며 버터필드를 다른 많은 슈퍼 창업자처럼 다음번 시도에서 수십억 달러 기업을 창업하는 슈퍼 창업자의 반열에 올려놓았다.

사업 전환은 매우 흔한 일이며 스타트업업계는 보통 이런 전환을 환영한다. 최종적으로 수십억 달러의 가치평가를 받는 기업 중 다수는 애초에 전혀 다른 아이디어로 창업했다. 창업자는 스타트업을 운영하는 과정에서 근본적인 변화를 시도했고, 이는 그들이 특정 아이디어에만 집착하는 전도사가 아니라 대부분 새로운 것을 만들고 싶은 열정을 지니고 있다는 사실을 증명한다. 그들은 새로운 기회를 찾으며 특정 아이디어에 감정적으로 집착하지 않고 늘 시장에 귀를 기울였다.

스타트업에 관한 많은 스토리가 성공을 이룬 마지막 아이디어만 다루며 해당 기업의 역사를 다시 쓰는 경우가 많다는 사실을 감안할 때 수십억 달러 기업 중 처음 아이디어에서 전환한 기업의 수나 그런 전환과 랜덤 그룹 스타트업의 전환을 비교한 결과에 관한 데이터를 수집하기는 불가능하다. 하지만 분명한 사실은 창업자가 제대로 작동하지 않는 아이디어를 인식하고 적절한 시기에 기업을 새로운 방향으로 조정했다는 이유만으로 일부 수십억 달러 기업이 성공에 이를 수 있었다는 점이다. 성공한 창업자는 처음부터 완벽한 아이디어를 생각해낼 필요는 없지만 변화 시점을 인식해야 한다.

유명한 기업 중 다수는 현재 우리가 알고 있는 것과 전혀 다른 일로 시작했다. 유튜브의 경우를 보자. 대부분의 사람은 유튜브를 고양이 비디오와 뮤직비디오, 사용 방법에 관한 비디오 등 온갖 종류의 콘텐츠로 가득한 대규모 비디오 공유 플랫폼으로 알고 있지만, 2005년 출범 당시 유튜브 창업자의 아이디어는 지금과 전혀 다른 데이트 매칭 웹사이트 구축이었다.

"우리는 비디오와 관련된 뭔가가 분명히 있는데, 실질적이고 실용적인 애플리케이션이 없을까 늘 생각해왔습니다. 우리는 만남 주선이 확실한 선택이라고 생각했죠." 유튜브 공동 창업자 스티브 첸Steve Chen의 말이다. 당시는 온라인 데이팅 서비스 초기 단계였는데, 유튜브는 사람들이 자신을 소개하고 자신이 원하는 이상적인 파트너를 설명하는 비디오를 업로드하는 장소를 제공할 예정이었다. 그때 내걸었던 슬로건은 "비디오를 시청하고 (맘에 들면) 서로 연결하세요Tune In, Hook Up"였다.[3]

그 아이디어는 완전히 실패했다. 아무도 웹사이트에 비디오를 올리지 않았다. 사용자 확보가 너무나 절실했던 첸과 공동 창업자들은 유튜브에 가입하는 여성에게 20달러를 준다는 글을 중고 거래와 구인, 구직, 부동산 거래 등의 정보를 다루는 웹사이트 크레이그스리스트Craigslist에 올렸다. 이를 본 몇몇 사용자가 비디오를 업로드했으나 데이트 목적이 아니라 휴가 때 찍은 장면이나 반려동물의 재미있는 모습을 담은 비디오였다. 창업자들은 이런 사실에 주목하며 사용자가 직접 유튜브의 성격을 결정하도록 했다. 그들은 데이팅 관련 제품에 집착하지 않았다. 대신 인터넷 대역폭 확장과 점점 늘어나는 비디오 공유가 복합적으로 작용하면서 생겨날 새로운 기회를 포착했다. 얼마 지나지 않아, 사람들은 요리 강좌와 아마추어 뮤직비디오, 점점 더 많은 고양이 관련 비디오 등 다양한 종류의 콘텐츠를 업로드하기 시작했다. 2006년 구글은 16억 5,000만 달러에 유튜브를 인수했고, 이는 지금껏 구글이 한 가장 큰 규모의 인수였으며, 결국 구글에 큰 성공을 선사한 훌륭한 인수로 판명됐다.

일부 기업은 유튜브처럼 자신들의 기반을 제품의 초점을 확장한 뒤에야 발견했다. 수백억 달러 가치평가를 받아 온라인 스토어 비즈니스를 구축하는 데 많은 도움을 받은 캐나다 기업 쇼피파이Shopify도 같은 방식으로 시작했다. 창업자 토비아스 뤼트케Tobias Lütke, 다니엘 바이난트Daniel Weinand, 스콧 레이크Scott Lake는 스노보드 장비를 거래하는 전자상거래 기업을 창업하고 싶었다. 스노데빌Snowdevil이라 이름 붙인 그 플랫폼은 장비 거래를 충분히 잘 실행했고, 점점 확장돼 마침내 온라인으로 모든 종류의 물품을 판매하는 쇼피파이로 전환했다.

인스타그램Instagram과 같은 기업은 적절한 제품의 시장 적합성을 찾을 때까지 아이디어를 상당한 폭으로 좁혀나가는 정반대 접근 방식을 택했다. 인스타그램은 인기 많은 소셜 네트워크로 자리 잡기 전에 사교적 일정을 공유하는 채널이었다. 당시 버븐Burbn으로 불렸던 위

134

치 기반 소셜 네트워크는 사용자가 자신이 방문한 레스토랑과 커피숍을 '체크인check in'해 자신의 위치가 어디인지 친구들에게 알려주는 포스퀘어와 비슷한 형태였다. 거기에는 체크인과 사진 및 문자 전달, 심지어 특정 장소 방문에 따른 포인트 시스템까지 수많은 기능이 있었다. 인스타그램 공동 창업자 케빈 시스트롬Kevin Systrom은 베이스라인 벤처스Baseline Ventures와 안드레센 호로위츠Andreessen Horowitz 소속 투자자 두 사람을 파티에서 만났고, 시스트롬의 아이디어에 관심을 보인 투자자들을 통해 50만 달러의 투자를 유치하며 이 아이디어를 버븐으로 발전시켰다.

스마트폰의 카메라 기능이 점점 더 좋아지면서 사진은 스타트업이 주목할 만한 타깃으로 떠올랐다. 훗날 시스트롬은 이렇게 썼다. "일주일 동안 우리는 사진에만 집중하는 버전으로 시험 모델을 만들었습니다. 하지만 너무나 형편없었습니다. 그래서 우리는 버븐의 기본 버전을 만드는 일부터 다시 시작하기로 했습니다. 사실 우리에게는 버븐의 모든 기능을 포함해 아이폰용 애플리케이션으로 만든 버븐의 완성판이 있었지만 뭔가 어수선하고 기능이 너무 많았습니다. 모든 것을 처음부터 다시 만들기로 결정하기가 쉽지는 않았지만, 우리는 위험을 감수하기로 결심하고 버븐 애플리케이션에서 사진과 댓글, 좋아요 기능을 제외한 모든 기능을 없앴습니다. 그 결과 남은 것이 인스타그램입니다."[4]

그 후 스토리는 잘 알려져 있다. 인스타그램은 엄청난 성공을 거두며 수천만 명의 적극적인 사용자를 모으고, 마침내 2012년 페이스북에 10억 달러에 인수됐다. 당시 수익이 전혀 없는 기업에 10억 달러를 투자하는 것이 터무니없어 보였지만 몇 년 뒤 페이스북의 투자는 마크 저커버그가 내린 최상의 결정 중 하나로 판명됐다.

모든 전환이 수십억 달러 기업의 결과로 이어지지는 않는다. "전환으로 특이할 정도의 예외적 성공을 거두는 기업도 분명히 있지만 실패한 경우도 많습니다." 페이팔의 초창기 멤버이자 성공한 투자자인 키스 라보이스가 내게 말했다. 리더가 기업의 목적을 바꾸면 사람들이 그 기업에 힘을 보태기 위해 합류한 이유를 뿌리째 흔들어놓을 수 있다. 라보이스는 덧붙였다. "노란색 통학 버스를 운전한다고 생각해봅시다. 매일 통학 버스에 어린이들을 태우고 학교로 가는데, 어느 날 갑자기 운전 도중 방향을 이쪽저쪽으로 급격하게 틉니다. 안전벨트를 매고 있지 않던 어린이들은 앞뒤 좌우로 마구 흔들립니다. 이와 같은 방향 전환은 동료들을 매우 혼란스럽게 만듭니다. 그래서 나는 전환에 상당히 신중한 편입니다."

라보이스는 어떤 의미에서 보면 전환이라 할 수 있는 과정들에 직접 관여한 적이 있었다. 페이팔에 근무할 때 팜Palm PDA를 이용해 돈을 주고받던 방식이 이메일 기반의 거래로 전환되는 모습을 지켜봤다. 라보이스는 말했다. "기존 제품 방식에 이메일이 추가로 반영된 형태였고, 그 덕분에 제품이 제대로 작동했기 때문에 급격한 전환은 아니었습니다. 사실상 모든 용량과 속도 채택의 근간이 된 이베이를 타깃 시장으로 정한 것은 의도한 일이 아니었습니다. 대신 세부 사항부터 시작한 상향 방식이었습니다."

내가 라보이스에게 무엇이 전환을 성공으로 이끈다고 생각하느냐고 물었을 때, 그는 몇 가지 요인을 지목했다. 팀원들에게 미치는 충격을 줄일 수 있기 때문에 때로는 기업의 규모가 작을 때 전환하기가 더 쉽다. 기존 아이디어와 신규 아이디어 사이에 공통점이 있으면 도움이 될 수 있다. 하지만 소규모 변화가 충분하지 않을 때도 있다. "만약 제대로 작동하는 일이 하나도 없다면 10% 나아진다고 해서 도움이 되지는 않습니다. 100% 개선돼야 합니다." 라보이스는 계속해서 말했다. "여기저기에 10%씩 추가한다고 그것이 모두 모여 위대한 기업을 만들지는 않습니다. 또 10% 아이디어에 시간과 에너지를 쏟는다면 수익이 없는 상황에서 갖춰야 할 정신적 명확성과 시간, 집중력을 없애는 셈입니다. 그것 때문에 창업 기업가로서 오랫동안 수익이 없는 비즈니스를 해왔다고 생각합니다. 10배 이상의 창의력을 발휘할 수 없으면 훌륭한 신규 아이디어가 바닥을 드러낼 것입니다. 그럴 때는 급격한 변화가 보다 나은 해결 방안이 될 수 있습니다."

에인절 투자자 엘라드 길의 말에 의하면 일반적으로 "대부분의 전환은 제대로 작동하지 않는다". 길은 설명했다. "그 이유는 창업자가 애초에 진입한 시장이 맞지 않는 곳인데도 여러 시장에 걸쳐 전환하는 대신 그 시장 내에서만 전환을 시도하는 경향이 있기 때문입니다. 문제는 사람들이 전환을 시도할 때 대부분 이미 엄청난 매몰 비용이 발생한 상황이어서 어떻게든 개발해놓은 기존 제품을 활용해야 한다고 생각하는 데 있습니다." 길은 계속해서 말했다. "전환은 창업자가 처음부터 다시 시작하고 제1원칙에서 출발할 때 성공할 가능성이 높습니다."

모든 전환이 초기 관념화 단계에서 일어나는 것은 아니다. 컴퓨터

메모리 관련 제품을 생산하는 기업으로 시작한 인텔Intel은 창업하고 만 16년이 지난 후 완전히 다른 제품 카테고리인 컴퓨터 프로세서 생산으로 전환했다. 메모리 칩 부문에서 높은 시장 점유율을 유지하고 있을 때 일본 기업과의 경쟁으로 갑자기 수익성이 줄어들었고, 이 때문에 인텔은 전략을 재검토해야 했다. 인텔이 메모리 사업에 계속 머물러 있었더라면 경쟁으로 이미 오래전에 파산했을지도 모른다. 인텔은 기업 생애 주기 후반부에 또 다른 성공적인 전환을 이루었다. 이로써 핵심 제품에 대한 보다 공격적인 변화가 일어났다. 슬랙은 창업 후 4년이 되던 해 500만 달러의 은행 잔고와 35명의 팀원이 남은 상태에서 1,700만 달러의 투자를 유치해 글리치에서 전환했다. 팟캐스팅 기업 오데오Odeo는 창업하고 2년이 지났을 때 조달 자금 600만 달러와 직원 14명과 함께 트위터로 전환했다.

전환을 하기란 어렵다. 아니, 극히 어렵다. 창업 기업가가 자신의 여정에서 내려야 할 가장 어려운 결정에 속한다. 전환을 시도하는 창업 기업가는 팀원들의 자신감과 투자자의 신뢰를 잃을 수 있다는 위험을 감수해야 하며, 대다수의 경우 지금까지의 영향력 일부와 기존 제품과 관련된 많은 부분을 포기해야 한다. 성공적인 전환은 매우 예외적이라는 사실을 기억해야 한다. 결국 전환은 원래 방식이 실패했을 때 새로운 접근 방식이나 신규 시장 진입을 시도하는 것이다. 하지만 소비자의 반응을 연구하고 시장을 관찰하며 얻은 새로운 아이디어를 시도해보는 것이 완전히 포기하는 것보다는 나을 것이다.

내가 봤던 가장 흔한 전환 형태는 소비자를 상대하는 전략B2C에서 기업을 상대하는 전략으로, 또는 그 반대로 전환하는 방식이었다. B2C 기업의 경우 이런 전환은 대개 창업자가 소비자를 확보하는 비용이 자신들의 제품 가격에 비해 너무 높다는 사실을 인식하며 제품을 기업용으로 바꾸려 할 때 일어난다. 이와 비슷하게 B2B 기업의 경우도 기업 고객을 상대로 한 판매 주기가 너무 길어 창업자가 소비자를 직접 상대하는 편이 더 수월할 것으로 확신할 때 일어난다. 물론 이런 형태의 전환이 제대로 작동하기도 했지만 실패한 경우도 많았다. 애초에 기업이 해결하려던 고객의 문제는 그 고객이 소비자든 기업이든 일반적으로 창업자가 생각하는 것만큼 심각하지 않기 때문에 전환만으로는 실질적인 문제, 즉 시장 수요 문제를 해결하지 못한다. 이와 같은 전환을 고려한다면, 고객의 니즈needs가 실제로 존재하는지 확인해야 한다. 이것이 시장 수요의 부족함을 가리키는 지표인 판매 주기나 고객 확보 비용보다 훨씬 더 중요하기 때문이다.

전환에서 가장 중요한 요소는 전환을 실행한 뒤 현금 잔고를 계속 유지하며 결과를 끝까지 지켜볼 수 있는 역량이다. 이는 전환 국면에서 창업 기업가가 통제할 수 있는 몇 안 되는 영역 중 하나다. 이 말은 제품의 시장 적합성을 확인할 때까지 현금 지출을 자제해야 한다는 뜻이다. 시장이 명백하게 자신의 제품을 받아들이기 전에는 판매팀과 마케팅팀을 고용하지 말아야 한다. 제품의 시장 적합성이 있는지 확신할 수 없다면 그건 아마도 적합성이 없다는 신호일 것이다. "기업이 하는 가장 흔한 실수는 제품과 기존 고객의 관계가 안정적으로 유지되기 전에 인위적으로 신규 고객을 늘리는 것입니다. 그것은 줄줄 새고 있는 엔진에 연료를 계속 주입하는 것과 같습니다." 그레이록의 경영 파트너 세라 구오Sarah Guo의 설명이 이어진다. "자신의 제품에 시장 적합성이 없다는 사실을 인정하는 것은 어렵고 두려운 일입니다. 하지만 시장 적합성과 제품을 공급할 초기 제품개발팀을 확보할 때까지 이보다 더 중요한 것은 없습니다. 현실에서는 대부분의 스타트업이 제품의 시장 적합성을 찾지 못하며, 이것이 스타트업을 치명적인 실패에 이르게 하는 원인입니다."[5]

전환을 고려할 때 명심해야 할 사항이 있다. 우선, 자기 아이디어와 사랑에 빠지지 말아야 한다. 또 자신이 크게 성장한 스타트업의 경영진이었거나 수상 경력이 화려한 학자였다는 이유로 시장이 자신의 제품을 당연히 받아들일 거라고 맹목적으로 믿는 실수를 해서는 안 된다. 편견 없이 마음을 열고 고객의 목소리에 귀를 기울여야 한다. 반드시 자신의 사고 과정을 효과적이고 완벽한 방식으로 직원들과 투자자들에게 설명해 그들이 라보이스가 묘사한 것처럼 전환을 이리저리 왔다 갔다 하며 경로를 이탈한다고 느끼지 않도록 해야 한다. 그러려면 팀을 소규모로 유지하는 게 유리하다. 동일한 고객을 상대하며 자신의 제품에 변화를 주거나, 동일한 제품에 대한 고객층을 바꿔야 한다.

이런 전략 중 어느 것도 제대로 작동하지 않으면 팀원들만이 할 수 있는 일이 무엇인지 살펴보고 새로운 아이디어를 생각해내야 한다. 신규 아이디어를 추진하는 경우 신규 기업을 출범시키고 기존 기업의 자본(주주 구성)과 부채를 청산한 뒤 남은 현금 자산을 투자자에게 돌려주며 그들에게 신규 기업에 투자할 기회를 주는 것이 더 좋은 방법일 수 있다.

마지막으로, 자신과 공동 창업자들이 신규 시장이나 새로운 고객을 상대하는 기업을 창업하는 데 여전히 열정적인지 반드시 확인해야 한다. 앞으로 10년 동안 자신의 비전을 추구하지 못할 것으로 판단되면 폐업하고 남아 있는 자본이 얼마든 투자자에게 돌려주는 것이 더 좋은 방법일 수 있다.

무엇을 어디서?

"소프트웨어가 세상을 집어삼키고 있다." 마크 안드레센Marc Andreessen이 2011년 「월스트리트 저널」에 쓴 유명한 글이다.[1] 넷스케이프Netscape와 세계적으로 유명한 벤처 캐피털 안드레센 호로위츠의 공동 창업자 안드레센은 몇 가지 사례를 들어 자신의 의견을 증명했다. 세계에서 가장 규모가 큰 온라인 스토어 아마존은 원래 소프트웨어 기업이었다. 모든 사람이 영화를 볼 때 접속하는 넷플릭스와 음원 시장을 지배하는 아이튠즈iTunes, 스포티파이, 판도라Pandora 모두 소프트웨어 생산자였다. 이처럼 보다 전통적인 실물 경제에서 소프트웨어 기반 경제로 전환하는 추세는 기술 발전의 바람을 타고 가속화됐다.

오늘날 소프트웨어를 스타트업 기업의 새로운 영역으로 보는 시각은 이제 더 이상 신선하지 않다. 모든 기업과 산업이 소프트웨어 기반

142

으로 전환하는 과정을 이미 거쳤으며, 어떤 식으로든 기술 발전으로 인한 혼란을 겪었다. 내 연구에 포함된 수십억 달러 기업들을 보면 절반 이상(54%)이 소프트웨어 기업이며 핏비트와 같은 소비재 기업이 17%로 뒤를 이었고, 보건의료/바이오테크놀로지/제약 기업이 14%, 스페이스X와 같은 물리적 제품을 다루는 기업이 8%였다. 나머지는 에너지와 소재, 금융 등이었다.

랜덤 그룹에서는 40%가 소프트웨어 기업이며, 25%가 보건의료 기업, 10%가 일반 비즈니스 제품 기업, 18%가 소비재 기업이었다. 이 비율은 소프트웨어 기업이 수십억 달러 가치평가를 받을 가능성이 조금 더 높으며, 보건의료와 제약 관련 스타트업의 성공 가능성이 약간 더

───────── : 수십억 달러 스타트업이 속한 산업 부문 : ─────────

산업 부문

수십억 달러 스타트업 중 절반 이상이 소프트웨어 기업이며, 나머지는 소비재와 일반 비즈니스 제품, 보건의료, 기타 산업 부문에 속한다.

낮고 실패 가능성은 조금 더 높다는 사실을 보여준다.

보건과 제약 부문의 비교적 높은 위험 수준은 벤처 캐피털이 투자를 구성하는 방식에서 드러난다. 소프트웨어 기업을 대상으로 한 초기 단계 투자에서 모든 투자자는 창업자가 보유한 기업 지분의 약 15%에서 30%를 투자 대가로 요구하지만, 제약이나 바이오테크 기업의 초기 단계 투자에서는 위험 수준을 반영해 때로는 70%에 이르는 창업자 지분을 요구하기도 한다.

이제 산업 부문의 범위를 좁혀 수십억 달러 기업이 무엇을 만드는지 좀 더 자세히 살펴보자. 피치북 데이터PitchBook Data에서 발췌한 자료를 보면 가장 많은 기업이 속한 하위 산업 부문은 슬랙과 같은 비즈니스 생산성 관련 소프트웨어와 스냅챗과 같은 소셜 네트워크 및 소비자 애플리케이션 소프트웨어, 도매업체의 초저가 상품을 소개하는 쇼핑 애플리케이션 위시와 같은 전자상거래였다. 그 뒤를 이어 네트워크 관리 소프트웨어(대표적으로 네트워크 보안용 방화벽을 설치하는 팰로앨토 네트웍스)와 데이터베이스 관리(문서 중심의 데이터베이스 기업 몽고디비MongoDB), 자동화/업무 흐름 소프트웨어(기업 고객을 위해 수동 작업을 자동화하는 유아이패스UiPath), 자동차(GM이 인수한 자율주행자동차 기업 크루즈Cruise), 바이오테크놀로지(작물 수확량 개선을 목표로 식물 미생물을 연구하는 농업 기업 인디고에이지Indigo Ag) 부문이 많았다.

수십억 달러 수익을 창출하던 과거 트렌드가 미래에도 반드시 반복되는 것은 아니라는 점에 주목해야 한다. 현재 보험에서 방사선학에 이르는 다양한 분야에서 생물학과 우주, 농업, 주택 공급 또는 인공지

144

산업 하위 부문

비즈니스/생산성 소프트웨어	전자상거래	미디어	바이오-테크놀로지	금융 소프트웨어
소셜/소비자 소프트웨어	네트워크 관리 소프트웨어	자동화/업무 흐름 소프트웨어		금융 서비스
		자동차		
애플리케이션 소프트웨어	데이터베이스 소프트웨어	커뮤니케이션 소프트웨어		정보 서비스

수십억 달러 스타트업이 가장 많이 속한 산업 하위 부문은 비즈니스 및 생산성 소프트웨어이며, 그 뒤를 이어 소셜/소비자 소프트웨어, 애플리케이션 소프트웨어, 전자상거래 부문이 많았다.
출처: 피치북 데이터(이 데이터는 아직 피치북 애널리스트의 검토를 받지 않았다).

능을 활용하는 새로운 산업 부문에 많은 기업이 초점을 맞추고 있다. 내가 이 책을 쓰기 위해 인터뷰한 수십억 달러 스타트업의 창업자와 투자자에게 미래의 수십억 달러 기업 집단이 어느 부문에서 탄생할 것으로 생각하느냐고 물었을 때 그들은 다양한 의견을 제시했다.

브렉스 공동 창업자 엔히키 두부그라스는 보험 산업 재구성에 집중하는 기업들이 가장 흥미롭다고 말했다. 오스카 헬스Oscar Health의 공동 창업자 마리오 슐로서Mario Schlosser는 보건의료 개선 부문에 여전히 많은 기회가 있다고 했다. 인스타카트를 공동 창업한 맥스 멀린은 식량의 미래를 두고 열변을 토했다. 페이팔과 어펌의 공동 창업자 맥스 레브친은 "깨끗한 물과 음식에 대한 접근성, 기후 변화, 교육 환경 개선"을 언급했다. 컨플루언트의 네하 나크헤데는 기업의 판매를 가능하게 만드는 도구의 상향식 채택을 의미하는 '기업의 소비자화' 분야가 유망하다고 말했다. 클라우드플레어 공동 창업자 미셸 재틀린은 소셜 네트워크의 미래에 열광했다. 카이트 파마의 아리 벨더그룬은 생명과학과 보건의료 부문의 세포 치료법을 흥미롭게 생각했고, 플랫아이언의 냇 터너는 "신경학, 신경퇴행성 질병, 심혈관계 질병"에 많은 관심을 보였다.

가장 흥미로운 대답을 한 사람은 네스트의 공동 창업자 토니 퍼델이었다. "특정 분야나 산업이 아니라 시장을 자세히 관찰하는 게 더 중요하다고 생각합니다." 거대한 변화는 이제 실리콘밸리를 넘어 인도와 동남아시아, 라틴 아메리카 전체에 걸쳐 일어나고 있다. 퍼델은 계속해서 말했다. "이 지역들은 중국이 이미 그랬던 것처럼 대규모 전환 과정을 거칠 것입니다. 이들과 같은 새로운 시장에 주목하며 이 시장을 위해 어떤 독특한 문제를 해결해줄 수 있는지 검토해야 합니다. 진입하려는 시장의 문제 맥락에서 늘 생각해야 합니다."

이어서 퍼델은 모든 일에는 주기가 있다고 말했다. "1980년대를 되돌아보면 고도의 기술deep tech(반도체나 소재, 인공지능, 클라우드 또는 우주 공학과 같은 매우 복잡한 기술)과 관련된 분야가 실리콘밸리의 핵심이었습니다. 하지만 이후 30년 동안 그 분야에 손을 대는 사람이 아무도 없었습니다." 지금은 다시 주류로 떠오르고 있다. 퍼델의 설명이 이어졌다. "다양한 형태의 일이 현재 어느 주기에 있는지 제대로 인식하며 진출한 지역이나 목표로 삼은 지역 중 이 주기와 사회적 심리가 맞는 곳을 찾아 어떤 형태의 혁신을 어느 지역에서 할지 결정해야 합니다. 시장의 역학과 각 지역의 타이밍, 보유한 재능과 역량을 이해해야 합니다."

모두 실리콘밸리에서 시작했을까?

퍼넬의 말처럼 위치는 중요하다. 스타트업은 잘 맞는 배경과 환경에 있을 때 번창한다. 이런 배경에는 창업하는 지역과 비즈니스를 전개하는 지역이 포함된다. 비록 실리콘밸리가 역사적으로 기술 스타트업에 '적절한' 위치이긴 했지만, 그렇다고 해서 모든 수십억 달러 스타트업이 실리콘밸리에서 나온다는 의미는 아니며, 특히 원격 재택근무가 점점 더 늘어나는 지금 상황을 감안할 때 앞으로도 그럴 것이라는 뜻은 더더욱 아니다.

실제로 미국의 수십억 달러 스타트업 중 가장 많은 수가 실리콘밸리에 본거지를 두고 있다. 내 연구에 속한 수십억 달러 스타트업만 보더라도 절반 이상이 샌프란시스코 베이 지역에 본사를 두었고, 랜덤 그룹의 경우 약 3분의 1이 그 지역에 본사가 있었다. 이는 역사적으로 실리콘밸리에 바탕을 둔 기업들이 수십억 달러 가치평가를 받을 확률이 높다는 사실을 보여준다. 하지만 한 가지 주의 깊게 봐야 할 사항은 일부 기업은 투자 유치에 성공하고 초기 성공 가능성을 본 '이후' 실리콘밸리로 이전했다는 점이다. 즉 자금을 조달한 덕분에 그곳에서 비즈니스를 운영하고 거주하는 데 필요한 엄청난 비용을 감당할 수 있었다. 예를 들면 드롭박스Dropbox 창업자들은 와이 콤비네이터 프로그램을 마친 뒤 보스턴에서 샌프란시스코로 옮겼다. 그러므로 실리콘밸리의 성공에는 이런 면이 어느 정도 작용했다. 또한 실리콘밸리 스타트업이 수많은 벤처 캐피털과 풍부한 인재 풀에 접근할 수 있다는 점도 그들의 성공에 분명히 기여했다. 아주 최근까지도 많은 벤처 캐피털 투자자는 이사회 회의에 차로 갈 수 있는 거리의 스타트업에만 투자했다. 그러나 이후 상황은 분명히 달라졌다. 2020년 신종 코로나바이러스 감염증이 세계적으로 유행하는 동안 많은 벤처 캐피털이 창업자를 직접 만나지 않은 상태에서 초기 단계나 후기 단계에 있는 스타트업에 투자를 결정했다. 이는 기업의 위치와 창업 기업가와의 직접 면담을 매우 중요하게 생각하는 산업에서 처음 일어난 일이었으며, 스타트업의 성공에 지리적 중요성이 미치는 영향에 대한 전환점이었다.

내가 연구한 수십억 달러 스타트업 중 나머지 절반은 실리콘밸리가 아닌 다른 지역에서 창업했다. 뉴욕이 10%, 남부 캘리포니아가 10%, 매사추세츠가 6%를 차지했다. 플로리다와 텍사스, 워싱턴, 유타 같은 주들도 몇몇 수십억 달러 기업의 본거지였다. 유명한 포트나이트 게임을 개발한 에픽게임스Epic Games는 노스캐롤라이나주에서 시작했고, 반려동물용품 전자상거래 기업 추이Chewy는 플로리다에서, 고객 경험 관리 기업 퀄트릭스Qualtrics는 유타주에서 각각 시작했다. 스타트업이 성공하기 위해 실리콘밸리에 있어야 할 이유는 없다. 그리고 실제로 다른 곳에 있는 것이 더 유리한 경우도 있다.

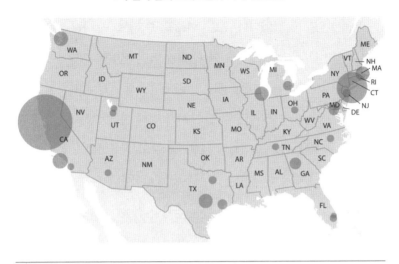

수십억 달러 스타트업은 실리콘밸리에 밀집해 있고, 그곳에 있으면 수십억 달러 가치평가에 이를 가능성이 높았지만, 절반 정도는 뉴욕과 매사추세츠 같은 다른 지역에 있다.

또 다른 좋은 예는 2015년 알렉스 팀Alex Timm이 창업한 루트 보험 Root Insurance이다. 대학 졸업 후 팀이 처음으로 일한 곳은 네이션와이드 보험Nationwide Insurance 전략팀이었다. 훗날 팀은 당시 느낀 점을 이렇게 설명했다. "나는 미국에서 가장 큰 보험 기업의 화려한 회의실에서 열린 회의에 참석할 때면 내가 10대 시절 보험을 시작한 이후 늘 들어왔던 것과 똑같은 변명을 들었습니다. '변화는 두렵고 어렵다. 그러니 괜히 긁어 부스럼 만들 일은 하지 않는 게 좋다'라는 변명이었죠. 나는 그런 변명을 들을 때마다 가슴이 철렁 내려앉고 속이 뒤틀리며 소름이 돋았습니다."[2] 네이션와이드에 근무하며 팀은 마케팅과 대리점 운영, 임원진 연봉에 엄청난 자금이 쓰인다는 사실을 알았다. "소비자들이 왜 보험업계의 이런 비용을 감수해야 하죠? 다른 산업에서는 그럴 필요가 없는데 말입니다." 그는 이해할 수 없었다. "아마존은 소매 산업을 완전히 뒤집어놓았습니다. 우버는 택시 산업에 대변혁을 일으키고 있습니다. 하지만 보험업계는 전혀 바뀌지 않았습니다."

팀은 2015년 네이션와이드 보험 본사가 자리 잡은 오하이오주 콜럼버스에서 루트 보험을 창업하며 보험업계를 완전히 바꿔놓는 일에 착수했다. 루트 보험은 흔히 사용하는 보험 대리점이나 온라인으로 정보를 제출하고 애매모호한 견적을 받는 장황한 절차가 아니라, 애플리케이션으로 자동차 보험을 처리한다. 소비자들에게 과거 정보를 보내달라고 요청하는 대신 소비자의 스마트폰에 설치한 센서를 활용해 운전자의 운전 방식을 관찰한다. 이를 통해 얻은 차량 운행 정보를 바탕으로 보험료를 산정한다. 이 방식은 '운전습관 연계보험'으로 불리기도 한다. 다른 보험 기업과 스타트업들도 비슷한 아이디어를 시행하고 있으며 루트 보험은 이런 혁신을 선두에서 이끌고 있다.

루트 보험은 콜럼버스에서 수백 명의 직원을 고용하고 있으며, 이들 중 다수는 보험업계 출신이지만 소프트웨어 엔지니어와 마케팅 전문가도 있다. "우리는 시카고나 동부 또는 서부 해안 도시로 확장 이전하는 방안도 검토했지만, 솔직히 말해 콜럼버스에서 일어나는 일을 볼 때 다른 곳에 갈 이유가 전혀 없습니다." 팀의 말이 이어졌다. "우리는 매우 빠르게 성장하고 있고, 수많은 벤처 캐피털이 몰려들고 있습니다. 콜럼버스는 기업을 창업하고 성장시키기에 더없이 좋은 곳입니다. 해안 도시보다 비용이 적게 들며 직원 이직률도 매우 낮습니다. 실리콘밸리의 엔지니어 평균 재직 기간은 9개월입니다. 그런 재직 기간을 바탕으로 기업을 제대로 구축하기는 정말 어렵습니다." 루트 보험은 2020년 기업 공개를 통해 60억 달러가 넘는 가치평가를 받았다.

실리콘밸리가 아닌 다른 지역에서 번창한 스타트업의 또 다른 사례로 중고차 매매 온라인 플랫폼 카바나Carvana를 들 수 있다. 카바나는 2012년 어니스트 가르시아 3세Ernest Garcia III가 아버지가 운영하던 중고차 소매업 겸 할부 금융 기업 드라이브타임DriveTime의 자회사로 창업했다. 이들의 가족 경영 기업은 애리조나주 피닉스 외곽에서 운영되고 있으며 카바나의 본사도 여전히 그곳에 자리 잡고 있다.

카바나는 온라인 구매와 금융 플랫폼으로 중고차 구매 경험을 변화시키는 데 목표를 두고 있다. 사용자는 1만 5,000대가 넘는 중고차를 온라인으로 둘러보며 구매를 결정하고 구매한 차를 타워 형태의 중고차 자판기에서 픽업할 수 있다. 카바나는 눈길을 사로잡는 자동화된 대규모 중고차 자판기의 개념을 개발했다. 소비자는 구매한 차량을 7일 동안 운행해본 뒤 마음에 들지 않으면 반납할 수 있다.

"중고차 자판기는 근본적으로 옥외 광고판 역할을 하며, 소비자에게 구매 실행 장소를 제공하고 브랜드 이미지를 대표하며 홍보에 도움을 주는 상징적인 요소였습니다." 가르시아가 설명했다. "우리는 중고차 자판기 시스템을 통해 전통적인 자동차 딜러 운영비용의 극히 일부만으로 멋진 소매 장소를 확보하는 한편 배송비용도 절감할 수 있으며, 절감한 비용은 소비자 가격을 낮추는 데 활용할 수 있습니다."[3] 카바나는 2019년 30억 달러가 넘는 수익을 올렸다.

어느 도시에서 특정 산업의 수십억 달러 스타트업이 많이 탄생한다는 일반적인 상식은 대개의 경우 사실과 다르다. 예를 들면 뉴욕이 글로벌 금융의 중심지이기 때문에 수십억 달러 핀테크(금융 기술) 스타트업을 배출할 가능성이 높다고 생각할 수 있다. 하지만 실제로 뉴욕에서는 수십억 달러 핀테크 기업보다 수십억 달러 인프라 소프트웨어 기업이 더 많이 탄생했다. 뉴욕은 또 보건의료와 보험 산업에 속한 플랫아이언 헬스와 오스카 헬스의 본거지이기도 하다. 이와 비슷하게 바이오테크와 제약 산업의 중심지로 인식되는 보스턴에서는 인프라스트럭처 소프트웨어와 핀테크, 전자상거래, 보안 분야를 포함한 다른 많은 산업 부문에서도 수십억 달러 스타트업이 탄생했다.

이런 기업들이 창업한 곳에서 성공에 이르는 일반적인 이유가 있다는 사실을 이해하는 게 중요하다. 오하이오는 일부 대규모 보험 기업의 본사가 있을 뿐만 아니라 보다 나은 보험 규제 생태계를 갖추고 있으며, 루트 보험은 이런 환경 덕분에 성공할 확률을 높일 수 있었다. 예를 들어 보험 규제 기관을 놓고 볼 경우 오하이오의 시스템이 캘리포니아보다 훨씬 더 낫다. 애리조나에서 이미 성공한 중고 자동차 소매 기업에서 분리한 카바나는 창업자가 그 지역에서 중고 자동차 공급에 대한 일종의 독점적 접근 권한을 가질 수 있었다. 실리콘밸리에 자신의 기업 형태와 어울리는 최고 인재가 많아 쉽게 영입할 수 있다면 그곳으로 이전해야 하지만 선택 범위를 그렇게 제한할 필요는 없다. 뛰어난 인재 영입이나 협력 관계 구축에서 경쟁우위를 확보할 수 있는 지역에 계속 머물거나 그런 곳으로 이전하는 방법도 있다. 물론 일부 스타트업은 완전히 분산하는 방식을 선택하기도 하며, 그런 방식은 또한 분명 제대로 작동할 수 있다. 실리콘밸리의 거주비용과 기업 운영비, 최근에 조성된 원격근무 문화와 팀 분산 운영 방식 전환 추세, 다른 대도시의 스타트업 생태계 발전을 감안할 때, 앞으로 10여 년 동안 보다 많은 수십억 달러 기업이 실리콘밸리가 아닌 지역이나 완전히 분산된 형태로 창업할 가능성이 높다. 페이스북, 트위터, 스퀘어, 쇼피파이 같은 기업들은 이제 원격근무를 허용한다. 이는 더디긴 하지만 분명히 고위급 인재들을 실리콘밸리 밖으로 분산시키며 이런 현상을 더욱 가속화할 것이다.

미국 이외 지역에서 창업하면서도 여전히 강인한 존재감을 드러낸 수십억 달러 기업의 사례는 아주 많다. 소프트웨어 개발 도구를 제작하는 유니콘 기업 아틀라시안Atlassian과 그래픽 디자인 플랫폼 분야의 유니콘 기업 캔바는 모두 호주에서 창업했다. 검색 엔진 도구를 만드는 상장 기업 엘라스틱Elastic은 네덜란드에서 창업했고, 음원 스트리밍 서비스 기업 스포티파이는 스웨덴에서 창업했다. 이들 모두 대규모 엔지니어링 담당 사무실을 미국에 두고 있다.

실리콘밸리에서 덴버로 이전한
수십억 달러 기업

- 길드 에듀케이션 공동 창업자, 레이철 칼슨 -

레이철 칼슨Rachel Carlson과 브리타니 스티치Brittany Stich는 2015년 스탠퍼드 경영대학원 MBA 학생일 때 길드 에듀케이션Guild Education을 공동 창업했다. 길드 에듀케이션은 미국의 멕시칸 푸드 프랜차이즈 치폴레Chipotle, 디즈니Disney, 월마트 같은 포춘 500대 기업이 직원들에게 무료 또는 할인된 가격으로 고등교육을 제공할 수 있도록 도움을 준다. 기업은 이런 혜택을 제공함으로써 인재들이 기업에서 계속 일하게 하고 이직률을 줄이며 직원들의 경력을 향상시킬 수 있다. 길드는 이런 기업들을 통해 미국 노동자에게 학자금 부채 걱정 없이 고등교육을 받을 수 있는 길을 제공하며 애초에 학자금 부채가 생기지 않게 만들어 미국의 학자금 부채 위기를 해결하는 혁신적인 방안을 개발했다. 2019년까지 300만 명 이상의 미국인이 길드를 찾았고 40만 명

154

이 길드 프로그램을 통해 학교로 돌아갈 수 있었다. 제너럴 캐털리스트General Catalyst와 펠리시스 벤처스Felicis Ventures, 레드포인트 벤처스Redpoint Ventures 같은 투자자에게서 2억 달러가 넘는 투자를 유치한 길드가 마지막으로 받은 가치평가는 10억 달러가 넘었다.

다른 도시에서 투자를 유치한 뒤 실리콘밸리로 이전한 스타트업이 많았지만 칼슨과 스티치는 첫 번째 단계에서 자금조달에 성공한 뒤 실리콘밸리를 떠나 덴버로 이전하는 흔치 않은 선택을 했다. 실리콘밸리에서 멀리 떨어진 덴버는 뉴욕이나 보스턴처럼 기술 기업이나 스타트업의 최고 중심지 중 하나로 꼽히는 지역도 아니었다. 나는 칼슨과 마주 앉아 그녀의 여정에 대한 더 많은 이야기와 덴버를 본거지로 삼은 이유를 들었다. 그녀가 직접 말한 스토리를 소개한다.

나는 선거 캠페인과 함께 성장했습니다. 스물한 살 때까지 여섯 곳의 선거 캠페인에서 일했습니다. 그리고 그동안 참여했던 선거 캠페인 중 최고는 버락 오바마의 2008년 대선 캠페인에서 끝을 맺었습니다. 적절한 캠페인에서 마지막을 장식한 셈이죠. 하지만 그 캠페인 이후 오바마의 정권 인수위원회에서 근무하는 엄청난 행운이 뒤따랐습니다. 나는 사람들이 참석해야 할 회의에 늦지 않도록 확인하는 일을 했습니다. 그 당시 내 나이에 딱 맞는 일이었죠.

교육은 늘 내가 가장 관심을 많이 둔 분야였습니다. 나는 스탠퍼드대학교에서 정치학 전공으로 학부를 마쳤습니다. 당시에는 스탠퍼드대학교에 교육학 부전공 과정이 없었지만, 나는 현재 스탠퍼드의 교육학 부전공 과정에 속한 모든 강의를 그때 들었습니다. 그러고 나서 기업을 창업하고 싶어 경영대학원에 진학했습니다. MBA 과정을 밟는 동안 교육학 석사 학위도 받았습니다. 내가 할 수 있는 모든 강의 과제를 활용해 다양한 비즈니스 아이디어의 가능성을 연구하고 항상 모든 숙제를 내가 하려는 일에 맞는 형태로 전환하려고 노력했습니다. 첫해에는 학생들이 자신의 연구와 관련 있는 일자리를 찾는 데 도움을 주는 제품에 몰두했지만, 첫 아이디어를 시도하기 위해 경영대학원을 관두고 싶지는 않았습니다. 그래서 두 번째 해는 훗날 길드로 이어진 여러 가지 일을 연구하며 보냈습니다.

나는 교육에 관한 연방 정책을 배우는 데 가능한 한 많은 시간을 보내며, 기능 향상을 위해 학교로 돌아갈 필요가 있는 8,800만 명의 미국인에게 도움을 주기 위해 우리가 할 수 있는 일에 큰 흥미를 느꼈습니다. 먼저, 미국 내 최고 학교들과 협업을 시작했습니다. 그 결과 유명 학교들의 가장 큰 문제는 자신들이 필요한 소비자, 즉 재교육 희망자를 만날 방법을 모른다는 것이었습니다. 구글과 페이스북의 광고료가 너무 비싸졌기 때문에 재교육 희망자 모집 광고를 게재하기도 어려웠습니다. 우리의 창업 스토리는 우리가 이 대학들과 미래를 위해 보다 업그레이드된 기술을 배우기 위해 재교육을 희망하는 일선 노동자들을 연결하는 시장을 만들 수 있다는 사실을 인식하면서 시작됐습니다. 이를 바탕으로 재교육 연결 프로그램을 도입할 기업을 접촉하기 시작했습니다.

두 번째 해가 끝날 때쯤 우리는 파워포인트로 작성한 사업 계획서를 완성했습니다. 실무 경험이 필요한 대학원 졸업생을 위한 기술 및 디자인 교육 센터 제너럴 어셈블리General Assembly의 공동 창업자 제이크 슈워츠Jake Schwartz는 우리 아이디어의 가치를 높이 평가하며 그 아이디어를 벤처 기업으로 육성하겠다고 제안했습니다. 또한 우리 아이디어를 독립적인 비영리기관으로 운영하는 조건으로 자금을 제공하겠다는 비영리기관의 제안도 받았습니다. 하지만 내가 스탠퍼드에서 가장 좋아하는 교수이자 벤처 캐피털 해리슨 메탈Harrison Metal도 운영하는 마이클 디어링Michael Dearing 교수는 이렇게 조언했습니다. "난 자네가 이 아이디어를 정말 크게 키우고 싶어 한다는 것을 알고 있는데, 그렇게 할 수 있는 유일한 방법은 벤처 캐피털을 통하는 것이라네." 디어링 교수는 내가 졸업하기 전까지는 투자할 수 없었습니다. 그래서 나는 졸업 다음 날 디어링 교수를 찾아갔습니다. 그가 내게 졸업하고 바로 다음 날 찾아오라고 말했기 때문이죠. 그는 카우보이 벤처스Cowboy Ventures의 에일린 리와 함께 우리의 시드 자본조달 단계를 이끌었습니다.

창업 첫해에는 스탠퍼드대학교가 있는 실리콘밸리에 있었습니다. 공동 창업자가 여전히 MBA 과정에 있었기 때문입니다(그녀는 나보다 1년 늦게 입학했습니다). 길드에서 중요한 부분은 재교육 희망자들이 올바른 길을 찾아 자신의 목적을 달성하도록 도와주는 코치들이었습니다. 많은 기술 기반 비즈니스에서는 서비스 계층이 필요합니다. 에어비앤비에 필요한 서비스 계층이 숙소를 제공하고 관리하며 홍보하는 호스트host이고 리프트와 우버의 서비스 계층이 차량을 운전하는 드라이버라면, 우리에게 필요한 서비스 계층은 코치 역할을 하는 사람들입니다. 이런 형태의 비즈니스에서는 서비스 계층을 엔지니어링 계층만큼 정중하게 대하는 문화를 조성할 방법을 생각해야 합니다. 그런데 내가 볼 때 실리콘밸리에는 그런 문화가 늘 조성되지는 않았습니다. 지금은 수백 명의 코치가 활동하고 있지만, 당시에는 10여 명의 코치를 고용할 생각이었으며, 그들에게 질 높은 삶을 제공해주고 싶었습니다. 그들이 집을 소유하고 자녀를 키우는 부모가 되며 훌륭한 직업에서 누릴 수 있는 모든 선택권을 가지기를 원했습니다. 하지만 샌프란시스코에서는 그들이 궁색한 생활을 하고 출퇴근에 너무나 많은 시간을 허비할 수밖에 없었습니다. 우리는 "코치들을 포함한 기업 지원 본부를 피닉스처럼 물가가 저렴한 곳이나 어디로 옮기든, 엔지니어링과 제품, 영업을 담당하는 팀은 샌프란시스코에 둬야 한다"는 말을 계속 들었습니다. 나는 그렇게 분산하면 우리 제품의 역량이 훨씬 더 약해질 거라고 생각했습니다. 코치와 기술팀, 지원 본부가 모두 같은 곳에 있기를 원했습니다. 나는 원래 덴버 출신이라 덴버의 기술 생태계를 매우 가까운 곳에서 보며 자랐습니다. 2015년 당시 내게는 덴버에서 비즈니스를 창업하거나 스타트업에 합류한 친구가 무척 많았습니다. 그래서 기업 전체를 덴버에 두고 그곳에서 모든 일을 할 수 있다는 느낌이 들었습니다. 그 느낌은 내게 매우 중요했습니다. 코치는 이곳에 두고 제품과 엔지니어링은 다른 곳에 두며 팀을 분산시키는 아이디어에 공감하지 않았기 때문입니다. 우리에게는 끊임없이 이어지는 피드백 체계가 필요했습니다. 특히 창업 초창기에 우리 모두는 매일 화이트보드 앞에 모여 머리를 맞대야 했습니다. 그리고 엔지니어와 제품개발 리더들이 코치와 재교육 희망자의 통화 내용을 듣고 제품 개발에 반영할 수 있도록, 코치들도 그들과 같은 사무실에 있어야 했습니다.

마침내 나와 공동 창업자는 길드를 덴버로 이전해 그곳에서 성장하기로 결정했습니다. 정말 재미있었던 것은 공동 창업자가 덴버 출신이 아닌데도 그녀와 내 남편까지 덴버로의 이전을 나보다 더 확신했다는 사실입니다. 우리 세 사람은 두어 번 저녁을 같이 하며 결정을 내렸고, 곧바로 이사회에 알렸습니다. 하지만 이사회는 그 결정을 매우 싫어했습니다. 나는 당시 마이클 디어링 교수가 실제로 "지금이 르네상스 시대인데 자네는 베네치아를 떠날 생각을 하고 있다"고 말했던 것으로 기억합니다. 나는 집에 가서 남편에게 말했습니다. "우리가 덴버로 옮겨야 할 필요성을 그들이 이해하도록 설득할 자신이 없어." 정말 어린 나이에 창업한 창업자들은 이사회에 뭔가 신세를 지고 있다는 느낌이 들 수도 있습니다. 물론 지금은 이사회를 어떻게 밀어붙일지 잘 알고 있습니다.

결정을 내린 뒤 나는 엔지니어링 디렉터에 대한 구인 공고를 팰로앨토와 샌프란시스코, 덴버에 내고 이 세 곳 모두에서 적임자를 찾아 나섰습니다. 그러고 나서 한 달 뒤 열린 이사회에 그동안 받은 모든 이력서를 제출하며 '이들이 최상위 후보자'라고 말했습니다. 다만 그들이 어느 지역 출신인지는 말하지 않았습니다. 당시 덴버에서 최상위 후보자를 영입할 가능성은 겨우 200만 달러의 시드 자본을 조달한 창업자로서 샌프란시스코나 팰로앨토에서 최상위 후보자를 영입할 가능성보다 열 배쯤 더 높았습니다. 이사회에 참석한 모든 사람이 제시카 루신 Jessica Rusin을 영입하는 데 동의했고, 그녀는 현재 길드의 엔지니어링 부문 수석 부사장을 맡고 있습니다. 그때 나는 이사회 멤버들에게 말했습니다. "그런데 제시카 루신은 덴버 외곽에 살고 있습니다." 그 말과 함께 이사회를 설득하는 데 성공했습니다.

우리 계획은 이사회를 계속 샌프란시스코에서 열고, 자금조달도 그곳에서 하며, 내가 한 달에 한 번 샌프란시스코에 가는 것이었습니다. 나는 이사회 멤버들에게 샌프란시스코에 내가 언제나 사용할 수 있는 친구 소유의 방 하나짜리 아파트가 있다고 했습니다. 또한 적절한 시기가 되면 샌프란시스코에 사무실을 다시 마련하는 방안을 생각해보겠다고 늘 말했습니다. 우리가 샌프란시스코에 있는 한 기업을 인수한 2020년 초에 우리는 적절한 시기가 왔다고 생각했습니다. 현재 우리는 다양한 지역에 더 많은 사무실을 계속 개설하고 있으며 원격근무자들도 있습니다. 하지만 처음 5년 동안은 모두 덴버에 있었으며, 그것이 우리에게는 완벽한 해답이었습니다.

우리는 자금조달 담당과 코치, 엔지니어를 주로 덴버에서 고용했습니다. 전국에 걸쳐 구인 활동을 하지 않고 단 한 곳의 구인 전문기관을 이용했습니다. 초창기 경영진과 고위 임원 중 절반이 워싱턴 DC와 샌프란시스코, 뉴욕 등 다른 지역에서 덴버로 옮겨왔습니다. 우리는 해안 도시에 있는 꽤 많은 사람을 상대로 덴버 이전을 설득해 영입했습니다. 금요일에 그들을 우리 사무실로 초대하고 주말 동안 부동산 중개인을 통해 거주할 만한 집을 보여주며 주변 환경도 소개하고 함께 스키를 타기도 했습니다. 그들 중 다수는 해안 도시의 비좁은 아파트에 거주하고 있었기 때문에 덴버에서는 정말 좋은 삶을 누리며 주택도 구입할 수 있다는 사실을 알려주고 싶었습니다. 우리는 또 어린 자녀들을 포함한 가족 전체를 초대하기도 했습니다. 부사장으로 영입한 사람 중

한 명은 가족들과 함께 방문해 아들을 데리고 동네 놀이터들을 돌아보며 이곳이 애들 키우기에 정말 좋은 곳임을 깨닫기도 했습니다.

우리는 이미 자녀가 있는 부모이거나 부모가 될 준비를 하는 사람들을 영입하는 경향이 있었습니다. 의도하지는 않았지만 그런 경향이 길드를 구성하는 스토리의 많은 부분을 차지했습니다. 아마 나 자신이 2년 전 기업을 운영하는 동안 임신했기 때문일 것입니다. 길드의 처음 5년 중 3년 동안은 내가 임신과 엄마가 되는 것에 관한 이야기를 자주 했습니다. 부모라는 신분과 역할은 길드 합류와 덴버 이전을 선택한 많은 사람에게 근본적으로 중요한 요소였습니다.

우리의 비즈니스는 정말 다양합니다. 길드는 기업을 상대하는 B2B 시장진입팀과 대학교를 상대하는 팀, 소비자를 직접 상대하는 B2C팀, 플랫폼기술팀, 인프라팀, 관리지원팀을 운영하고 있습니다. 덴버 고용 시장에서 아쉬운 부분은 기업 출신자가 적다는 것입니다. 아직 덴버에 기업이 많지 않기 때문입니다. 그래서 기업을 상대하는 영업과 제품 개발은 다른 지역에서보다 폭 넓게 인재를 영입해야 했습니다. 이것이 바로 지금 단계에서 우리가 인수를 통해 샌프란시스코와 뉴욕에 사무실을 개설하기로 결정한 이유의 한 부분입니다. 덴버 이전을 설득할 수 없는 사람들이 늘 있기 때문에, 우리는 길드의 규모가 어느 정도 커지면 다른 지역에도 사무실을 개설해야 한다는 것을 알고 있었습니다.

나는 같은 위치에 있는 다른 CEO들과 조언자들 사이에서 형성한 네트워크가 정말 중요하다고 믿는데, 그들 중 다수는 샌프란시스코에 있습니다. 그래서 내가 선택한 방법은 샌프란시스코에서 업무 보는 시간을 별도로 정해놓기로 한 것입니다. 아이를 돌봐야 하는 부모 입장에서는 어차피 그렇게 할 수도 없지만, 즐거운 모임이나 사교 행사가 있을 때마다 가는 대신 한 달에 한 번 샌프란시스코를 방문해 이틀 내지 사흘 동안 일을 봅니다. 나는 그 사람들과 교류하기 위해 내 업무 시간 중 정말 많은 부분을 할애합니다. 때로는 베서머 벤처스Bessemer Ventures가 투자한 기업의 모든 CEO를 초청하는 행사 같은 특별한 이벤트에 가기도 합니다. 그런 행사에서 나는 최고의 멘토들을 만났습니다.

이처럼 짧은 시간에 동료 CEO와 멘토들을 직접 만나 집중적으로 이뤄지는 사회적 교류 시간을 통해 훌륭한 멘토와 조언자들을 만나고 나서 다시 덴버로 돌아가 기업 운영에 전념합니다. 고객 측면에서 보면 사실 샌프란시스코 지역에 포춘 500대 기업이 그렇게 많지 않기 때문에 대부분의 영업 관련 미팅과 협력관계 구축은 미국 전체에 걸쳐 진행됩니다.

우리는 뉴욕에서 조달한 소규모 자금을 제외한 모든 자금을 샌프란시스코에서 조달했습니다. 자본 유치가 반드시 사무실이 있는 곳에서 이뤄져야 한다고 생각하지는 않습니다. 실제로 자본조달 측면에서 보면 우리가 실리콘밸리에 있지 않다는 점이 오히려 많은 도움이 됐다고 생각합니다. 나는 창업자가 자금조달을 하지 않을 때도 여러 행사에 참석하고 사회적 교류를 하며 투자자들과 좋은 관계를 구축하는 일에 뜻하지 않게 과도한 시간을 허비할 수 있다고 생각합니다. 내가 볼 때 이런 행동이 투자자에게는 많은 도움이 되겠지만 창업자에게는 전혀 그렇지 않습니다.

나는 일 년 중 49주 동안 잠재적 투자자와 어떤 대화도 하지 않았습니다. 투자자에게서 이메일을 받을 때마다 자동 응답 기능을 통해 회신을 보냈습니다. 그러고 나서 시리즈 A, B, C 또는 D와 같은 투자 유치 단계에 이르면 3주 동안 각 투자 단계를 준비합니다. 그중 한 주는 일반적으로 덴버에 머물면서 투자자와 대화를 진행합니다. 그런 다음 샌프란시스코로 가서 다음 한 주를 보내고, 덴버로 돌아와 세 번째 주에는 길드 업무를 봅니다. 아시다시피 투자 유치 방식에는 일종의 격식이 있기 때문에 네 번째 주에는 실리콘밸리로 다시 갑니다. 이 모든 과정을 거치면서 훌륭한 투자 파트너를 만나면 덴버로 돌아가 기업 실사 과정을 밟고 투자 계약을 맺습니다. 이 과정은 우리에게 잘 맞았습니다.

나는 이런 방식을 통해 나머지 업무에 훨씬 더 집중할 수 있었다고 생각합니다. 초창기에는 모든 이사회를 샌프란시스코에서 열었기 때문에 내가 매분기 그곳에 가야 했지만, 일정 시간이 지난 뒤에는 투자자들이 길드의 임직원을 좀 더 잘 알고 싶어 해 매년 두 번은 덴버에서, 나머지 두 번은 샌프란시스코에서 이사회를 열었습니다. 이 또한 아무 문제 없이 잘 진행됐습니다.

나는 평범한 사람들을 위한 기술과 제품에 관련된 기술 기반 서비스에 뛰어나다고 생각합니다. 샌프란시스코에는 남의 말을 듣지 않고 자기 생각만 고집하며 왜곡된 관점을 지니는 반항실echo chamber 효과가 널리 퍼져 있습니다. 이 때문에 사람들은 자신이 잘 알고 함께 시간을 보내는 사람, 즉 수입이 많은 친구를 위한 제품과 서비스를 만들어야 한다고 믿는 경향이 있습니다. 사람들이 누구나 자신에게 가장 적합한 제품을 만든다는 사실은 뻔한 이치지만, 나는 그 말이 제한적인 가정이며 그 뻔한 이치가 과도하게 확대됐다고 생각합니다. 오히려 고객 기반을 파악하고 실제로 그들과 함께 시간을 보내면 그들에게 더 적합한 제품을 만들 수도 있습니다.

예를 들면 나는 지역 전문대학에 다니지 않았고, 어머니의 형제자매들과 함께했던 일에서 동기를 부여받습니다. 어머니의 형제자매 대부분은 대학을 다니지 않았습니다. 하지만 나는 지역 전문대학 학생들과 함께 일하며 1년 동안 사실상 지역 전문대학 생활을 한 것이나 마찬가지였으며, 그 기간에 많은 통찰력을 얻었습니다. 나는 앞으로 최고의 산업은 미국 심장부, 즉 중부 지역에 걸쳐 개발될 거라고 생각합니다. 그 지역은 주변 환경이나 사회 분위기의 영향을 받지 않고 대부분의 대중을 더 잘 이해할 수 있는 곳이기 때문입니다.

샌프란시스코 지역에도 저소득층과 중산층이 있지만, 부와 첨단기술 등만을 좇는 아우성으로 가득 찬 분위기여서 시장 적합성을 갖춘 초기 제품을 찾기가 정말 어렵습니다. 따라서 샌프란시스코에서는 그런 분위기에 휩쓸려 발렛 서비스나 드라이클리닝 등 부자들만을 위한 제품이나 서비스가 많이 쏟아져나옵니다. 나는 더 많은 창업자가 우리가 하는 방식대로 자신의 지역에 맞는 제품을 개발해야 한다고 생각합니다. 그것이 훨씬 더 큰 비즈니스에 이르는 길이며, 무엇보다 훨씬 더 강한 영향력을 발휘하는 사명을 실행하는 방법입니다.

칼슨과 스티치의 경우, 실리콘밸리에서 벗어난 것은 결과적으로 훌륭한 결정이었다. 반면 다른 많은 사람에게는 실리콘밸리로 이전하는 것이 올바른 결정일지도 모른다. 원격근무와 재택근무 문화 등 끊임없이 변하는 근무 환경을 감안하면, 기업이 있어야 할 지역을 특정하는 많은 정의가 지금은 아니더라도 머지않아 무의미해질 것이다. 길드 에듀케이션은 많은 미국인 노동자에게 도움을 주는 제품을 개발할 수 있었다. 이어지는 장에서는 수십억 달러 스타트업의 성공에 영향을 미치는 제품의 중요성을 집중적으로 살펴본다.

8

제품

비타민 vs 진통제

스타트업 창업자는 잠자는 시간과 투자, 고객 등 많은 것이 부족하다. 하지만 조언이 부족하다고 불평하는 창업자는 거의 없었다. "비타민이 아니라 진통제를 만들어라"라는 말은 창업자가 늘 접하는 조언 중 하나다(스타트업업계에서 흔히 쓰는 용어로 '진통제'는 지금 당장 느끼는 고통과 문제를 해결해주는 필요한 제품이나 서비스를 뜻하며, '비타민'은 있으면 좋지만 없어도 크게 문제 되지 않는 제품이나 서비스를 말한다. 자동차를 예로 들면 에어백 같은 것은 진통제이고 고급 카시트나 카오디오 등은 비타민에 속한다_옮긴이). 이런 형태의 조언은 쉽게 이해되며 계속 반복되지만, 그 말의 진정한 의미가 무엇인지 물어보는 경우는 좀처럼 없다.

창업자는 소비자의 실제 니즈, 즉 소비자에게 필요한 부분을 다루는 제품을 만들어야 한다는 조언을 자주 듣는다. 하지만 문제는 어떤 창업자도 자기 제품이 소비자의 실제 니즈를 충족시키지 못한다는 사실을 고민조차 하지 않았다는 데 있다. 대다수 스타트업 창업자는 자기 제품을 문제의 해결 방안으로 제시하며 소비자가 처한 문제는 '진통제'만으로도 해결할 수 있다고 믿는다. 그렇다면 논란의 여지가 있기는 하지만, 비타민으로 분류되는 스냅챗과 틱톡은 어떻게 성공을 이뤘을까?

먼저 이 접근 방식들의 차이점을 이해해야 한다. 한 전략은 소비자가 느끼는 분명하고 몹시 짜증스러운 고통점을 찾아 해결하려 한다. 다른 전략은 어떤 일이 이루어지는 방식을 개선해 소비자에게 보다 나은 가치와 효율성, 즐거움 또는 만족감을 제공하려 한다. 이런 제품들은 통증을 해결하려 하기보다 소비자가 뭔가 추가로 얻을 수 있게 한다. 이들이 바로 스타트업업계에서 흔히 말하는 비타민이다. 비타민 제품과 진통제 제품을 명확히 구분하는 객관적인 기준이 없어, 나는 개인적 판단을 기준으로 이들을 구분했다.

놀랍게도 수십억 달러 기업 중에는 비타민 제품 기업이 생각보다 많다. 수십억 달러 기업 중 거의 3분의 1이 비타민 제품을 만들고 있으며, 이는 이런 제품을 만들 만한 가치가 있다는 사실을 보여준다. 하지만 성공 확률은 약간 다르게 나타난다. 랜덤 그룹 중 비타민 제품을 만드는 기업이 50%가 넘는다는 통계 수치를 보면, 비타민 제품을 만드는 기업은 크게 성공할 가능성이 낮다는 것을 알 수 있다.

진통제 제품의 좋은 예로 암호 관리 스타트업 옥타를 들 수 있다. 암

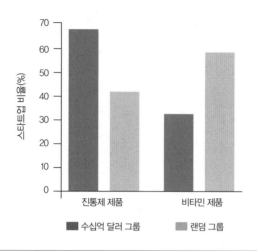

진통제 제품으로 수십억 달러 스타트업에 이를 가능성이 더 높았지만, 비타민 제품으로도 가능했다.

호 인증은 오랫동안 기업의 고충이자 보안에 관한 중대한 위험 요소였다. 대기업과 소기업에 인증 서비스를 제공하는 옥타는 사용자가 단한 번의 서명으로 다수의 제품에 접근할 수 있게 한다. 이를 통해 옥타를 사용하는 직원은 다수의 패스워드를 기억할 필요가 없으며, 기업은 반복 사용되며 노출 가능성이 높은 패스워드의 보안상 위험성에서 벗어날 수 있다. 또한 IT 부서는 조직 내 여러 사람에게 다양한 도구에 접근할 권한을 제공하며 대기업의 또 다른 고충을 해결할 수 있다.

옥타는 극심한 불황으로 대다수 조직이 예산을 대규모로 삭감하던 2009년에 창업했다. 그런 상황에서도 옥타는 시장에서 필요한 제품으로 자리매김하며 매출이 급등했다. 기업들은 효과적인 운영을 위해 인증 서비스가 여전히 필요했다. 옥타는 2010년 블로그에 올린 글에서 판매 전략을 솔직하게 밝혔다. "우리는 소비자가 구매하려 할 때 판매합니다."[1] 소비자를 설득하기 위해 마케팅 캠페인을 대대적으로 펼칠 필요가 없다고 확신했다. 수만 개에 달하는 기업의 IT 부서가 승인 문제를 이미 겪고 있었기 때문이다. 옥타의 판매 전략은 그런 기업을 찾아 문제를 진단하고 해결 방안을 판매하는 것이었다. 옥타는 1억 명이 넘는 사람이 사용하는 기본 인증 서비스가 됐다. 2017년에 기업 공개를 하며 150억 달러의 가치평가를 받았다.

이와 달리 버즈피드BuzzFeed는 당장 해결해야 할 니즈가 아니라 즐겁고 어쩌면 중독성 있는 제품에 더 집중하는 전형적인 비타민 제품이다. 2006년 창업한 미디어 및 엔터테인먼트 관련 웹사이트 기업 버즈피드는 쉽게 공유할 수 있는 온라인 퀴즈와 대중문화 기사, DIY 안내 기사를 통해 즐거움을 추구하는 독자들에게서 많은 인기를 얻었다(이후 이 웹사이트에 정치 관련 보도와 탐사 보도 관련 기사도 등장했다). 버즈피드의 인기는 특정한 고충을 다루며 얻은 것이 아니었다. 만약 버즈피드의 엔터테인먼트 기사가 뭔가 해결하려는 목적에서 나왔다면 버즈피드 웹사이트는 따분함이라는 문제에 빠졌을 것이다.

버즈피드는 아주 짧은 기간에 엄청나게 유명해져 웹사이트를 방문하는 독자들의 트래픽양이 어마어마했다. 버즈피드는 이런 단골의 트래픽을 상대로 광고주의 유료 광고를 사이트에 게시하며 수익을 올렸다. 고객들은 버즈피드 콘텐츠를 시청하는 데 매달 1억 시간 이상을 사용했고, 그 덕분에 버즈피드는 1억 달러가 넘는 수익을 올렸다.[2] 이와 비슷하게 중국의 비디오 공유 소셜 네트워크 틱톡도 빠르게 퍼져나가는 립싱크와 코미디, 재능 관련 짧은 비디오 콘텐츠를 활용해 시청자의 마음을 사로잡으며 전 세계에서 팬을 확보한 비타민 제품 기업이다.

진통제 방식과 비타민 방식 모두 나름대로 작동하지만, 두 방식은 상당히 큰 차이가 있다. 중요한 것은 창업자가 무엇을 만들려는지 정확히 알고, 그에 따라 전략을 수립하고 제품의 시장 적합성을 찾아야 한다는 점이다. 비타민 제품을 만드는 것이 창피한 일은 아니지만 창업자는 자신이 하려는 역할을 정확히 파악해야 한다.

고통을 겪는 소비자는 고통에서 벗어나기 위해 할 수 있는 모든 일을 할 것이다. 따라서 고통을 제대로 그리고 신속하게 해결해주는 진통제와 같은 제품을 찾는다. 그런 제품을 직접 찾아 나서며 해결책을 자신에게 '필요한' 제품으로 여길 것이다. 기업이 해야 할 일은 상상하는 소비자의 고통이 아니라 소비자가 실제로 느끼는 고통을 해결해주는 제품을 만드는 것이다. 반면에 비타민 제품을 사는 소비자는 가격과 품질 비교와 사용자 후기에 따라 때로는 제품 구입처를 바꾸기도 한다. 그러므로 비타민 제품이 유명해지면 이 제품을 자신들이 '원하는' 제품으로 여기는 폭넓은 소비자층에서 인기를 얻을 수 있다. 이런 제품은 대체로 소비자들이 습관처럼 구매하는 애용품이 된다. 비타민 제품 방식을 선택하는 경우에는 브랜드 이미지와 소비자 커뮤니티에 투자하고, 고객의 습관을 형성할 방법을 생각하며, 그들이 애용할 제품을 만들어야 성공할 수 있다. 또한 시장보다 낮은 가격을 제시하면서도 여전히 수익을 올리는 근본적인 가격 우위를 확보할 방법을 생각해야 한다. 진통제 제품이 비타민 제품보다 변화를 잘 이겨낸다는 사실도 분명히 기억해야 한다. 예를 들어 비타민 제품인 버즈피드는 소비자들이 자신을 즐겁게 해줄 새로운 트렌드와 새로운 애플리케이션을 찾아 나서면서 몇 년 후 수익이 감소해 직원 일부를 해고해야만 했다.

시간 절약 vs 비용 절약

스타트업은 해결하려는 문제를 다양한 방식으로 설명한다. 초기 단계에 있는 일부 스타트업은 자신의 제품을 편리하다며 홍보하고, 다른 스타트업들은 즐거움을 준다, 저렴하다, 보안성이 뛰어나다, 시간을 절약해준다고 홍보한다. 그렇다면 이들 중 수십억 달러 스타트업이 추구한 니즈는 무엇일까?

데이터를 보면 수십억 달러 스타트업이 가장 많이 선택한 카테고리는 생산성 향상을 겨냥한 제품이었다(거의 40%). 이런 제품은 소비자가 시간을 절약하며 보다 효율적으로 일을 처리할 수 있게 해준다. 또 조직의 비용을 간접적으로 절감할 수 있게 해주기도 하지만 이들 제품의 직접적인 가치 제안과 마케팅 전략은 고객이 목표를 보다 빨리 달성할 수 있게 해주는 것이다. 이메일을 대체할 목적으로 만든 기업 내 채팅 애플리케이션 슬랙과 인사관리, 급여, 직원 복리후생을 다루는 스타트업 구스토Gusto가 이 카테고리를 선택한 기업이다. 수십억 달러 기업의 약 5분의 1을 차지하는 또 다른 그룹은 직접적으로 소비자의 비용을 절감해주는 제품에 집중한다. 초창기 사용자가 직접 접하는 모든 상품의 특성을 큰 비용 부담 없이 사용할 수 있다는 데 초점을 맞추며, 호텔의 저렴한 대안으로 시작한 에어비앤비는 이제 사용자에게 비용 절감을 넘어 훨씬 더 많은 것을 제공하는 플랫폼 역할을 하고 있다. 소비자의 매장 방문 비용을 절약해주는 식품 배달 서비스 기업 인스타카트처럼 편리성에 초점을 맞춘 수십억 달러 스타트업 비율은 다른 카테고리보다 낮았다.

랜덤 그룹에 속한 스타트업의 경우 단 3분의 1만 생산성 제품에 집중하고 19%는 편리성, 13%는 비용 절감 제품에 집중했다. 이런 데이터를 보면 비용이나 시간을 절약해주는 스타트업이 편리성이나 다른 카테고리에 집중하는 스타트업보다 유리하다는 사실을 알 수 있다.

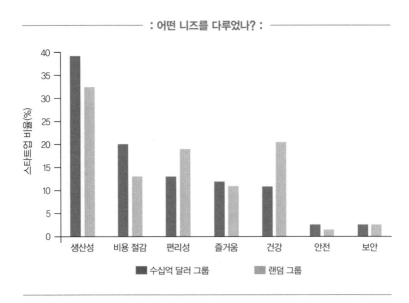

: 어떤 니즈를 다루었나? :

수십억 달러 기업이 가장 많이 다룬 니즈는 시간 절약과 비용 절감이었으며, 그런 니즈에 집중하는 스타트업이 수십억 달러 기업으로 성장할 가능성이 높았다.

일부 스타트업은 소비자의 시간과 비용을 모두 절감해줄 수 있다. 2005년 루마니아 창업 기업가가 설립한 유아이패스는 세계 최대 규모 기업들을 위한 아웃소싱 소프트웨어 프로젝트를 실행할 계획을 세웠다. 하지만 2012년 로봇 프로세스 자동화robotic process automation, RPA의 잠재성을 인식한 뒤, 일반적으로 사람이 수동으로 해야 하는 작업을 자동화하는 제품으로 전환했다. RPA는 여러 방식으로 시간을 절약해준다. 보험 기업은 RPA 소프트웨어를 활용해 이메일로 받은 진료비 영수증을 자동으로 다운로드하고 이를 또 데이터베이스에 자동으로 업로드할 수 있다. 대규모 공장의 법무부서 소속 변호사는 RPA 로봇의 도움을 받아 기밀유지 협약서를 자동으로 발송할 수 있다.

RPA 분야 선구자로 떠오른 유아이패스는 직장인들이 더 많은 업무를 처리할 수 있게 해준다. 유아이패스의 모든 마케팅 자료는 기업 조직이 더 빠르게 움직이며 시간을 절약하고 목표 달성을 가속화하는 데 초점을 맞추고 있다. 또한 간접적이기는 하지만 RPA 로봇 활용은 업무량이 늘어나는 상황에서도 기업이 직원 수를 늘리지 않을 수 있게 해주며 이는 비용 절감으로 이어진다. 업무 처리 속도 향상을 주목적으로 생산성 관련 제품을 만드는 많은 기업이 궁극적으로 비용 절감 효과를 보여줘야 한다. 유아이패스가 마지막으로 받은 가치평가는 350억 달러가 넘었다.

시스템 통합 vs 고도의 기술

우리는 스타트업 대부분이 문제 해결에 집중한다는 사실을 이미 확인했다. 그리고 이 문제들의 복잡성이 문제에 따라 매우 다르다는 사실도 알고 있다. 일부 문제는 그렇게 많은 엔지니어링 작업이 필요하지 않다. 대신 다양한 요소를 하나의 애플리케이션에 합쳐야 하는 시스템 통합 작업이 필요하다. 이런 문제를 해결하는 스타트업의 좋은 예는 창업 초장기에 단기 체류를 위한 숙박 장소 장터로만 존재했던 에어비앤비다. 이런 제품들도 여전히 상당 수준의 엔지니어링 작업이 필요하지만, 이들의 부가가치는 대부분 기술 자체가 아니라 비즈니스 모델 또는 마케팅 전략의 독특함에서 생성된다.

다른 스타트업들은 실제 사용 가능한 제품을 개발하기 위해 좀 더 복잡한 기술이 필요하다. 데이터 흐름과 데이터베이스를 관리하려는 기업에 데이터 웨어하우징 도구를 제공하는 클라우데라 같은 스타트업은 인프라 구축에만 몇 달 또는 몇 년이 걸린다. 에어비앤비 웹사이트의 기본 모델은 아주 짧은 기간에 만들 수 있지만, 클라우데라 제품을 만들기 위해서는 실제 작업을 시작하기 전에 백엔드, 즉 소프트웨어의 데이터 계층 확장 방법 파악과 같은 어려운 기술적 과제를 먼저 해결해야 한다.

마지막 카테고리는 최첨단 기술 또는 난해하고 어려운 기술로 알려진 고도의 기술이 필요한 기업이 속한 분야다. 이 기업들은 몇 년 동안 과학 및 엔지니어링 부문에서 발전을 이룬 뒤에야 개발 가능한 제품을 제공하며 가치를 만들어낸다. 에너지와 제약, 대규모 사업에 이르는 광범위한 산업 분야에서 창업한 고도의 기술 관련 기업은 새로운 배터리 기술, 새로운 종류의 약제, 더 나아가 신개념 운송 시스템 등에 관련된 제품을 만들어낸다. 원칙적으로 고도의 기술 기업에 필요한 요소는 시장의 존재 여부가 아니라 제품을 만들 수 있는 능력이다. 이를테면 기존보다 효율성이 세 배 높은 청정에너지 또는 대체 불가능한 생명 구호 약제를 만들 능력이 있느냐 없느냐가 중요하다. 만약 있다면 시장 위험은 그렇게 크지 않을 것이다. 때로는 정부나 다른 기업들이 제품이 완성되기 전이라도 개발 공정에 따라 대금을 지급하려고 한다. 과학 및 기술 개발에 따른 위험을 감수하려면 시장 위험이 매우 적은지 분명히 확인해야 한다.

각각의 접근 방식에는 장단점이 있다. 수십억 달러 기업의 거의 절반이 집중하는 시스템 통합 분야는 기술 지원이 많이 필요하지 않다는 점을 고려할 때 성공을 보다 쉽게 이룰 수 있지만 판매 및 고객 확보 비용이 더 많이 들 수 있다. 고도의 기술이 필요한 문제를 해결하기는 훨씬 더 어렵지만, 그렇게 할 수만 있다면 이 분야를 선택한 스타트업은 중요한 보호막을 얻을 수 있다.

수십억 달러 기업의 25%는 기술 분야에 집중하고, 27.5%는 첨단기술 또는 고도의 기술 분야에 집중했다. 랜덤 그룹에서는 56%가 시스템 통합 분야, 20%가 기술 분야, 24%가 첨단기술 또는 고도의 기술 분야였다. 이 데이터는 미디엄테크medium-tech(기술상 난이도가 중간 정도라는 뜻이 아니라 연구개발 집약도, 즉 매출액에서 차지하는 연구개발비 비중이 중간 정도이면서 제품의 고급화나 산업의 고도화에 필수적인 핵심요소 기술_옮간이) 기업과 고도의 기술 기업이 수십억 달러 스타트업이 될 가능성이 더 높았다는 것을 보여준다. 하지만 주의해야 할 점은 고도의 기술 기업을 운영하려면 처음부터 비용이 많이 들기 때문에 초기 단계에서 더 많은 투자를 유치해야 한다는 사실이다. 이 책의 후반부에서 벤처 투자자가 어떻게 스타트업의 가치를 평가하는지 설명하겠지만, 보다 많은 투자 유치는 가치평가를 정당화할 수 있는 수익이 나기도 전에 높은 가치평가를 받는 결과로 이어질 수 있다.

2010년 창업한 플래닛 랩스Planet Labs가 고도의 기술 기업의 좋은 예다. 플래닛 랩스는 지구를 지속적으로 관찰하며 지구 행성의 어느 장소라도 사진을 매일 한 장씩 찍을 수 있다. 그것이 어떻게 가능할까? 플래닛은 고화질 카메라를 장착하고 로켓을 이용해 지구 궤도로

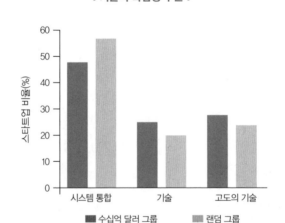

시스템 통합 관련 기업이 가장 많았지만, 고도의 기술 기업과 미디엄테크 기업이 수십억 달러의 가치평가를 받을 가능성이 더 높았다.

쏘아 올릴 수 있는 소형 위성을 개발했다. 그전에는 영상 위성의 크기도 거대하고, 궤도 진입을 위한 발사 비용은 말할 것도 없이 제작하는 데만 수천만 달러가 들었다. 플래닛은 무게 약 5킬로그램, 부피 10세제곱센티미터에 불과한 소형 위성을 개발하는 데 성공했다.

플래닛 공동 창업자들은 몇 년 동안 나사에 근무하며 비슷한 프로젝트를 진행한 경험이 있지만, 2013년 11월 플래닛 랩스의 최초 위성을 발사하기까지 3년 이상 걸렸다. 이와 같은 고도의 기술을 바탕으로 플래닛은 수백 대의 위성을 쏘아 올려 세계 최대 규모의 위성 성단星團을 이루며 지구 구석구석을 사진에 담았다. 이 영상들은 각국 정부와 농업, 광산, 수자원 관련 기업 등을 포함한 전 세계 공공 및 민간 부문 기관과 단체에 판매됐다. 고도의 기술 기업의 특성과 도전 과제 중 하나는 첫 번째 제품을 출시하는 데만 몇 년이 걸리며, 수익을 얻기까지는 더 많은 시간이 필요하다는 것이다.

고도의 차별화 vs 모방

지난 40년을 돌아보면 대기업에서 시작된 대혁신을 발견할 수 없다. 단 하나도 없다. 제너럴모터스General Motors와 폭스바겐Volkswagen은 전기 자동차를 만들 수 없었다. 보잉Boeing과 에어버스Airbus는 지금 스페이스X가 하고 있는 우주여행을 시도할 수 없었다. 어떤 언론 기업도 트위터와 페이스북처럼 정보를 전달하지 못했다. 제약 기업 중 제넨테크처럼 생명공학을 연구한 기업은 하나도 없다.

_ 비노드 코슬라, 선마이크로시스템스와 코슬라 벤처스 공동 창업자

위의 인용문에서 '대혁신'이라는 문구에 주목하기 바란다. 이는 성공한 기업이 다른 기업과 차별화했느냐 안 했느냐의 문제가 아니다. 벤처 투자자의 지원을 받은 기업은 뭔가 혁신적인 일을 해야만 한다. 나는 연구에 착수하며 모든 스타트업에서 최소한 이런 혁신을 발견할 수 있기를 바랐다. 하지만 랜덤 그룹에 속한 기업들을 보며 놀라운 사실을 발견했다. 이 스타트업들은 최소한 300만 달러의 투자를 유치했으며 대부분 벤처 투자 기업의 지원을 받았다. 이들 중 같은 산업 내 다른 기업과 크게 차별화된 제품을 제공하는 스타트업은 40%가 채 안 됐다. 대부분의 투자자는 지속적으로 차별화하는 기업에 자금을 지원했다. 이는 내가 판단을 내리는 또 하나의 측정 기준이며, 나는 '고도의 차별화'를 이룬 기업으로 분류할 수 있는 기준을 매우 높게 설정했다. 예를 들면 에어비앤비와 스냅챗의 고객 경험이 다른 여행지 숙소 임대 웹사이트나 소셜 미디어 애플리케이션과 크게 다르다는 사실을 감안해 이들을 고도의 차별화 기업으로 분류한다.

차별화는 경쟁에 관한 문제라기보다 제품이 근본적으로 초창기 시장 상황과 얼마나 차별화되어 있는지에 관한 문제다. 고도로 차별화된 기업이 반드시 복잡하고 어려운 기술을 갖출 필요는 없으며 그저 사용자 인터페이스와 같은 단순한 부분에서라도 동일 산업 내 나머지 집단과 매우 다른 제품을 제공할 수 있으면 된다. 이는 수십억 달러 기

업에서 내가 발견한 또 하나의 강력한 신호이며, 이를 통해 고도로 차별화된 제품을 제공하는 스타트업이 성공할 가능성이 더 높았다는 사실을 알 수 있다.

이렇게 큰 차이가 생기는 이유는 아마도 상당한 수준의 차별화가 보일 때만 소비자들이 그동안 신뢰하던 기존 브랜드를 포기하고 새로운 제품으로 갈아타는 비용을 기꺼이 부담하려 하기 때문일 것이다. 기존 아이디어와 근본적으로 다른 아이디어는 언론의 주목을 받고, 구전 마케팅이 이뤄지며, 열정적인 소비자 계층을 확보하는 데 도움을 준다. 대기업과 기존 기업도 점진적 혁신을 이루며 매년 보다 나은 제품을 출시할 수 있으나, 위험하고 고도로 차별화되며 때로는 엉뚱하지만 결국에는 엄청난 가치를 창출하는 아이디어에 기꺼이 뛰어드는 이들은 스타트업이다.

고도로 차별화된 제품을
끊임없이 만들어낸 창업자

- 애플의 아이팟 발명가이자 네스트 창업자, 토니 퍼델 -

네스트Nest의 첫 번째 제품인 온도조절기는 고도로 차별화된 제품의 좋은 예다. 네스트가 기존 가정용 온도조절기를 처음부터 다시 만들기 시작했을 때 이 제품 카테고리는 지난 수십 년 동안 아무도 거들떠보지 않던 부류였다. 온도조절기의 기원은 17세기까지 거슬러 올라간다. 1980년대 만들어진 디지털 방식의 프로그램 가능한 '현대식' 온도조절기는 벽면에 부착하는 투박한 사각형 형태였으며, 사용자가 원하는 온도를 매일 입력해야 했다.[3]

애플의 아이팟 부문 수석 부사장이었던 토니 퍼델Tony Fadell은 '아이팟의 아버지'이자 아이폰 공동 발명가로 알려져 있다. 2010년 프로그램 가능한 온도조절기를 새롭게 구상하며 와이파이로 연결되고 원형 LED 스크린을 장착해 회전 링으로 온도를 조정하는 극히 간단한 사용자 인터페이스 기능 등을 갖춘 철저히 차별화된 제품을 만드는 네스트를 창업했다. 네스트 온도조절기는 사용자가 집에 있는 시간을 학습하고 선호하는 라이프스타일에 따라 온도를 자동으로 조절하며 에너지 비용을 절감한다. 이후 네스트는 연기 감지 센서와 같은 다른 스마트 홈 제품도 출시했다. 2014년 구글은 32억 달러에 네스트를 인수했다. 토니 퍼델에게서 직접 들은 스토리를 소개한다.

나는 미시간대학교에서 컴퓨터공학을 전공하고 1991년에 졸업했습니다. 대학교에 다니면서 엘리엇 솔로웨이Elliot Soloway 교수와 함께 어린이용 멀티미디어 소프트웨어를 제작하고 판매하는 컨스트럭티브 인스트루먼츠Constructive Instruments를 창업했습니다. 가끔 실리콘밸리를 방문해 그곳에 있는 소프트웨어 판매사와 함께 작업했는데, 실리콘밸리에 갈 때마다 제너럴 매직General Magic이라는 기업에 대한 이야기를 들었습니다. 제너럴 매직은 매킨토시 컴퓨터를 만드는 데 핵심 역할을 했던 팀이 창업한 기업인데, 나는 그곳에서 일하기를 간절히 바랐습니다. 미시간대학교가 있는 앤아버에서는 내가 스타트업을 구축하고 성장시키는 데 도움을 주며 여러 가지 배울 경험 있는 사람을 찾을 수 없었기 때문입니다. 당시는 인터넷과 이메일도 없던 시절이라, 말 그대로 직접 찾아갈 수밖에 없었습니다. 그러다가 마침내 제너럴 매직의 입사 면접 기회를 얻었습니다.

제너럴 매직에서 우리는 스마트폰의 초기 버전을 개발했고, 몇 년 뒤

이 버전은 아이폰으로 발전했습니다. 제너럴 매직은 수천만 달러의 투자를 유치했지만, 제품이 당시 기술보다 한참 앞서나간 탓에 사람들이 받아들이기에 너무 일렀습니다. 결국 구경거리로 전락하며 크게 실패했죠.

제너럴 매직을 나온 뒤, 전화 기능은 없지만 스마트폰처럼 보이는 개인용 휴대 단말기를 직접 디자인해 제너럴 매직의 모든 협력 업체에 소개했습니다. 그중 하나가 필립스Philips였는데, 나는 필립스 CEO에게 이 제품과 비전을 설명했습니다. 그는 "우리를 위해 당신이 이 제품을 만들어주기를 바란다"고 말했습니다. 이를 계기로 필립스 모바일 컴퓨팅 그룹이 탄생했고, 이어서 윈도 CE 운영체제(마이크로소프트사가 핸드헬드 PC용으로 개발한 운영체제. 마이크로소프트 윈도 플랫폼의 축소판이라 할 수 있다_옮긴이)를 기반으로 한 다수의 휴대용 단말기를 개발했습니다. 그리고 나서 필립스의 부회장으로 잠시 근무한 뒤 1999년 퓨즈Fuse라는 또 다른 스타트업을 창업했습니다.

퓨즈의 창업 아이디어는 하드디스크를 내장한 소형 뮤직플레이어를 만들어 사람들이 온갖 노래로 가득한 주크박스 전체를 하나의 기기에 담을 수 있게 하는 것이었습니다. 그때가 바로 냅스터Napster와 MP3닷컴MP3.com이 생겨나고 불법 복제된 음악들이 웹사이트 전체를 뒤덮기 시작하던 시기였습니다. 하지만 우리는 2000년 인터넷 기업의 몰락 여파로 2단계 투자 유치에 실패했고, 기업은 파산 직전 상태였습니다. 나는 이 비즈니스를 살릴 자금을 마련하기 위해 부업을 할 수 있는 기업들을 찾아 나섰습니다. 이 상황을 친구들에게 알리기 시작했죠. 그런데 곧이어 기대하지 않았던 애플에서 전화가 왔습니다. 2001년 애플에 합류한 나는 훗날 아이팟으로 발전하는 제품을 디자인했습니다.

애플에 근무한 지 10년이 지나자 이미 만들었던 버전을 끊임없이 더 작게, 더 가볍게, 또는 더 빠르게 만들며 쳇바퀴 도는 듯한 일을 더 이상 하고 싶지 않았습니다. 열여덟 세대의 아이팟과 세 세대의 아이폰을 만들고 아이패드의 첫 세대를 개발하면서 나는 이 상황이 계속 이어질 거라는 사실을 인식하고, 앞으로 20년 동안 여기서 같은 일을 반복할 수는 없다고 다짐했습니다. 그래서 당시 애플의 인사 부문 부사장이었던 아내와 함께 애플 본사가 있는 쿠퍼티노로 매일 출근하는 일을 관두고 아직 어린 두 자녀와 함께 세계 여행을 시작했습니다.

실리콘밸리를 벗어나자 세상을 다른 관점으로 보며 세계 곳곳에 있는 다양한 문제와 해결 방안을 볼 수 있었습니다. 실리콘밸리에는 세상의 다른 지역이 처한 것과 같은 문제를 지닌 곳이 한 군데도 없었습니다. 애플을 떠나고 1년 반 동안 우리는 서로 다른 일고여덟 군데 지역에서 살았습니다. 네스트 아이디어는 세계 여행을 하면서 동시에 샌프란시스코에서 자동차로 몇 시간 떨어진 거리에 있는 스키 타운 타호호湖에 우리 집을 짓는 동안 떠올랐습니다.

나는 세계에서 가장 환경친화적이고 최고의 연결성을 갖춘 스마트 홈을 짓고 싶었는데, 에너지 절감에 도움을 주고 환경친화적이며 외부에서 연결 가능한 온도조절기를 찾을 수 없었습니다. 더욱 놀라운 것은 온도조절기가 수십 년 동안 전혀 바뀌지 않았다는 사실이었습니다. 눈에 보이지 않는 문제였던 거죠. 혁신에 성공하는 요소의 절반은 아무도 보지 못하는 문제를 해결하는 것입니다. 따라서 누구나 볼 수 있는 문제는 해결하기 쉽습니다. 대다수가 무시하는 문제에 주목해야 합니다.

우리 모두에게는 디자인을 통해 우리 주위 세상을 개선하고 보다 나은 경험을 제공할 기회가 있습니다. 해결되지 않은 문제를 찾아내는 능력을 타고난 사람도 있겠지만, 나는 그렇지 않습니다. 나는 오랫동안 노력해야 했습니다.

그즈음까지 실리콘밸리에서 20년 동안 일하며 일을 잘 완수하고 뛰어난 인재들과 협업을 잘한다는 평을 받은 덕분에 훌륭한 인재들을 네스트에 영입할 수 있었습니다. 나는 아이팟과 아이폰으로 성공하기 전에 실리콘밸리에서 다수의 스타트업을 운영했고 10년간 실패를 경험했습니다. 과거 실적이 없으면 상황은 완전히 달라지고 경험 많은 인재들을 영입하기가 훨씬 더 어렵습니다. 그런 상황에 놓이면 자신의 비전을 설득하기 위해 이사회 멤버와 투자자의 도움을 받아 신뢰의 사슬을 구축해야 합니다. 그저 링크트인에 프로필을 올려놓은 사람들에게 메시지를 보내 "나와 함께합시다"라고 말할 수는 없습니다. 네스트를 창업할 때 내게는 이미 20년 동안 구축한 신뢰의 사슬이 있었습니다. 만약 새내기 창업 기업가라면 자신의 장점을 널리 알리며 자신을 입증할 신뢰의 사슬 역할을 할 수 있는 사람들을 주위에 확보해야 합니다.

네스트의 온도조절기는 시장에 나오자마자 곧바로 매진됐습니다. 우리는 재고 수준을 크게 신경 쓰며 엄청나게 보수적으로 유지했습니다. 하드웨어 비즈니스에서 자기자본금이 투입되는 재고가 너무 많으면 빠른 속도로 파산할 수도 있습니다. 소비자를 직접 상대하는 비즈니스를 하려면 예상되는 제품 주문 수량을 바탕으로 자본을 투자해야 하는데, 이것이 B2B와 매우 다른 점입니다. 소프트웨어와 하드웨어를 함께 다루는 비즈니스와 하드웨어만 하는 비즈니스를 비교해보면 서로 크게 다른 위험에 놓여 있습니다. 하드웨어 기업을 운영하면서 구글이나 다른 소프트웨어 기업들처럼 베타 버전을 출시할 수는 없습니다.

고도로 차별화된 제품을 디자인할 때는 '초보자처럼 하는 것'이 매우 중요합니다. 이 말은 제품을 너무 복잡하게 만들지 말고 이해하기 쉽고 간편하게 사용할 수 있도록 만들어야 한다는 뜻입니다. 스티브 잡스에게서 배운 교훈이죠. 그는 항상 우리에게 제품을 소비자의 눈높이에서 보라고 요구했습니다. 디테일이 매우 중요합니다. 새로운 경험을 만들어내는 일도 핵심 요소입니다. 이성적 경험과 정서적 경험을 혼합해 두 경험 모두를 제품에 담아내야 합니다. 이를테면 네스트 온도조절기의 사용자 인터페이스와 소비자들이 실제로 이 제품을 보고 메시지를 전달받는 방식도 중요하지만, 소비자들이 이 기기를 통해 에너지를 절감하며 비용을 아끼는 것도 중요합니다.

나는 대기업과 성장하는 스타트업 모두에서 근무해보는 것이 중요하다고 생각합니다. 스타트업이 성장하는 동안 어떤 모습을 갖출지 기준이 되는 모델이 없으면, 앞으로 무엇을 구축하려 노력해야 할지, 스타트업이 어떻게 성장해야 할지, 즉 조직이 갖춰야 할 모습과 다양한 기능, 역할 등과 같은 아주 기본적인 사항들에 관한 아이디어가 생기지 않습니다. 대기업에 근무하면 대기업의 본모습과 문제뿐만 아니라 강점과 약점에 관한 관점을 얻을 수 있습니다. 스타트업에 근무하면 일이 진행되는 방향과 잘되고 있는지 여부를 판단하는 시각이 생깁니다. 스타트업에 근무한 적이 없어 지금 어디로 향하고 있는지 전혀 아이디어가 없는 창업 기업가와 스타트업 CEO를 흔히 볼 수 있습니다. 그들은 실행과 성공을 경험해본 적이 없습니다. 그러므로 그런 지식을 얻는 것이 지극히 중요합니다.

대규모 기업을 정말 만들고 싶으면 그곳에 이르는 방법에 관한 아이디어가 있어야 합니다. 우리는 스타트업이 100명의 직원을 고용하는 수준에 이르면 대부분의 CEO가 더 이상 효율적이지 못하며 정체기를 겪는 경우를 흔히 봅니다. 그들은 그 지점에 이른 적이 없었기 때문입니다. 이례적으로 이런 문제에서 매우 뛰어난 재능을 발휘하는 사람도 있습니다. 하지만 전체적으로 볼 때, 아무리 책을 많이 읽었더라도 그런 상황을 겪어보지 않은 사람이라면 매우 어려운 일입니다.

퍼델은 경력 내내 고도로 차별화된 제품을 만들어내는 일에 매우 집착했다. 하지만 하는 일이 더 이상 도전적이지 않다고 느꼈을 때 애플을 떠나 새로운 시각으로 문제를 바라봤다. 이 장에서 보았듯이, 고도로 차별화된 제품은 수십억 달러 스타트업으로 이끌 가능성이 훨씬 더 높다. 하지만 중요한 것은 제품 자체가 아니다. 올바른 제품은 특정 소비자가 겪는 바로 그 문제를 해결할 수 있어야 한다. 이어지는 장에서는 시장의 규모와 역학관계가 수십억 달러 기업의 성공에 미친 영향을 살펴본다.

시장

훌륭한 팀이 형편없는 시장을 만나면 시장이 이긴다.

형편없는 팀이 거대한 시장을 만나면 시장이 이긴다.

훌륭한 팀이 거대한 시장을 만나면 특별한 일이 일어난다.

_ 앤디 래클레프, 벤치마크 캐피털과 웰스프런트 창업자

2012년 브라이언 암스트롱과 프레드 어샘이 코인베이스를 창업했을 때만 하더라도 '암호화폐'는 그렇게 대중적인 단어가 아니었다. 최초의 현대 암호화폐 비트코인Bitcoin은 그보다 4년 전에 발명됐고, 여전히 코인당 5달러 이하로 거래되고 있었다. 하지만 암스트롱과 어샘은 이미 새로운 형태의 시장이 떠오르고 있음을 예감하고 있었다. 암스트롱은 크리스마스 날 비트코인에 관한 백서를 읽고 그 아이디어에

열광했다. 비트코인이 유행하면 거래를 관리할 중개인과 코인을 보관할 지갑 등 비트코인을 둘러싼 인프라스트럭처에 대한 수요가 생길 거라고 예상했다. 그들은 이미 시장을 확인했다. 단지 그 게임에 늦을까 봐 염려했을 뿐이다.

결과적으로 그들은 전혀 늦지 않았다. 비트코인은 여전히 소규모 해커 집단에 속해 있었고, 몇몇 웹사이트만 비트코인을 기부용 화폐로 인정했다. "비트코인에 관한 모임은 몇 개에 불과했고, 그마저 참석하는 사람이 많지 않았습니다." 암스트롱이 훗날 말했다.[1] 비트코인 매입과 매도는 여전히 어려웠으며 기술적 지식이 없는 사람은 비트코인에 접근조차 할 수 없었다.

당시 비트코인을 보유한 사람 대부분은 그 익명성에 관심을 보였다. 기술적 세부 사항은 신경 쓰지 않았고 심지어 비트코인 거래를 위해 대충 만든 웹사이트도 불편해하지 않았다. 하지만 그들에게는 보유한 코인을 안전하게 보관하고 거래할 곳이 필요했다. 비트코인이 주류가 될 것임을 파악한 암스트롱과 어샘은 코인 보유자뿐만 아니라 일상적인 주류 소비자들이 암호화폐를 안전하게 보관하고 구입할 수 있게 해야 한다고 생각했다. 두 사람은 이 아이디어를 와이 콤비네이터에 제시해 2012년 여름 프로그램에 참여할 수 있었다. 이렇게 탄생한 코인베이스는 비트코인이 합법화되는 데 필요한 일을 실행했다. 2013년 『테크크런치TechCrunch』 기자는 코인베이스를 "내 어머니도 비트코인을 살 수 있는 웹사이트"라고 표현했다.[2]

코인베이스 창업자들은 암호화폐의 익명성과 규제받지 않는 속성에 주목한 정부가 머지않아 규제 조치를 할 거라는 사실도 예상해 정부 규제와 세법을 준수하는 데 집중했다. 이런 노력은 비트코인이 주류층을 향해 나아갈 때 미국 달러를 비트코인으로 교환하는 '가장' 믿을 만한 장소로 코인베이스를 차별화하는 데 도움을 줬다. 코인베이스의 초창기 시절 비트코인 거래 시장 전체 규모는 매일 전 세계를 통틀어 100만 달러가 약간 넘을 정도로 매우 작았지만 매주 15%씩 성장했다. 다르게 표현하면 처음에는 적었던 시장 수요가 기하급수적으로 늘어났다. 초창기 시장에 진입하며 수요가 늘어난다는 데 베팅했던 코인베이스는 최고의 암호화폐 지갑으로 성장했다.

이 책의 편집이 마감될 즈음 코인베이스는 4,000만 명이 넘는 사용자를 확보했고, 운영 플랫폼에서 4,500억 달러가 넘는 암호화폐 거래를 중개했으며, 유니언 스퀘어 벤처스Union Square Ventures와 안드레센 호로위츠, DFJ 그로스DFJ Growth, 리빗 캐피털Ribbit Capital을 비롯한 투자자들에게서 5억 달러 이상의 투자를 유치했다.

성장하는 소규모 시장 vs 기존 거대 시장

코인베이스는 수요는 적지만 빠르게 성장하는 시장에 진입해 성공했다. 수십억 달러 기업 대부분은 코인베이스와 비슷한 경우일까? 아니면 수요가 이미 많은 시장을 공략할까?

데이터를 보면 대중의 생각과 달리 수십억 달러 기업의 60% 이상이 수요가 활발하게 일어나고 있는 시장에서 시작했고, 랜덤 그룹에서는 단 47%만 이런 시장에서 시작했다. 이 수치는 이미 확립된 거대 시장에서 경쟁을 시도한 기업이 어느 정도 유리했다는 사실을 보여준다. 이처럼 규모가 큰 시장에서 성공한 기업은 다른 기업의 시장 점유율을 잠식할 수 있는 보다 우수한 제품을 만들거나 원가 절감 또는 새로운 소비자 계층 발굴을 통해 시장을 확장하며 성공을 이뤘다.

나는 연구를 진행하며 기술이 아니라 기존 수요에 주목했다. 예를 들면 아마존은 거대 시장에서 시작했다. 당시에는 온라인 책 구매 시장이 존재하지 않았다고 주장하는 사람도 있겠지만, 책 거래 시장의 전체 규모는 수십억 단위였다. 인터넷은 책 거래 조력자 역할을 하는 기술에 불과했기 때문에, 아마존의 경우는 새로운 기술과 함께 대규모 기존 수요를 공략했다고 볼 수 있다.

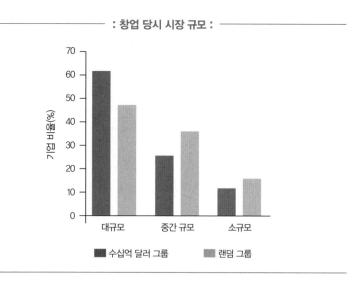

수십억 달러 스타트업 대다수는 창업 당시 이미 많은 수요가 있는 제품을 생산했다.

대다수 수십억 달러 스타트업은 새로운 수요를 창출하지 않았으며 대부분은 시장이 성숙하기를 기다릴 필요가 없었다. 시장 수요 개념은 시장의 타이밍과 밀접한 관련이 있으며 이 부분은 다음 장에서 논의한다.

수요 창출 vs 기존 시장 점유율 경쟁

일부 스타트업은 종종 새로운 소비자 행동 방식이나 참신한 이익 창출 모델을 도입하며 완전히 새로운 시장 기회를 만들어낸다. 이와 달리 기존 시장의 점유율을 놓고 경쟁하는 스타트업도 있다. 일반적으로 이미 확고히 자리 잡은 대규모 시장에 진입하는 기업은 시장 점유율 경쟁을 벌인다. 규모가 작은 기존 시장을 공략하는 기업은 그 시장에 없던 새로운 수요를 창출하는 첫 번째 기업인 경우가 많다. 하지만 항상 그렇지는 않다. 규모는 작지만 계속 성장하는 시장에서 시장 점유율 경쟁을 벌이는 기업도 있다.

코인베이스가 창업했을 때 시장에서 비트코인 지갑을 제공하는 기업은 거의 없었다. 코인베이스는 사용자에게 보다 합법적으로 보이고 실제로 그랬던 뛰어난 제품을 선보이며 더 높은 시장 점유율을 확보했다. 이와 달리 스타트업은 예전에 그 누구도 생각하지 않았던 소비자 수요를 추구하며 처음부터 규모가 큰 새로운 시장을 만들어낼 수도 있다.

수요 창출 경로를 선택한 스타트업이 결국 보다 규모가 큰 기업으로 성장한다는 믿음이 여전히 존재하지만, 이는 근거 없는 믿음이다. 실제 데이터를 보더라도 시장 점유율 경쟁을 벌이는 기업들이 약간 더 많은 가치를 만들어냈다. 이런 기업은 평균 49억 달러의 가치평가를 받았으며, 새로운 시장 조성을 시도한 기업들의 가치평가는 평균 45억 달러였다.

수십억 달러 스타트업의 65% 이상은 완전히 새로운 시장을 조성하는 대신 기존 시장의 점유율을 놓고 경쟁했다. 랜덤 그룹 스타트업도 비슷한 양상을 보였다. 이는 어떤 방식을 택하든 특별히 유리한 점이나 불리한 점은 없음을 보여준다. 시장 점유율 경쟁을 벌이는 수십억

: 기존 시장 점유율 경쟁 vs 새로운 시장 조성 :

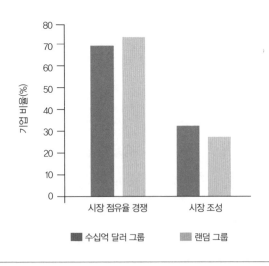

대중의 믿음과 달리 수십억 달러 기업의 32%만 새로운 시장을 조성하고 나머지는 시장 점유율 경쟁을 벌였다. 하지만 둘 중 어느 방식을 택한다고 해서 수십억 달러 기업으로 성장할 확률이 반드시 높아지는 것은 아니었다.

달러 기업이 더 많았지만, 그렇다고 해서 그 방식으로 성공할 확률이 반드시 더 높다는 뜻은 아니다.

일부 수십억 달러 스타트업의 경우 새로운 시장 조성이 확실한 이점으로 작용하기도 했다. 23앤드미가 그런 경우에 속한다. 일반 소비자 대상 유전자 검사 기업인 23앤드미가 출범하기 전 대부분의 사람은 자신의 타액을 담은 튜브를 실리콘밸리의 스타트업으로 보내달라는 요청에 눈살을 찌푸리며 의아해했다. 당시만 하더라도 유전자 검사는 주로 의료기관의 몫이었다. 특정 질병에 대한 유전적 성향을 미리 파악하려고 유전자 검사를 하는 사람은 거의 없었다.

달리 표현하면 일반 소비자용 유전자 검사 시장은 존재하지 않았다. 23앤드미의 공동 창업자 앤 워치츠키와 폴 쿠센자Paul Cusenza는 이 시장을 조성해야 했다. 23앤드미는 타액을 활용해 혈통에 적용하는 상염색체 유전자 검사를 처음으로 제공한 기업 중 하나였고, 몇 년 지난 뒤에야 얼리어댑터 수준을 넘어 매출이 크게 늘어났다. 2008년 23앤드미가 제시한 검사비용은 한 검사당 999달러로 꽤 비쌌다. 극소수 부유한 사람만 이런 검사비용을 감당할 수 있어, 23앤드미 창업자들은 영향력이 큰 고객을 확보하기 위해 스위스 다보스에서 열린 세계경제포럼과 같은 최상류층 모임을 겨냥한 '타액 파티'를 개최하기도 했다.

판매량이 증가하고 무어의 법칙Moore's Law(2년마다 전자 칩의 원가는 절반으로 줄어드는 반면, 계산 처리 능력은 두 배로 늘어난다는 과거 트렌드)이 유전학에도 적용되면서 DNA 염기 서열 분석비용은 크게 낮아지고, 이에 따라 시장이 더욱 개방되며 성장했다. 23앤드미는 검사비용을

2012년 299달러, 2013년 199달러로 잇달아 낮췄다. 보다 저렴한 컴퓨터를 만들어내는 역량이 PC 시장을 새롭게 조성하고 마이크로소프트와 같은 기업을 탄생시킨 것처럼 DNA 염기 서열 분석비용이 낮아지면서 23앤드미와 같은 기업이 성장할 수 있었다.

지금까지 1,000만 명 이상이 유전자 검사를 받았고, 수많은 소비자 유전자 검사 기업이 경쟁에 뛰어들었다. 하지만 소비자 수요와 시장 규모를 성공의 당연한 요인으로 여겨서는 안 된다. 특히 새로운 시장을 개척하고 새로운 수요를 창출하는 경우에는 더욱 그렇다. 23앤드미는 오랜 기간에 걸쳐 크게 성장했지만, 이 책을 쓰던 시기에는 이 기술을 초기에 받아들인 소비자가 줄어든 탓에 소비자 직거래 수요가 정체되며 어려움을 겪었다. 23앤드미가 그동안 확보한 풍부한 임상 데이터와 제약 기업들과의 협력관계를 활용해 몇 세대로 이어지는 기업을 만들어낼지, 아니면 지금의 유니콘 기업 지위를 잃을지는 시간이 지나야 알 수 있을 것이다.

일반 소비자 vs 기업 고객

창업자는 시장의 규모와 점유율을 선택하는 일 외에도 주 판매 대상을 일반 소비자로 할지 기업으로 할지 결정해야 한다. 이는 아마도 스타트업에 가장 중요한 시장 분할일 것이다. 많은 스타트업은 공략하려는 시장 부문에 따라 비즈니스 모델과 제품의 가격대, 심지어 투자자까지 결정한다. 하지만 데이터를 보면 일반 소비자나 기업을 대상으로 하는 두 모델 모두 많이 쓰이고 있었다. 소비자에 집중하는 스타트업(B2C) 수와 기업에 집중하는 스타트업(B2B) 수는 거의 비슷했다.

일부 벤처 투자자는 소비자를 주로 상대하는 스타트업이 성공하려면 운이 많이 따라야 하고, 그런 이유 때문에 수십억 달러 기업으로 성장할 가능성이 낮으며, 기업을 상대하는 스타트업은 과학적 역량과 실행력을 많이 갖춰야 한다고 가정하기도 한다. 하지만 랜덤 그룹에 속한 스타트업의 43%는 소비자에 집중하고 57%는 기업에 집중했다. 이 데이터를 보면 소비자에 집중하는 기업이 약간 더 유리하기는 하지만 성공 확률은 큰 차이가 없었다.

창업 당시 소비자와 기업 두 부문 모두를 동시에 공략하려는 기업은 극소수로 매우 이례적인 경우였다. 23앤드미와 같은 일부 스타트업은 처음에 소비자를 상대했지만 이후 다른 기업(23앤드미의 경우 제약 기업)과 협력관계를 구축하며 B2B 체계도 함께 추구했다. 나는 연구에 사용한 데이터에서 정부를 상대하는 스타트업을 기업을 상대하는 스타트업(B2B)과 같은 카테고리에 포함시켰다.

주목할 만한 흥미로운 점은 여러 해에 걸쳐 서로 다른 현상이 주기적으로 나타났다는 것이다. 2008년과 2009년에는 수십억 달러 규모로 성장하는 B2B 스타트업이 더 많이 창업하며 기업 상대 스타트업이 절정에 이르렀다. 불황이 극심한 시기에는 소비자에 집중하는 스타트업보다 기업에 집중하는 스타트업이 생존할 가능성이 더 높다고 생각할 수 있지만 단지 추측일 뿐이다. 이후 2011년과 2012년에는 소비자에 집중하며 훗날 수십억 달러 가치로 성장한 스타트업이 더 많이 창업했다.

　주기적으로 나타나는 현상이 두 가지에 불과하다는 점을 감안하면 이런 주기는 그냥 무작위로 생기는 것 같다. 두 현상은 주기적으로 생기고 사라지기를 반복하며 성공에 이른 B2C와 B2B 스타트업이 두 주기 모두에서 탄생하므로, 결국 이런 주기가 크게 중요하지 않다고 할 수 있다. 창업 기업가는 기업과 소비자 중 어느 부문이 자신의 제품을 더 강력하게 원하는지 파악하고, 특히 창업 초창기에 기업과 소비자의 두 판매 경로를 동시에 추구하는 경우에는 성공적인 결과로 이어진 경우가 거의 없었다는 사실을 정확히 인식해야 한다.

시장의 조성과 확장을
모두 이뤄낸 창업자

– 페이팔과 어펌 공동 창업자, 맥스 레브친 –

맥스 레브친Max Levchin은 수십억 달러 스타트업 페이팔PayPal과 어펌 Affirm을 공동 창업했다. 1999년 출범한 페이팔은 인터넷에서 개인과 개인이 직접 연결돼 파일을 공유하는 P2P 방식의 온라인 결제 시장을 조성했다. 구매자와 판매자 사이에 안전한 온라인 결제가 이루어지게 하면서 수많은 이베이 사용자에게 많은 인기를 끌었다. 그 덕분에 이베이의 수익은 크게 늘어났고, 전자상거래와 온라인 결제 시장의 문이 활짝 열렸다. 2002년 페이팔은 15억 달러의 인수 대금으로 이베이에 인수됐다. 현재 페이팔의 가치는 2,000억 달러가 넘는다. 페이팔이 새로운 시장을 개척했다면, 어펌은 기존 신용거래 및 소비자 대출 시장에서 점유율을 놓고 경쟁을 벌였다. 2012년 창업한 어펌은 현재 전자상거래 웹사이트에서 거래하는 소비자에게 대출을 제공한다. 소비자는 신용카드를 사용하는 대신 어펌의 대출을 활용해 구매대금을 오랜 기간에 걸쳐 나누어 지불할 수 있다. 어펌의 사명은 금융이 보다 정직하고 투명해지도록 혁신하는 것이며, 이는 특히 젊은 세대에 큰 반향을 일으켰다. 어펌은 2021년 기업 공개에서 200억 달러의 가치평가를 받았다. 나는 레브친과 마주 앉아 페이팔과 어펌에 관한 스토리를 들었다.

1993년 당시 나는 일리노이대학교 어버너샘페인에서 컴퓨터공학을 전공하던 대학생이었습니다. 1993년은 최초의 웹 브라우저 중 하나이며 마크 안드레센이 공동 창업한 넷스케이프가 우리 대학교 캠퍼스에서 탄생한 해이기도 합니다. 당시 내게는 나 자신을 위해 구상한 매우 분명한 학업 계획이 있었습니다. 박사 학위를 받은 뒤 평생을 교수와 연구자로 지낼 생각이었습니다. 그러던 어느 날 두 친구가 와서 말했습니다. "연구만 해서는 어떤 영예도 얻지 못해. 우리와 함께 창업하는 게 훨씬 더 나을 거야." 그때 나는 미국에 온 지 25개월밖에 안 된 터라 기업 창업에 관해 아는 것이 전혀 없었지만 이렇게 대답했습니다. "해보자!" 그렇게 해서 우리는 대학교 내에서 스폰서넷 뉴미디어Sponsernet New Media를 창업했습니다.

창업으로 인해 대학 2학년 시절은 많은 어려움을 겪었습니다. 내 신용 등급은 엉망이 됐고 완전히 파산했으며, 창업 전까지만 하더라도 박사 과정 진학에 전혀 문제없을 정도로 완벽했던 평균 학점이 크게 떨어졌습니다. 하지만 그 경험에서 터득한 핵심 가치는 연구나 강의를 결코 하지 않겠다고 결심한 것입니다. 대신 창업에 집중하겠다고 마음먹었습니다. 창업 과정을 거치며 나는 완벽한 창업 기업가 병에 걸린 것이나 다름없었습니다.

내가 창업한 기업 대부분은 기술에 관한 매우 섣부른 아이디어로 시작했습니다. 나는 보통 '이렇게 어려운 문제를 해결하기 위해 난 무엇을 할 수 있을까?'라는 사고방식으로 세상을 보지 않고, 대신 이렇게 생각했습니다. "난 이 멋진 일을 할 수 있어. 훌륭한 망치(도구)가 있으니 박아야 할 못(해결해야 할 문제)을 찾으면 되겠군." 때로는 박아야 할 못을 찾는 망치가 있지만 창출할 가치가 없는 경우도 있습니다. 하지만 실제로 새로운 것을 보며 이렇게 말할 때가 많습니다. "오, 멋진데? 인공지능은 우리가 X를 하는 데 도움이 될 것 같아" 또는 "가상현실은 Y에 유용하게 쓰일 거야". 대학 시절 나는 암호 해독법에 푹 빠져 있었고 보안 관련 아이디어에 매우 집중했습니다. 전체주의 국가 출신이었던 터라 내가 하는 커뮤니케이션이 비공개로 이뤄지기를 바라는 마음이 강했습니다. 정부가 내 이메일을 들여다보는 일이 없기를 바랐습니다. 그래서 어떤 분야에서 박사 학위를 받을지 고민하면서 나는 암호를 생각했습니다. 이때는 '암호'가 비트코인을 뜻하기 전이었습니다. 현실에서 말하는 바로 그 암호였습니다.

나는 대학교에 다니면서 부업으로 시큐어파일럿SecurePilot이라는 프로젝트를 했습니다. 보안이 확실한 기업 네트워크나 캠퍼스 네트워크에 접속하려면 표준 알고리즘을 따르는 일회용 암호 발생기가 필요한데, 실제로 이들 중에는 아직 완벽하지 않은 비밀 알고리즘을 채택한 경우가 많았습니다. 나는 주위에서 이처럼 다양한 소형 암호 발생기 실물을 가지고 다니는 온갖 종류의 시스템 관리자를 많이 봤습니다. 사람들이 접속해야 하는 새로운 기계가 생길 때마다 관리자는 또 다른 암호 발생기가 필요해, 어쩌면 시스템 관리자 한 명이 이런 암호 발생기 25대를 벨트에 주렁주렁 달고 다녀야 할지도 모르는 상황이었습니다. 나는 모든 알고리즘을 분해하고 다시 설계해 이들을 팜파일럿PalmPilot 이라고 하는 하나의 에뮬레이터Emulator(컴퓨터의 호환성을 위한 장치나 소프트웨어)에 설치하려 했으며, 이 일은 내게 일종의 집착 대상이었습니다. 나는 1995년 당시 아주 작은 공간에 불과했던 인터넷에서 이 기기를 유통하기 시작했고, 놀랍게도 사람들은 내게 기꺼이 기기값을 지불했습니다. 그러고 나서 나는 이 아이디어를 피터 틸에게 소개했고, 마침내 페이팔로 이어졌습니다.

페이팔 이전에 나는 다수의 스타트업을 창업했습니다. 그중 네 가지는 사람들이 전혀 모르는 스타트업이고, 페이팔은 다섯 번째였습니다. 첫 번째 스타트업이 실패한 뒤 공동 창업자와 나는 샘페인을 떠나 팰로앨토로 갔습니다. 그곳에서 피터 틸을 정말 우연히 만났습니다. 집에 에어컨이 없었기 때문에 시원한 장소를 찾아다니다 스탠퍼드대학교 강당에서 생각지도 않았던 피터 틸과 마주쳤습니다. 당시 그는 소규모 벤처 투자기업 틸 캐피털Thiel Capital을 운영하며 약 100만 달러의 투자자금을 모아둔 상태였습니다. 나는 그에게 암호 에뮬레이션 아이디어를 소개했고, 피터는 바로 그 자리에서 동의했습니다. "훌륭한 아이디어입니다. 당신은 매우 영리해 보이는군요. 30만 달러 수표를 드리겠습니다." 그때 나는 이런 생각이 들었습니다. '와우! 내가 실리콘밸리에 온지 48시간 만에 자금을 조달했어.' 피터는 그 자금으로는 충분하지 않을 것이니 더 많은 투자를 유치해야 한다고 했습니다. 나는 투자 유치를 위해 노력했습니다. 그런데 며칠 뒤 피터가 이같이 말했습니다. "당신은 투자 유치 방법을 모르는 게 분명하군요. 내가 도와줄 테니 당신은 계속 소프트웨어를 만드세요." 이렇게 해서 우리는 파트너가 됐습니다.

그때까지 나는 사실상 CEO 역할을 했습니다. 내가 기술 개발에 집중할 수 있도록 피터 틸에게 풀타임으로 합류해 CEO를 맡아달라고 요청했고, 실제로 그렇게 됐습니다. 1999년 우리는 기업을 설립했고, 그 기업이 결국 페이팔로 발전했습니다. 하지만 당시 우리는 여전히 보안 아이디어를 개발하던 중이었습니다. 1999년 중반쯤에는 많은 기술력을 구축했지만 아무도 관심을 보이지 않았습니다. 수요가 전혀 없었습니다. 시장 자체가 없었기 때문에 제품의 시장 적합성이 존재하지 않았죠. 그때 실리콘밸리에서 피터 틸의 친구 리드 호프먼을 비롯한 몇 사람을 만났습니다. 지금은 매우 유명한 사람들이지만 당시만 하더라도 그저 젊고 재능이 매우 뛰어난 사람들에 불과했습니다.

우리는 브레인스토밍 방식으로 열띤 토론을 벌였습니다. 우리에게는 기기 보안과 데이터 이전의 보안을 확실하게 이루어줄 기술이 있었습니다. 이 기술을 어디에 활용할 수 있을지 고민했습니다. 우리는 훗날 모든 사람이 사용할 것으로 확신하는 휴대용 기기를 보유하고 있었지만, 당시에는 몇백만 명만이 사용했습니다. 사실 이 독창적인 아이디어의 창시자는 호프먼입니다. 그는 "정말 보안을 확보할 수 있는 대상은 돈"이라고 했습니다. 그러고는 팜파일럿이나 데스크톱 컴퓨터가 지갑 역할을 할 수 없는 이유는 전혀 없다고 말했습니다. 안전을 확보한 가운데 돈을 넣고 꺼낼 방법만 있으면 된다면서요. 그것이 바로 페이팔로 진화한 것입니다. 즉 팜파일럿으로 이뤄지던 금전 거래가 온라인 금전 거래로 발전한 것입니다.

페이팔에서 우리는 인터넷과 이베이 이전에 존재하지 않았던 완전히 새로운 시장을 조성했습니다. 이베이가 생기기 전에는 위스콘신주에 사는 사람이 앨라배마주에서 물건을 사고 싶으면 직접 가야 했습니다. 하지만 이베이는 지역 경계를 넘나드는 온라인 상거래를 근본적으로 가능하게 했습니다. 예전에는 상상하지 못한 일이었죠. 판매자는 페이팔을 통해 대금을 받을 수 있었습니다. 페이팔이 탄생하기 전에는 구매자가 먼저 판매자에게 수표를 우편으로 보내고 판매자가 사기꾼이 아닐 경우 구매자는 원하는 물건을 우편으로 받았습니다. 페이팔은 이런 형태의 거래를 온라인으로 진행하는 데 도움을 줬습니다.

페이팔 이후 나는 몇몇 기업을 더 창업했습니다. 하지만 그럴 때마다 금융 서비스로 돌아갔습니다. 그 산업이 머리에서 떠나지 않았기 때문입니다. 나는 페이팔 시절 옛 친구들을 만나 페이팔에 있을 때 우리가 데이터를 활용해 사기 거래와 위험을 관리했지만, 거래자의 신용 상태를 철저히 조사하지 못한 일을 얘기했습니다. 처음에는 순수 수학이나 완전히 지적인 퍼즐이 우리에게 주어졌습니다. 대출을 실행하는 은행보다 지능적으로 외상 거래를 보증할 수 있는 다른 데이터를 구할 수 있을까? 페이팔에 근무하던 우리 중 다수는 미국에서 태어나거나 성장하지 않았고, 신용 등급에 문제가 있었습니다. 돈 관리를 잘못한 탓이 아니라 신용에 관한 과거 이력이 없었기 때문입니다. 우리 모두에게는

20년 전에 마음속 깊이 내재된 기억이 있었습니다. 성공적인 스타트업을 만들고 실제로 연봉을 받았으며 IPO까지 성공했지만, 신용카드를 만들 수 없었던 기억 말입니다. 어펌의 아이디어는 이민자와 신규 대학 졸업자, 뜻하지 않게 생활의 변화를 겪은 사람들이 부채를 사용하는 것이 아니라 신용카드를 받을 수 있는 신용 평점 시스템을 구축하는 것이었습니다.

당시 금융 서비스와 데이터 과학 분야에서 이미 많은 경험을 쌓은 우리는 훌륭한 신용 평점을 받을 것으로 기대되는 시스템을 상당히 빠른 시간 내에 만들었습니다. 하지만 다른 사람이 한 번도 사용해보지 않은 새로운 시스템을 받아들이려는 사람은 아무도 없다는 사실을 깨달았습니다. 신생 기업이나 신규 제품이 겪는 어려움, 즉 기존 고객 데이터가 부족하거나 없어서 생기는 '콜드스타트cold-start' 문제였습니다. 그때 공동 창업자 세 명 모두 컴퓨터공학 학위 보유자여서 마케팅 전문가가 없었습니다. 이 시스템을 어떻게 시장에 알려야 할지 고민한 끝에 이 제품을 소비자에게 마케팅하는 대신 어떤 종류가 됐든 온라인 소매상을 찾아보기로 결정했습니다. 어쩌면 하나의 대안으로 신용카드와 함께 이 시스템을 제공할 수도 있을 거라고 생각했습니다.

몇 주 뒤 우리에게 많은 도움을 주던 한 친구가 전화해서 "여러분 덕분에 매출이 30% 늘었어요. 어떻게 된 일이에요?"라고 물었습니다. 알아보니, 온라인 구매를 하고 있었지만 신용카드를 발급받을 자격을 갖추지 못한 젊은이가 많았습니다. 그리고 밀레니엄 세대는 절대로 부채를 지지 않겠다고 맹세한다는 연구 결과가 잇달아 나왔습니다. 그들의 본질적인 생각은 이랬습니다. "우리는 신용카드를 쓰지 않을 것입니다.

부채에 빠지지 않겠다는 뜻입니다. 2008년 부채 때문에 부모님이 겪었던 어려움을 잘 알고 있습니다. 우리는 절대 그런 일을 겪지 않을 것입니다."

나는 소비자에게 가장 좋은 시스템을 만들었다는 생각이 들었습니다. 우리 시스템은 이자를 계산할 때도 복리가 아니라 원금에만 이자가 붙는 단리를 적용했고 연체료도 없었습니다. 어떤 종류의 복리 계산도 없었으며, 가장 중요한 부분은 이자를 퍼센트가 아니라 금액으로 표시한다는 것이었습니다. 즉 '500달러의 외상 거래를 하면 이자는 12달러'라는 식이었습니다. 시간을 앞으로 빨리 돌려 현재 상황을 보면, 사용자는 수백만 명이고 거래 금액은 수십억 달러에 이릅니다. 분명히 대단한 제품입니다. 이 시스템 덕분에 매출이 크게 늘었다는 온라인업체가 많습니다. 우리 시스템을 사용하는 온라인업체 대부분은 거래량이 상당히 큰 폭으로 늘었다고 했습니다. 이 말은 기본적으로 "나는 신용카드를 쓰고 싶지 않다" 또는 "나는 신용카드가 없으며 어펌의 간편한 금융을 더 좋아한다"는 사람이 많다는 뜻입니다. 이들은 그저 신용 평점 시스템에 포함되기를 원하는 것이 아니라 단순하고 투명한 시스템을 원합니다. 수수료가 없는 구조를 좋아합니다. 그들은 할부 상환금 납부를 한 번 놓치더라도 우리가 그들의 신용 평점을 망치지 않고 늘 소비자 편에 서 있다는 아이디어를 좋아합니다.

어펌은 돈을 빌리고 전자상거래를 할 때 생기는 엄청난 긴장감과 마찰, 두려움, 불확실성을 없애줍니다. 신용카드 사용 명세서 뒷부분을 보면 뜻하지 않은 사태가 생길 때 사용자에게 가해지는 모든 조치를 약 5,000단어의 아주 작은 글씨로 자세히 서술해놓은 문장을 볼 수 있습니다. 이 문장에 담긴 근본적인 내용은 이렇습니다. "우리 비즈니스 모델에서는 작은 글씨로 0%라고 쓰여 있어도 실제로는 0%가 아니며 수수료가 없다고 하더라도 수수료는 분명히 있습니다." 이런 산업계에 훈련되고 길들어왔다는 사실을 감안할 때, 소비자는 신용카드 기업을 절대 신뢰하지 말아야 합니다. 어펌은 이 모든 일에 대해 깨알 같은 글씨를 없애고 단순화했습니다. 어펌이 없어도 사람들은 여전히 구매하고 돈을 빌리겠지만, 어펌을 통하는 사람이 정말 많습니다. 어펌의 사용자 인터페이스가 훨씬 더 깔끔하고 순조로우며 믿을 수 있기 때문입니다.

레브친은 자신의 스타트업 페이팔과 어펌에서 시장의 조성과 확장이라는 두 가지 형태의 시장 역학을 활용했다. 페이팔에서는 몇 번의 사업 전환 후 자신들의 기술을 사용할 수 있는 경로를 찾아내 '새로운 시장을 조성'했고, 어펌에서는 적절한 소비자 계층과 경로를 파악해 신용카드와 경쟁을 벌이며 '시장을 확장'했다. 그는 또 어펌의 대출 시스템을 유통하는 경로로 온라인업체를 활용하고, 소비자를 직접 상대하는 B2C 전략 대신 자신과 팀원들의 강점을 감안해 기업을 거쳐 소비자를 상대하는 B2B2C 전략을 추구하는 현명한 방법을 선택했다.

이 장 앞부분에서 우리는 이 전략들이 어떻게 수십억 달러 스타트업을 성공적으로 구축했는지 배웠다. 시장의 역학관계도 중요하지만, 그에 못지않게 중요한 요인 두 가지가 더 있다. 바로 시장 타이밍과 시장 성숙도. 이어지는 장에서 이 두 가지 요인을 살펴본다.

시장 타이밍

나쁜 아이디어는 없다. 때 이른 아이디어만 있을 뿐이다. (…) 그런 아이디어들 모두가 나타날 것이다. 나는 확신했다. (…) 말도 안 되는 아이디어로 시장에 뛰어드는 스마트한 사람들이 언젠가는 등장할 것이다. 단지 시기의 문제일 뿐이다.

_ 마크 안드레센, 넷스케이프와 안드레센 호로위츠 공동 창업자

1995년 토니 퍼델이 근무했던 스타트업 제너럴 매직은 스마트폰의 초기 버전을 만들었다. 전화기와 컴퓨터를 혼합한 형태는 관련 산업계에서 본 적이 없는 제품이었다. 하지만 전혀 유행되지 않았다. 터치스크린 기술은 아직 초기 단계에 머물러 있었고, 프로세서는 엄청난 에너지를 소비하며 배터리 수명을 단축시켰으며, 당시에는 이메일 사용

자도 극소수였다. 12년 뒤 애플이 아이폰을 처음 출시했을 때는 그런 문제 대부분이 어느 정도 해결된 시기였다. 하지만 제너럴 매직은 이미 오래전에 사라졌고, 그들이 만든 스마트폰은 기억 속에 남아 있지 않았다. 애플은 제너럴 매직과 경쟁하지 않았지만, 스마트폰 아이디어를 처음 떠올린 기업은 아니었다.

다수의 수십억 달러 기업이 재활용 아이디어에 기반을 두고 있다는 사실은 널리 알려져 있다. 구글 이전에 최소한 8개 기업이 검색 엔진 구축을 시도하며 다양한 수준의 성공과 실패를 경험했다. 소셜 네트워크는 페이스북이 생기기 10년 전에 존재했고, 몇몇 기업은 드롭박스보다 먼저 온라인 저장 공간을 제공했다. 식품 배달 애플리케이션 인스타카트는 닷컴 기업 붕괴 시기에 무너진 스타트업 웹밴이 시도했던 것과 비슷한 일을 하며 2012년 성공에 이르렀다. 훌륭한 아이디어가 제대로 먹히는 이유는 아이디어 자체가 훌륭하기도 하지만 도입 시기가 적절하기 때문이다.

타이밍은 창업자가 성공과 실패의 이유로 꼽는 주요 요인 중 하나다. 시카고대학교 부스 경영대학원이 실시한 조사에서 벤처 투자자 900명에게 투자 포트폴리오에 속한 기업들의 가장 중요한 성공 요인이 뭐라고 생각하느냐고 묻자 그들은 팀 구성에 이어 타이밍을 두 번째로 꼽았다. 이는 다른 많은 요인보다 시장 타이밍이 중요하다는 사실을 증명한다.[1] 애플이 아이폰에 앱스토어를 추가하자 우버와 같은 기업들은 스마트폰의 인터넷과 GPS 기능을 활용할 기회를 발견했다. 인스타그램은 고품질 스마트폰 카메라의 확산에 힘입어 탄생할 수 있었고, 스냅챗은 스마트폰 전면 카메라 덕분이었다. 페이팔은 이베이의 성장을 바탕으로 성장했다.

벤처 투자자들은 종종 '최초'의 가치를 과대평가한다. 심지어 "예전에 수십 번 시도했지만 한 번도 성공하지 못했던 아이디어"라는 이유로 투자 기회를 거부하는 벤처 투자자도 있다. 그들이 생각하는 문제는 '현재' 많은 기업이 같은 아이디어를 시도하면서 벌어지는 경쟁이 아니다. 투자자는 예전에 실패했던 아이디어에 대한 투자를 꺼린다. 하지만 현실을 보면 일부 아이디어는 종종 반복되는 것 같으며, 그런 아이디어가 적절한 시장 역학과 잘 맞아떨어지면 결국 제대로 작동한다.

수십억 달러 스타트업과 랜덤 그룹 스타트업의 타이밍 관련 데이터를 비교해보면 두 그룹을 구분하는 명확한 패턴은 없다. 일부 수십억 달러 스타트업은 시장에 최초로 등장한 기업이었으며, 다른 일부는 같은 아이디어를 시도한 다섯 번째 기업 안에 들었고, 나머지는 뒤늦게 진입했다. 이런 비교 결과를 보면 성공한 기업들은 한 아이디어가 여러 기업에 의해 반복되기 전 첫 시도에서 성공을 이루거나, 동일한 아이디어를 시도한 몇 번째 기업으로 성공하거나, 여러 기업이 반복적으로 시도했던 아이디어를 바탕으로 성공에 이르기도 했다는 사실을 알 수 있다. 어느 경우라도 다른 경우에 비해 성공 가능성이 더 높거나 낮지는 않았다. 타이밍 문제는 정말 중요해 보이지만, 한편으로는 가장 해독하기 어려운 성공의 코드인 것 같다.

창업자는 변곡점, 실행 가능한 기술, 규제 변화, 새로운 시장 계층, 근본적인 행동 방식의 변화 등 기업의 타이밍에 영향을 미치는 외부

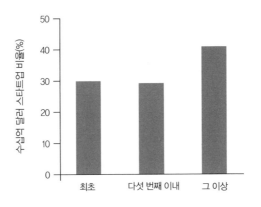

수십억 달러 스타트업이 한 아이디어를 최초로 시도한 기업인 경우도 있지만, 이미 다른 기업이 다섯 번 이상 시도했던 아이디어로 수십억 달러 규모에 이른 경우가 더 많았다.

요인을 예견하고 이해해야 한다. 한 아이디어를 최초로 시도했다거나 마지막으로 시도했다는 사실이 아니라 이런 요인들이 수십억 달러 기업의 성공을 이끌었다.

에인절 투자자 엘라드 길은 직장 생활 초기에 구글의 모바일팀에서 근무했다. 그는 당시 "유럽 통신회사를 비롯한 모든 통신회사가 GPS를 한 번 사용할 때마다 사용자에게 1달러의 사용료를 청구했다"고 내게 말했다. 이와 같이 GPS 사용료가 너무 비쌌기 때문에 우버처럼 위치 데이터에 의존하는 애플리케이션은 존재조차 할 수 없었다. 사용료가 너무 비쌌다. 이 상황은 모바일 통신회사의 소수 독점을 무너뜨리는 아이폰의 출현과 안드로이드의 부상으로 바뀌었다. 엘라드 길의 표현대로 "우버 입장에서 '왜 지금인가?'라는 문제를 생각해보면 산업 구조에 변화가 생기고, 특히 GPS와 다른 데이터 서비스를 둘러싼 경제적 환경이 전환됐을 때"가 바로 우버에 적합한 타이밍이다.

창업자에게 시대를 앞서간다는 말은 근본적으로 잘못된 아이디어를 선택한다는 의미다. 때로는 부품 가격이 새로운 소비재를 만들 만큼 충분히 떨어질 때가 적절한 타이밍일 수도 있다. 벤처 기업 NFX의 경영 파트너 피트 플린트Pete Flint는 이렇게 지적한다. "휴대폰의 대유행이 배터리 가격을 낮추면서 테슬라와 전기 자동차의 성공 가능성이 크게 높아졌습니다." 이와 반대로 가격이 오를 때가 적절한 타이밍인 경우도 있다. 플린트는 "비싼 케이블 TV 시청료와 음악 앨범 가격이 부분적으로 넷플릭스, 스포티파이, 훌루Hulu와 같은 스트리밍 기업의 부상을 촉진했다"며 덧붙여 말했다. "높고 유연하지 못한 계약 노동자 고용비용과 일부 경제 부문의 정체된 임금상승이 긱경제gig economy(임시 계약 경제)와 함께 태스크래빗TaskRabbit, 포스트메이츠Postmates, 도어대시 등의 스타트업을 탄생시켰습니다. 불황과 같은 일부 거시 경제적 요인은 공유경제를 만들어냈습니다. 에어비앤비와 리프트가 금융위기 이후 이어지는 시기에 갑자기 부상한 것도 우연이 아닙니다."[2]

또 하나 예를 들면 마지막으로 받은 가치평가가 50억 달러에 이르는 금융기술 기업 플래드Plaid가 있다. 플래드는 애플리케이션 프로그래밍 인터페이스API를 활용해 앱 개발자가 사용자의 동의를 받아 사용자 은행에서 금융 데이터를 수집하는 데 도움을 준다. 대출 상품을 판매하는 금융 기관이나 금융 기업은 플래드를 이용하면 대출 희망자의 은행계좌에 쉽게 접근해 잔고를 파악할 수 있다.[3]

규제 변경이 있기 전까지는 그런 데이터를 은행에서 수집할 수 없었다. 2010년 7월 제정된 도드-프랭크 월스트리트 개혁 및 소비자 보호법에 따라 2008년 금융위기와 같은 사태를 다시 겪지 않는 데 초점을 맞춘 일련의 금융 개혁 조치가 시행됐다. 이 법의 1033조는 은행이 "요청을 받으면 소비자에게 어떤 거래나 일련의 거래 또는 계좌에 관련된 정보를 컴퓨터 애플리케이션에서 사용 가능한 전자 형식으로 제공해야 한다"고 규정한다. 이와 같은 법률 조항 몇 줄 덕분에 플래드 같은 기업이 법 제정 후 겨우 몇 년이 지난 2013년에 창업할 수 있는 길이 열렸다. 플래드는 규제 변경을 활용해 은행과 관계를 구축하며 인프라스트럭처를 만들어 은행에서 이런 데이터를 수집한 뒤 대출 기관과 금융 관리 애플리케이션, 자산 관리 플랫폼 기업들과 데이터를 공유했다.

타이밍이 스타트업의 성공에 중요하다는 건 분명한 사실이다. 탁월한 벤처 캐피털의 전형적인 질문은 "왜 지금인가?"이다. 훌륭한 아이디어가 실패하는 이유는 많다. 기술적 인프라가 아직 갖춰지지 않았거나 소비자가 그 아이디어를 받아들일 준비가 안 된 상태일 수도 있다. 이미 다른 스타트업이 시도했지만 실패한 아이디어를 살펴보는 사고방식이 새로운 스타트업 아이디어를 떠올리는 데 유용한 방법이 될 수 있다. 실패한 기업의 창업자를 만나 대화를 나누며 실패한 진짜 이유를 파악하는 것도 좋은 방법이다. 당시 기술이 존재하지 않았다는 이유를 들기도 하지만 실제로는 그렇지 않은 경우가 있다. 보다 일반적으로는 시장 참여자 장려 정책이나 유닛 경제unit economics(단위당 비용과 수익성) 또는 닭이 먼저냐 달걀이 먼저냐 같은 풀기 어려운 문제가 실패 원인일 수도 있다.

자기 아이디어가 예전에 실패한 이유를 조사하고 파악하는 것이 아마 사용 가능한 시간을 최상으로 투자하는 방법일 것이다. 그런 실패 요인들이 이번에야말로 생기지 않는다는 확신이 들고 도움이 될 만한 트렌드와 변곡점을 파악할 수 있으면, 그 아이디어는 두 배의 노력과 자금을 투자할 가치가 있을 수도 있다. 훌륭한 아이디어는 결국 잘되기 마련이다. 다만 아이디어를 적절한 시기에 도입해야 한다.

완벽한 시장 타이밍으로
수십억 달러 규모에 이른 스타트업

― 오스카 헬스 공동 창업자, 마리오 슐로서 ―

기존 시장에서 특정 아이디어를 시도하는 최초 기업이냐 아니면 마지막 기업이냐는 플래드의 탄생을 가능하게 했던 것처럼 변곡점에 얼마나 근접해 있느냐보다 덜 중요하다. 훌륭한 타이밍의 이점을 살린 또 다른 기업은 2012년 창업한 건강보험 기업 오스카 헬스Oscar Health다. 오스카 헬스는 데이터와 기술을 활용해 보험을 간소화시켜 가입자들이 건강보험 내용과 관련 비용을 잘 알아볼 수 있게 한다. 오스카 헬스가 창업할 무렵 버락 오바마 대통령과 의회는 모든 미국인이 의무적으로 건강보험에 가입하게 만드는 건강보험개혁법Affordable Care Act, ACA을 제정했다. 이 법으로 보험에 가입한 적이 없는 수천만 명의 건강보험 시장이 열렸다.

그런 상황에서도 오스카 헬스는 힘든 싸움에 직면했다. 미국의 건강

보험은 경쟁이 치열한 시장이다. 유나이티드 헬스케어United Healthcare
가 약 5,000만 명에 이르는 가입자를 확보하고 있으며 앤섬Anthem과
에트나Aetna, 시그나Cigna, 휴마나Humana가 그 뒤를 잇는다.[4] 이 보험 기
업들은 각각 거대한 의료진 네트워크를 구성하고 더 높은 브랜드 인지
도를 쌓으며 보건의료 서비스 제공자 시스템과 오랜 기간에 걸쳐 관계
를 구축했다. 오스카 헬스가 보험 플랫폼을 통해 계약하려는 모든 사
람은 이미 다른 보험에 가입해 있어, 오스카는 이들을 고객으로 확보
하기 위해 보다 나은 서비스를 제공하는 데 집중해야 했다.

이 책을 쓰던 시점에 오스카 헬스는 약 42만 명의 가입자를 확보하
고 22억 달러의 수익을 올릴 것으로 예상됐다. 구글 벤처스, 제너럴
캐털리스트, 스라이브 캐피털Thrive Capital과 같은 투자자는 오스카 헬
스의 가치를 36억 달러로 평가했다.

이제, 오스카 헬스의 공동 창업자이자 CEO인 마리오 슐로서Mario
Schlosser에게서 오스카 헬스의 스토리를 들어보자.

나는 독일에서 컴퓨터공학을 전공한 뒤 스탠퍼드대학교 컴퓨터공학
과의 객원연구원으로 미국에 왔습니다. 2000년대 초였습니다. 나는
P2P 분산형 확장 네트워크에 데이터를 저장하는 초기 알고리즘을 연
구했습니다. 그런 뒤 브리지워터 어소시에이츠Bridgewater Associates라
는 헤지펀드에서 몇 년 근무했고, 그 후 조시 쿠슈너Josh Kushner와 함
께 게임 회사를 시작했습니다.

2012년 초 아내가 첫째 아기를 임신했습니다. 우리는 건강보험이 매우 복잡하고 정말 말도 안 될 정도로 엉망진창이라고 생각했습니다. 그때 쿠슈너도 비슷한 생각을 했고, 우리는 건강보험 기업을 창업하기로 결정했습니다. 보험 사업자가 가입자의 보험료를 절감해줄 수 있으면 가입자는 좋아할 것이며, 보험 사업자도 보험료 인하로 더 많은 가입자를 확보해 수익이 늘어나므로 좋아할 것이라고 보았습니다. 처음 대화를 나누고 3개월 뒤 우리는 미국의 건강보험개혁법이 대법원에서 합헌성을 다시 인정받으면 예전에 존재하지 않던 개인 건강보험 시장이 열린다는 사실을 인식했습니다. 시장을 뒤흔들어놓을 정도로 엄청난 규제 변화였습니다. 이런 변화는 창업에 중요한 요인이었습니다. 나는 오스카 헬스가 규제 완화가 아니라 규제 강화로 탄생한 유일한 실리콘밸리 기업일지도 모른다는 생각을 가끔 합니다.

쿠슈너와 나는 초창기에 관련 지식과 경험이 있는 사람들을 끊임없이 찾아다니며 그들을 멘토로 삼거나 피드백을 얻었습니다. 2012년 중반 쿠슈너는 투자 유치를 위한 홍보 활동을 시작하며 이런 말을 했습니다. "보건의료 분야나 보험 분야의 경험 부족이 우리에게는 진정한 자산이라고 생각합니다." 그러자 1990년대 중반 건강보험 기업을 창업했던 다른 창업자가 매우 냉정한 어투로 이렇게 대답했습니다. "건강보험 기업 창업에 이르는 길은 당신처럼 그런 말을 하던 사람들의 피투성이 시체로 가득합니다." 나 또한 우리의 두려움 없는 자세를 진정한 이점으로 생각했지만, 이 분야에서 해야 할 일을 잘 알고 있는 사람들을 아주 빠른 시간 안에 찾아야 한다는 생각도 했습니다.

실제로 우리가 창업 후 처음 영입한 열 명은 모두 건강보험 기업 임원 출신이었습니다. 그들은 뉴욕 규제 기관과 진행한 규제 관련 회의에서 보험금 청구 업무와 네트워크 구축 등과 같은 일을 실제로 잘 알고 있다며 규제 기관을 안심시켰습니다. 오스카 헬스는 건강보험 분야에 경험이 있는 인재들과 나처럼 기술과 스타트업 배경이 있는 사람들이 항상 좋은 조합을 이루고 있었습니다.

오스카 헬스가 창업할 당시 개인 건강보험 시장이 열린 사건은 우리가 계획했던 일이 아니었지만, 건강보험개혁법이 제정된 타이밍은 우리 기업의 성공에 매우 결정적으로 작용했습니다. 의료 서비스 기업에 전자 의료 기록 소프트웨어를 제공하는 상장 기업 에픽Epic의 사례도 비슷합니다. 수십 년 동안 기업 활동을 해오던 에픽은 정부가 모든 의료 서비스 사업자의 전자 의료 기록을 의무화하는 새로운 규제를 추진하면서 급성장해, 마침내 수십억 달러 기업의 반열에 올랐습니다. 그러므로 건강보험처럼 규제가 매우 심한 산업에서는 이와 같은 규제 혁신에 주의를 기울이며, 갑자기 운동장이 예전보다 훨씬 평평해진 시장에 어떻게 진입할지 연구해야 합니다.

우리가 창업 초기 뉴욕에서 유명해진 이유는 다른 건강보험 기업들과 매우 차별화된 지하철 광고 때문이었습니다. 그 광고가 사람들에게 주목받고 시장 점유율을 높이는 우리의 방식이었습니다. 우리는 의도적으로 기업 홍보와 브랜드 전략에서 보다 많은 위험을 감수하며 공격적으로 나갔습니다. 이는 거대 보험 기업들이 할 수 없던 방식이었습니다. 물론 좋은 상품으로 이 전략을 뒷받침할 필요도 있었지만, 스토리를 다른 방식으로 전하는 일도 매우 중요했습니다. 기존 기업들이 그렇게 심하게 싸움을 걸지 않는 시장에 진입하는 것도 도움이 됩니다. 테슬라가 전기 자동차를 만들기 시작했을 때 모든 독일 자동차 기업은 조건이 아직 무르익지 않았고 디자인과 특성이 아직 갖춰지지 않았기 때문에 전기 자동차 생산은 절대 성공할 수 없다고 말했습니다. 배터리 기술에 변화가 있을 거라는 사실도 믿지 않았습니다.

나는 개인화로 전환되는 건강보험 분야에서도 비슷한 일이 생기고 있다고 생각합니다. 우리는 상품을 시장에 제시하는 과정에서 개별 소비자를 다루는 '소비자화'가 더 많이 일어나게 했습니다. 시장에서 발전이 덜 된 부분부터 시작하는 것도 도움이 됩니다. 나머지 시장 참여자도 시간이 흐르면 결국 뛰어들 분야에 우리가 기존 기업보다 먼저 가서 충분히 오랫동안 버티면 그 시장을 석권할 수 있습니다.

우리에게는 전혀 다른 방식으로 매우 빠르게 할 수 있는 일이 많았으며, 그런 일이 우리의 비결이라고 생각했습니다. 나중에 알았지만, 기존 보험 기업이 그런 방식으로 하지 않은 이유가 있었습니다. 아주 세세하고 따분할 정도로 일상적인 업무 과정에 익숙해 있던 기존 보험 기업은 많은 일을 노동 집약적인 방식으로 처리했습니다.

우리는 다른 기업과 달리 시도하는 방식이 우리 시스템에 속한 모든 이해 당사자에게도 이득이 된다는 사실을 분명히 알리려 노력했습니다. 규제 기관을 예로 들면, 우리의 법률 고문단과 규제 자문관은 규제 기관에 상품 설명을 하지 말라고 내게 제안했습니다. 자세히 설명하면 더 심한 정밀 조사와 비판이 따를 거라고 예상했기 때문입니다. 나는 견본 상품을 보여주면 우리가 더욱 투명해지고 규제 기관의 의견을 바탕으로 우리가 한 실수를 수정할 수 있다고 늘 생각해왔습니다. 보험 기업과 규제 기관이 다툼을 벌이는 경우가 종종 있으며, 그럴 때 규제 기관은 보험 기업 관리를 위해 진솔한 대화가 아니라 소송과 같은 조치를 해야 합니다.

우리는 공개적인 대화 방식을 선택했습니다. 의료 서비스 사업자와 병원들을 상대할 때는 의도적으로 다른 형태의 네트워크를 구축하고 청구한 보험금을 보다 신속하게 지급하겠다고 말했습니다. 다른 보험 기업을 대할 때처럼 우리와 싸울 필요가 없다는 말도 했습니다. 싸움의 대상보다는 협력자에 훨씬 더 가까운 존재가 되겠다고 했습니다. 그리고 이런 말을 데이터와 실제 할 수 있는 일들로 뒷받침하면 아주 설득력 있는 홍보가 됩니다. 그러므로 단호하게 다른 기업들과 차별화해야 합니다. 그러고 나면 이 차별화가 다른 이해 당사자의 비즈니스 모델과 연결되며, 그들에게도 어떤 혜택을 주는지 보여줄 수 있습니다. 좋은 말만으로는 대화의 초기 단계를 벗어나지 못합니다. 비즈니스 측면에서 이뤄야 할 일을 하면서 동시에 경쟁자와 차별화를 유지하면 매우 강력한 홍보 효과를 볼 수 있습니다.

건강보험개혁법이 매우 중요한 촉매제 역할을 했지만, 그렇다고 해서 우리가 지금의 건강보험개혁법 규제에 의존하고 있다는 뜻은 아닙니다. 우리는 이와 다른 규제 상황에서도 아주 잘할 수 있으며 지난 몇 년 동안 실제로 그렇게 할 수 있음을 증명해왔습니다. 하지만 우리가 고용주 지원 보험 시장 추구와 같은 방향 전환 없이 그저 기존 시장을 따라가려고 했다면 오스카의 창업은 불가능했을 것입니다.

건강보험개혁법도 건강보험이 나아갈 방향을 보여줬습니다. 우리는 종종 퇴직연금 펀드에 일어났던 일이 건강보험에도 일어날 거라고 생각합니다. 과거 퇴직연금 펀드는 모두 미리 정해진 개인 부담금과 이에 상응하는 기업 플랜으로 구성됐지만, 지금은 미리 정해진 사원 복지 혜택과 401K 플랜(미국 정부가 기업연금을 활성화하기 위해 '401K'라는 세제 혜택 조항을 세법에 마련해 지원하고 있는데, 확정 갹출형 기업연금의 대표적인 예로 근로자 퇴직소득보장법 401조 K항에 규정돼 있기 때문에 401K로 불린다_옮긴이)으로 전환됐으며, 찰스 슈와브Charles Schwab, 피델리티Fidelity 같은 기업과 지수펀드가 전환된 플랜을 제공했습니다. 우리는 비슷한 일이 건강보험에도 일어날 것으로 확신합니다. 무엇보다 건강보험개혁법이 시스템을 바꿔놓은 방식이 이런 전환을 가능하게 했습니다. 그러므로 전환은 사회적 가치를 만들어내지 못하는 새로운 세력을 발견할 수 있는 규제 변경에서 비롯된 것이 아닙니다. 중요한 사회적 가치와 중요한 방식으로 이뤄지는 시스템 전환의 독특한 일치 덕분입니다.

이 이야기는 기업 상품의 품질과 마케팅 전략뿐만 아니라 시장 타이밍이 오스카 헬스의 성공에 어떠한 역할을 했는지 잘 보여준다. 이 장에서 배웠듯이, 특정 아이디어를 시도한 최초 기업이 되는 것은 중요하지 않다. 아이디어는 적절한 시기가 올 때까지 수십 년에 이르는 주기로 반복되기도 한다. 특정 시점에 어느 기업은 그 분야에 뛰어든 유일한 시장 참여자가 될 수도 있지만, 여러 다른 기업과 경쟁을 벌이는 경우가 더 많다. 오스카 헬스가 경쟁이 심한 건강보험 시장에서 계속 성장할지는 시간이 지나야 알 수 있을 것이다. 이어지는 장에서는 수십억 달러 스타트업의 성공에 경쟁이 미친 영향을 집중적으로 살펴본다.

11

경쟁

데이비드 길보아David Gilboa는 펜실베이니아 대학교 와튼 경영대학원에서 MBA 과정을 시작하기 몇 주 전 비행기 좌석에 안경을 두고 내렸다. 안경 가격이 너무 비싸 새로 구입하는 대신 "눈을 가늘게 뜨고 투덜거리며 대학원 첫 학기를 안경 없이 보냈다".[1]

그는 당시를 이렇게 기억한다. "나는 차라리 아이폰을 사는 게 더 낫겠다고 생각했습니다. 아이폰은 몇 년 전만 하더라도 사람들이 절대 믿지 못했을 마법 같은 일들을 해냈습니다. 하지만 안경 기술은 약 800년 동안 그대로였습니다. 새 안경을 아이폰과 비슷한 가격에 산다는 건 말이 안 되는 일이었습니다."[2]

2008년 2월 길보아는 세 명의 경영대학원 동기생 닐 블루먼솔Neil Blumenthal, 앤디 헌트Andy Hunt, 제프 레이더Jeff Raider와 힘을 합쳐 온라

220

인 안경 판매 매장 워비 파커Warby Parker를 창업해, 당시 안경 산업계를 지배하던 룩소티카Luxottica, 에실로Essilor 등과 경쟁했다.

워비 파커의 경쟁 상대는 골리앗과 같은 거대 기업이다. 룩소티카는 280억 달러에 이르는 전 세계 안경 산업계에서 레이밴Ray-Ban, 오클리Oakley, 올리버 피플스Oliver Peoples를 비롯한 유명 브랜드를 많이 보유하고 있다. 이 외에도 안경 유통 체인 렌즈크래프터스LensCrafters, 펄 비전Pearle Vision, 선글라스헛Sunglass Hut과 타깃Target의 안경 매장을 소유하고 있으며 베르사체Versace, 프라다Prada, 버버리Burberry, DKNY, 샤넬Chanel, 랠프로런Ralph Lauren과 같은 많은 디자이너 브랜드의 안경테를 생산한다. 시력에 맞게 처방된 렌즈를 생산하는 기업 중 선두주자인 에실로는 2017년 룩소티카를 240억 달러에 인수해 에실로룩소티카EssilorLuxottica를 출범시키며 전 세계 시장 점유율 30%를 확고히 유지했고, 미국 시장 점유율은 이보다 더 높았을 것이다. 블루먼솔은 당시 상황을 이렇게 설명한다. "우리가 발견한 사실은 가격을 인위적으로 높게 유지하는 몇몇 대기업이 안경 산업을 지배하고 있다는 것이었습니다. 우리는 바로 이런 산업이 우리가 뛰어들어 가격을 4분의 1로 낮춰 시장 판도를 완전히 뒤집어놓으며 우리의 시장 점유율을 높일 수 있는 곳이라고 생각했습니다. 그리고 그 과정에서 거대 다국적 기업이 누리던 수십억 달러의 이익을 여러분과 나 같은 평범한 사람에게 돌려줄 수 있을 것으로 예상했습니다."[3]

네 명의 경영대학원생이 산업계 거물과 경쟁을 벌일 수 있을 거라고 모든 사람이 믿은 건 아니었다. 와튼 경영대학원 교수이자 『오리지널스』Originals』의 저자 애덤 그랜트Adam Grant는 워비 파커에 투자하지 않기로 결정했다. 하지만 지금은 이 결정을 자기 삶에서 내린 "최악의 재무적 결정"이라고 여긴다(그는 농담 삼아 이 실수 때문에 "현재 자기 부인이 모든 투자를 결정한다"고 말한다).[4] 이처럼 투자자가 확신하지 못하는 상황에서도 워비 파커는 최초 투자 유치 단계에서 소액의 시드 자본을 조달해 언론의 주목을 끄는 데 사용했다. 그 결과 워비 파커가 공식적으로 출범하기 전에 이미 2만 명의 잠재적 고객이 대기자 명단에 이름을 올렸다.

워비 파커가 열광적인 반응을 얻은 이유는 경쟁자의 비즈니스 모델을 분석해 비용을 낮췄기 때문이다. 워비 파커는 소매점 영업에 주력하는 대신 소비자에게 안경테 다섯 개를 보내 5일 동안 미리 써볼 수 있게 하며 '구입하기 전 직접 써보는' 소매점의 특성을 포기하지 않고도 온라인 거래의 장점인 낮은 비용을 활용했다(워비 파커는 2013년 처음으로 오프라인 매장을 열었고 현재 100개 이상의 매장을 운영하고 있지만, 소매점 구매자의 85%는 이미 온라인으로 상품을 둘러본 사람들이다). 그리고 명품 브랜드에 라이선스 비용을 지불하는 대신 소재 공급자를 직접 찾아 구매하고 안경테도 자체적으로 디자인한다. 미국 내 안경테 평균 가격은 238달러이며, 맞춤형 렌즈의 평균 가격은 113달러다. 그러나 워비 파커는 안경테와 렌즈 모두를 95달러에 제공한다.

워비 파커는 기업의 수익성과 환경적, 사회적 영향력을 함께 고려하는 '트리플 보텀 라인triple bottom line' 경영을 통해 비즈니스 모델을 강화했다. 탄소 중립 정책을 실시하고 안경 하나를 팔 때마다 개발도상

222

국에 안경 하나를 기부했다. 이런 일들을 통해 워비 파커는 비슷한 기부 프로그램을 실시하는 소비재 브랜드 파타고니아Patagonia, 세븐스 제너레이션Seventh Generation, 탐스Toms 등의 기업과 어깨를 나란히 한다. 또한 거대 다국적 기업 에실로룩소티카와 경쟁을 벌이는 윤리적이고 인도적인 브랜드라는 기업 이미지를 굳힐 수 있다.

기존 기업들이 워비 파커의 비즈니스 모델을 채택하려 노력하지만, 그들은 고액의 브랜드와 디자인 라이선스 비용까지 부담해야 하는 원가 구조 때문에 경쟁력 있는 가격을 제시하지 못할 가능성이 크다. 워비 파커는 자체 브랜드와 디자인으로 비즈니스를 운영하며 소비자를 직접 상대하는 전략으로 높은 마진을 유지하고 있다. 워비 파커가 계속 시장 점유율을 높일 수 있을지, 아니면 안경 분야에서 그냥 틈새시장을 공략하는 기업으로 남을지는 시간이 지나야만 알 수 있을 것이다.

사람들은 여전히 경쟁이 심한 시장에 진입하는 스타트업은 이기기 힘든 싸움을 치러야 한다고 생각한다. 이미 자리 잡은 상대 기업에 비해 스타트업은 경험이나 자원이 많지 않아 격심한 경쟁에서 곧바로 제압당할 수 있다고 여기기 때문이다. 하지만 놀랍게도 내가 수집한 데이터를 보면 수십억 달러 스타트업의 절반 이상은 창업 당시 워비 파커처럼 다수의 거대 기존 기업에 맞서 싸워야 했다. 이런 거물급 경쟁자는 주로 수십억 달러의 예산을 집행하고 고용된 직원만 수천 명에 이르지만, 그렇다고 해서 불가능한 장애물은 아니다. 오히려 그들의 존재는 시장에 상당한 기회가 있다는 신호로 볼 수 있다.

오래되고 규모가 큰 기업들과 경쟁하는 스타트업은 기존 기업이 소비자에 대한 교육을 잘해놓았기 때문에 그런 수고를 할 필요가 없으며, 경쟁자의 시스템에서 발견한 비효율성을 개선해 수익을 올릴 수 있다. 또한 거대 기업의 업무 추진 속도를 떨어뜨리는 구식 시스템에 발목 잡히지 않아도 되는 이점이 있다. 구식 시스템은 유지비용도 많이 들고 최신 기술에 접목하려면 시스템 자체를 수정해야 할 때도 있다.

어떤 기업은 '고장 나지 않았으면 고칠 필요 없다'라는 믿음과 같은 다양한 이유로 구식 시스템을 계속 사용하기도 한다. 기존 기업은 또 새로운 플랫폼으로 전환하면 기존 소비자들이 소외감을 느끼거나 보안이나 신뢰성 문제가 생길지도 모른다는 염려 때문에 시스템이나 유통 채널을 잘 바꾸려 하지 않는다.

다수의 거대 기존 기업과 맞서야 했던 스타트업 계층(55%) 다음으로 수십억 달러 스타트업이 가장 많이 속한 계층은 창업 당시 경쟁자가 없었던 그룹(17%)이며, 세분화된 시장에서 경쟁하는 그룹(15%)이 그 뒤를 이었다. 세분화된 시장에서는 지배적인 기업은 없지만 시장 점유율이 낮은 10여 개 이상의 기업이 서로 경쟁하고 있다. 마지막으로, 13.5%의 스타트업은 창업 당시 경쟁자가 다른 스타트업들뿐이었다. 이 수치를 랜덤 그룹 스타트업과 비교해보면 큰 차이가 없었다. 이는 스타트업이 강력한 기존 기업이든 다수의 다른 스타트업이든, 마주하는 경쟁 형태와 상관없이 수십억 달러 기업에 이를 수 있음을 보여준다.

리프트와 우버처럼, 아주 드물기는 하지만 많은 투자를 유치한 두 스타트업이 서로 경쟁을 벌이면서 모두 수십억 달러 기업에 이르는 경우

224

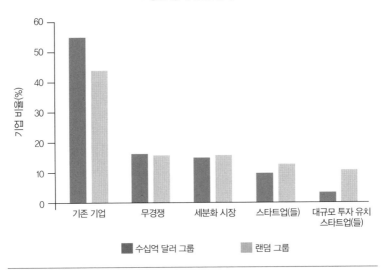

다수의 기존 기업을 상대하는 경쟁은 가장 흔한 형태이고, 그다음은 세분화된 시장에서 경쟁을 벌이는 형태였다. 이런 경쟁 형태 중 어느 것도 성공 가능성을 높이지는 않았다. 그러나 예외적인 경우도 있었다. 투자를 많이 유치한 다른 스타트업과 경쟁하는 스타트업이 수십억 달러 기업에 이를 가능성은 낮았다. 이미 많은 투자를 유치한 다른 스타트업의 아이디어를 그냥 따라 하는 형태로는 거의 성공에 이르지 못했다.

도 있다. 하지만 이런 경우는 예외적이라는 사실을 기억해야 한다. 수십억 달러 기업과 랜덤 그룹에 속한 기업의 데이터를 비교해보면 투자를 많이 유치한 다른 스타트업과 경쟁을 벌이는 스타트업이 성공할 가능성은 낮았다.

우리는 신규 시장 조성을 다루는 장에서 경쟁 상대가 없는 스타트업을 다뤘다. 이제 세분화된 시장에서 다른 스타트업들과 벌이는 경쟁에 대해 알아본다.

세분화된 시장에서의 경쟁

워비 파커는 구매를 결정하기 전에 미리 써볼 수 있도록 소비자에게 안경 다섯 개를 배송해주는 방법이 소비자가 사는 곳 가까이 소매점을 열어 재고를 쌓아두고 운영하는 방식보다 비용이 덜 든다는 점을 활용했다. 하지만 안경 5만 개를 발송해야 한다면 어떨까? 2013년 플렉스포트라는 스타트업은 화물 운송업에 보다 개선된 추적과 커뮤니케이션 방식을 도입했다(현재 워비 파커는 플렉스포트를 통해 상품을 배송하고 있다).

2000년대 중반 플렉스포트 창업자 라이언 피터슨Ryan Peterson은 미국 내 온라인 판매를 위해 중국산 전 지형 차량all terrain vehicle, ATV(대표적인 형태는 4륜 오토바이)과 스쿠터, 비포장도로용 오토바이를 수입하면서 운송 문제로 어려움을 겪었다. 그는 당시 상황을 이렇게 설명한다. "주문한 상품은 운송 과정에서 온갖 지점을 거쳐 갑니다. 하지만 지금 그 상품이 어디에 있는지, 그리고 운송비로 얼마를 지불해야 하는지 전혀 알지 못합니다."

전통적으로 화물 물류 업무 처리에는 운송과 관련된 많은 사람이 각자 사용하는 "엑셀과 이메일, 팩스, 화물 목록 서류 등이 뒤죽박죽 섞여 있었습니다". 피터슨의 말이 이어진다. "중국 공장에서 출발한 상품은 중국 내륙 운송 회사를 통해 항구에 이른 뒤 세관을 거쳐 해상 운송 선박에 선적됩니다. 그리고 나서 미국에 도착하면 거울에 비추듯 세관과 항구, 창고, 미국 내륙 운송 과정이 똑같습니다. 너무나 많은 관계 기업이 개입해야 하는 과정입니다."[5]

화물운송 사업자freight forwarder는 관련 기업들의 모든 업무를 다루고, 물류 네트워크의 중앙 통제 센터 역할을 하며, 고객의 의뢰를 받아 주로 생산지에서 유통 지점까지 화물을 운송한다. 피터슨은 수십 년 된 경쟁 운송업자들이 할 수 없었던 온라인 화물 운송업에 기회가 있다고 생각했다(당시 100대 운송 사업자 중 플렉스포트만 인터넷이 등장한 이후 창업했다). 플렉스포트는 팩스와 유선 통화 대신 온라인 플랫폼을 통해 네트워크를 관리했다.

오늘날 플렉스포트는 1만 개가 넘는 기업과 거래하며 수억 달러에 이르는 수익을 올리고 있다. 통합 소프트웨어 플랫폼에는 전통적인 운송 사업 방식에 비해 다수의 물질적 이점이 있고, 플렉스포트는 이 이점을 충분히 활용한다.

운송 사업은 가장 규모가 큰 운송 사업자의 시장 점유율이 8%가 채 안 되는 고도로 세분화된 시장이다. DHL이나 페덱스FedEx가 지배하는 소형 패키지 운송 시장과 달리 크고 무거운 화물을 선적하는 글로벌 해상 운송 부문을 지배하는 운송 사업자는 없다. 플렉스포트는 별로 매력적이지 않으며 아직도 구식 방법을 사용하고 첨단기술을 앞세우는 경쟁자도 없는 산업의 현실을 최대한 활용해 곧바로 시장 점유율을 높이며 자신의 브랜드를 구축할 수 있었다.

구식 시스템을 사용하는 경쟁자들이 플렉스포트를 따라잡을 가능성은 늘 있지만 피터슨은 그 가능성에 대해 염려하지 않는다. "구식 운영 모델을 인터넷에 접목하기는 정말 어렵습니다. 그러려면 구식 시스템을 인터넷에 적응시켜야 하는데, 경쟁자들은 타고난 인터넷 기업들이 아닙니다." 시대에 뒤떨어진 구식 소프트웨어와 업무 처리 과정에서 자유로운 플렉스포트는 물류의 시작부터 끝까지 전체를 다루는 솔루션을 통해 화물 운송 산업계를 계속 이끌어나갈 것이다.

대규모 투자를 유치한 스타트업과의 경쟁

앞서 언급했듯이 우버와 리프트는 대규모 투자를 유치한 두 스타트업이 같은 분야에서 성공하는 매우 흔치 않은 사례다. 하지만 오늘날 우리가 알고 있는 것과 달리 두 스타트업 중 어느 곳도 승차 호출 서비스(핸드폰이나 애플리케이션 등으로 택시를 직접 호출해 이용하는 새로운 교통수단) 분야에서 시작하지 않았으며, 지금의 비즈니스 운영 형태를 갖추기까지 다른 두 기업, 짐라이드와 사이드카Sidecar의 도움이 있었다.

이 시장에 처음 등장한 스타트업은 2007년 도시들을 잇는 승차 공유 서비스를 시작한 짐라이드였다. 반면 2009년 택시업계를 뒤흔들며 시장에 진입한 우버는 당시 우리가 익히 알고 있는 그런 기업이 아니었다. 처음에 우버는 출세 지향적인 부유한 고객들을 대상으로 운전기사가 딸린 고급 타운카나 리무진을 제공하는 블랙카 서비스만 실행하며 "모든 이의 개인 기사"라고 홍보했다.

주문형 승차 호출 서비스를 최초로 제공한 사이드카는 2011년 샌프란시스코에서 출범했다. 그로부터 몇 달이 지난 2012년 짐라이드는 사용자 유지율과 참여율을 높이기 위해 사내 해커톤을 개최했다. 여기서 도출된 솔루션이 리프트다. 이듬해 짐라이드는 기업명을 바꿔 리프트에 전념하며 짐라이드 자산을 엔터프라이즈 렌터카_{Enterprise Rent-A-Car}에 매각했다.

서로 경쟁을 벌이던 리프트와 사이드카는 샌프란시스코에서 많은 관심을 끌었다. 그들은 소비자가 A 지점에서 B 지점으로 가기 위해 택시 영업 면허가 없는 자동차도 기꺼이 타려 한다는 사실을 증명했다(우버의 블랙카 서비스는 택시 영업 면허를 받았다). 당시 우버는 벤처 캐피털에서 1,100만 달러의 투자를 유치했고 짐라이드와 리프트는 600만 달러, 사이드카는 1,000만 달러를 유치했다. 리프트와 사이드카가 인기를 끌자 긱경제에 더 많은 기회가 있다는 사실을 인식한 우버는 럭셔리 서비스에서 누구나 이용 가능한 서비스로 전환하며 우버X를 출범시켰다.

사이드카에는 몇 가지 문제가 있었다. 사이드카의 운전자는 직접 가격을 책정할 수 있으며 이용자는 운전자를 선택할 수 있었는데, 이 때문에 이용 방식이 너무 복잡해졌다. 가장 중요한 문제는 사이드카가 우버와 리프트만큼 많은 자본을 조달할 수 없었다는 것이다. 이를 두고 사이드카 CEO 수닐 폴_{Sunil Paul}이 말했다. "우리는 역사상 가장 많은 자본을 조달하고 반경쟁적 행동으로 악명 높은 우버에 맞서 경쟁할 수 없었습니다. 사이드카가 남긴 결과를 보면 우리는 혁신에서 우버를 앞섰지만 시장을 확보하는 데 실패했습니다. 우리는 거의 모든 부분에서 실패했습니다. 우버는 어떤 비용이 들더라도 시장을 확보할 의지가 군건하며, 이를 달성하는 데 필요한 자본을 사실상 무한대로 보유하고 있기 때문입니다."[6]

사이드카는 새해를 하루 앞둔 2015년 12월 31일 운영을 중단했고, 제너럴모터스가 잔여 자산과 지적재산권을 인수했다. 우버는 비즈니스를 계속 운영하며 수십억 달러의 자본을 유치하고 승차 공유 서비스 산업계에서 지배적인 세력으로 자리 잡았다.

지금까지 리프트와 우버는 공개 시장과 사모 시장의 투자자에게서 수십억 달러의 자본을 조달했다. 매출과 시장 점유율이 더 낮은데도 리프트는 수많은 스캔들과 논란으로 고통을 겪은 우버보다 윤리적 대안으로 자리매김하며 지난 10년 동안 비즈니스를 꾸준히 운영해왔다. 리프트는 디트로이트와 샌프란시스코에서 크게 성공하고 우버는 마이애미와 휴스턴에서 경쟁자를 앞서며, 두 기업은 서로 다른 지역에서 좋은 성과를 올렸다.

하지만 어느 기업도 수익을 내지는 못했다. 아마 서로가 치열한 가격 경쟁을 벌인 탓일 것이다. 일부 애널리스트는 우버가 리프트를 인수해야만 가격 경쟁이 줄어들어 두 기업 모두 수익을 낼 수 있다고 확신한다(단, 정부가 두 기업의 합병과 그에 따른 독점 가능성을 승인한다는 가정하에 내린 결론이다).

데이터를 보면 많은 수십억 달러 기업이 경쟁하는 상대와 상관없이 성공을 달성했지만, 각 기업이 시장 점유율을 확보하는 데 도움을 준 요소를 이해하는 게 중요하다. 자원이 제한된 스타트업이 어떤 상대와 경쟁하더라도 성공할 수 있다고 무작정 믿는 것은 정말 잘못된 생각이다. 수천 곳에 소매점을 두고 수백만 달러의 마케팅 비용을 지출하는 강력한 기존 기업 룩소티카에 도전한 워비 파커는 '집에서 먼저 써보기'라는 혁신적인 모델과 자체 안경 디자인으로 룩소티카보다 월등히 나은 단위당 비용과 수익성을 달성했고, 이를 토대로 시장에 파고들어 적지만 어느 정도 시장 점유율을 확보했다. 고객들과 오랜 기간에 걸쳐 관계를 유지해온 25개 이상의 전통적인 화물 운송 사업자와 경쟁한 플렉스포트의 경우를 보면, 경쟁 기업 중 누구도 지역 내 모든 내륙 및 해상 운송 시장을 장악할 만큼 규모가 크지 않았기 때문에 시장에 새로 진입한 기업이 부상할 수 있었다. 투자자에게서 수십억 달러를 조달할 수 있는 우버와 경쟁한 리프트는 윤리적이고 친근한 브랜드 이미지 덕분에 지배적인 기업 못지않게 성장할 수 있었다.

하지만 사이드카의 사례에서 봤듯이 데이터는 대규모 투자를 유치한 스타트업과 경쟁하는 스타트업이 성공할 확률이 낮다는 사실을 보여준다. 어느 경우든 그들이 성장을 거듭하며 어느 날 기존 기업을 대체할지 성장이 정체될지는 시간이 지나봐야 알 수 있을 것이다.

강력한 기존 기업과의 경쟁에서 당당히 이긴 창업자

- 줌 창업자, 에릭 위안 -

이 장을 마무리하기 위해 2011년 캘리포니아주 새너제이에서 줌 비디오 커뮤니케이션스Zoom Video Communications를 창업한 에릭 위안Eric Yuan의 이야기를 들어보자. 줌은 기업의 화상통신과 협업도구의 표준으로 자리매김한 매우 신뢰할 수 있는 화상회의 플랫폼을 제공한다.

줌은 2011년 시드 자본조달 단계에서 300만 달러를 유치했고, 2013년 시리즈 A 투자 유치 단계에서는 퀄컴 벤처스Qualcomm Ventures, AME 클라우드 벤처스AME Cloud Ventures, 메이븐 벤처스Maven Ventures 같은 벤처 투자 기업과 수브라 이야르Subrah Iyar, 댄 셰인먼Dan Scheinman, 빌 타이Bill Tai, 파자드 나즘Farzad Nazem, 맷 오코Matt Ocko 같은 에인절 투자자에게서 600만 달러를 투자받았다.

2017년 1월 줌은 세쿼이아 캐피털이 주관한 시리즈 D 투자 유치 단계에서 1억 달러를 유치한 뒤 수십억 달러 클럽에 합류했다. 1인 창업자인 에릭 위안은 마흔한 살에 줌을 창업했다. 2019년 3월 줌은 나스닥에 상장하며 160억 달러의 가치평가를 받았고, 기업 공개 후 급속도로 성장하며 1,000억 달러가 넘는 가치평가를 받았다.

에릭 위안은 대학교 학부 시절 시간이 날 때마다 10시간 동안 기차를 타고 가서 훗날 부인이 된 여자 친구를 만났다. 그는 그렇게 긴 여정을 싫어했다. 좀 더 정확히 말하면 "진저리를 쳤다". 기차를 타고 긴 시간 여행하지 않고도 그녀를 만날 수 없을까 곰곰이 생각했다. 현재 에릭 위안은 다른 CEO들보다 비즈니스 출장을 훨씬 적게 다닌다. 물론 줌으로 회의하기를 더 좋아하기 때문이다.

화상통신은 20년 넘게 사용돼왔으며, 줌이 창업할 때만 하더라도 스카이프, 폴리콤Polycom, 시스코의 웹엑스WebEx 등이 화상통신 시장에서 치열하게 경쟁하는 상황이었다. 2011년 당시에는 시스코가 50%에 가까운 시장을 점유하고 있었다. 그리고 무료 서비스를 제공하는 스카이프는 B2B 판매 경험이 수십 년에 이르는 기존 기업 마이크로소프트에 인수됐다.

이렇게 치열한 경쟁 상황에서도 줌은 승자로 부상했다. 줌을 창업하기 전 줌의 미래 경쟁자가 될 기업에 근무했던 에릭 위안은 기존 화상통신 시스템에서 보완해야 할 결점을 정확히 알고 있었기 때문이다. 위안은 제품에 극도로 집중하며 소비자 만족을 자신의 사명으로 삼았다.

줌은 2018년에 시장 점유율과 소비자 만족 부문 모두에서 산업 평균

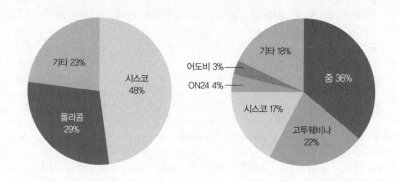

: 2011년 기업 화상회의 시장 점유율 :   : 2020년 기업 화상회의 시장 점유율 :

2011년 시스코와 폴리콤은 기업 화상회의 시장의 대부분을 점유하고 있었다. 하지만 2018년에는 줌이 업계 선두주자로 부상했다.
출처: Sean Buckley, "Enterprise Videoconferencing and Telepresence Market Share Leaders" (chart), Fierce Telecom, March 9, 2012, www.fiercetelecom.com/telecom/week-research-enterprises-catch-videoconferencing-bug-adc-revenue-surges-to-1-4b; "Web Conferencing Market Share Report: Competitor Analysis: Zoom, GoToWebinar, Cisco Webex," Datanyze, www.datanyze.com/market-share/web-conferencing-52?page=1.

보다 두 배 이상 높은 비율을 기록하며 업계 선두주자 자리에 올랐다.

많은 기업과 학교가 재택근무 또는 비대면 수업 정책을 채택하게 만든 2020년 코로나바이러스 대유행으로 인해 줌의 비즈니스는 큰 폭으로 성장하며 분기별 수익이 두 배 늘어나고 주식시장에서 가치평가액이 네 배 뛰었다.

에릭 위안이 직접 들려준 줌에 관한 스토리를 소개한다.

나는 1970년 중국에서 태어났습니다. 응용수학을 전공으로, 컴퓨터 응용공학을 부전공으로 학사 학위를 받았고, 1991년 석사 학위 과정을 밟기 위해 베이징으로 갔습니다. 석사 과정을 마친 뒤 출판 기업에서 근무하며 4개월 동안 일본에서 파견 근무를 했습니다. 1995년 일본에 있을 때 우연히 한 산업 콘퍼런스에서 열린 빌 게이츠 강연회에 참석하며 인터넷에 관해 많은 것을 배웠습니다. 빌 게이츠의 강연에서 너무나 많은 영감을 받아, 중국에 돌아갔을 때는 온통 인터넷을 어떻게 수용할 것인가에 대한 생각뿐이었습니다. 나는 인터넷이 모든 것을 바꿔 놓을 거라고 믿었습니다.

내가 생각한 첫 번째 아이디어는 출판사에서 근무한 경험을 살려 온라인에서 책을 판매하는 일이었지만, 중국에서는 그 방법을 파악할 수 없었기 때문에 실리콘밸리에 가서 인터넷 분야를 둘러보며 배우고 싶었습니다. 나는 미국 입국을 위해 B-1 비자를 여러 번 신청했지만, 번번이 거부당했습니다. 그때 같은 해(1995) 창업해 데이터 공동 작업에 집중하던 웹엑스라는 실리콘밸리 기업을 알게 됐습니다. 나는 웹엑스의 공동 창업자 한 명과 함께 일한 적이 있는 친한 친구를 통해 웹엑스에 취업 원서를 제출했습니다. 웹엑스는 나를 고용하며 미국 입국에 필요한 H-1B 취업 비자에 보증인으로 나섰습니다.

스물일곱 살이던 1997년 실리콘밸리에 왔습니다. 웹엑스에 열두 번째로 합류한 나는 소프트웨어 엔지니어와 엔지니어링 매니저를 거친 뒤 7년 동안 엔지니어링 부문 디렉터로 근무하다 마침내 부사장으로 진급했습니다. 2007년 웹엑스는 시스코에 인수됐고, 나는 시스코에서 협업 소프트웨어 부문 부사장으로 4년 반을 더 근무했습니다.

웹엑스의 창업 엔지니어링팀 일원으로서 팀을 나의 소중한 자식처럼 여기며 깊은 정서적 유대감을 느끼고 있었지만, 1998년에 작성한 프로그램이 2010년에도 변함없이 운영되고 있었습니다. 구식 소프트웨어가 무척 많았던 셈이죠. 웹엑스 고객과 대화할 때마다 불만 가득한 모습을 봤습니다. 너무나 당황스러웠고 나 또한 만족스럽지 못했습니다. 문제를 해결하려면 처음부터 다시 시작해 완전히 새로운 솔루션을 만들어야 한다는 사실을 깨달았습니다. 나는 시스코를 떠날 생각이 전혀 없었지만, 시스코는 웹엑스를 처음부터 다시 만들고 싶어 하지 않았습니다. 일 년 동안 노력했지만 그들을 설득하지 못했습니다. 매일 아침 눈을 뜨면 출근하기 싫을 정도로 우울했습니다. 결국 "더 이상 이런 일로 고통받을 수 없다"고 혼잣말을 하며 고객들에게 행복감을 주는 새로운 솔루션을 만들기 위해 시스코를 떠났습니다.

내 목표는 단순히 문제를 해결하는 것뿐이었습니다. 새로운 솔루션이 얼마나 큰 시장 기회를 불러올지, 거대 스타트업을 어떻게 구축할지 전혀 생각하지 않았습니다. 더 나은 솔루션을 만들어 문제점을 개선하겠다는 생각뿐이었죠.

줌을 시작했을 때 아이디어는 화상통신을 가능한 한 매끄럽게 만들겠다는 것이었습니다. 당시 거대 규모의 경쟁자가 많았지만, 우리는 전혀 신경 쓰지 않았습니다. 고객에게만 집중하며 고객과 끊임없이 대화했습니다. 고객들에게 화상통신을 위해 어떤 소프트웨어를 사용하는지, 기존 솔루션이 마음에 드는지 물었고, 그들은 모두 그렇지 않다고 답했습니다. 지금 사용하는 솔루션에 만족한다고 말한 고객은 한 명도 없었습니다. 내가 보다 나은 솔루션을 만들고 있다고 하자 모든 고객이 새로운 솔루션을 사용하고 싶어 했습니다. 나는 경쟁자가 아니라 실제 사용자에 초점을 맞추었습니다. 그러지 않으면 제품 개발에 몰두하는 대신 경쟁자의 대규모 팀과 막대한 자원만 걱정할 테니까요.

줌 창업 초기 「월스트리트 저널」의 유명한 기술 저널리스트 월트 모스버그Walt Mossberg는 줌을 아주 좋게 평가하는 기사를 썼습니다. 산업 내 모든 이가 그의 기사를 존중했기 때문에, 그 기사는 우리에게 큰 도움이 됐습니다. 나 또한 모스버그를 많이 존경했습니다. 그 기사를 계기로 제품이 아직 완벽하게 완성되지도 않았고 출시도 안 한 상태에서 스탠퍼드 평생교육원이 우리의 첫 번째 고객이 됐습니다. 「월스트리트 저널」 기사와 최초 고객 탄생은 우리의 자신감을 한층 더 끌어올렸습니다.

스타트업은 스피드, 즉 혁신 속도를 얼마나 높일 수 있느냐가 가장 중요합니다. 그러기 위해서는 영입한 사람들을 신뢰해야 합니다. 우리의 경우는, 내가 시스코의 웹엑스에 근무하며 1,000명에 가까운 직원을 관리했기 때문에 줌에 영입한 스물두세 명의 엔지니어 모두 어느 시점에서는 나와 함께 일한 적이 있었습니다. 먼저 영입한 엔지니어들이 몇몇 고객에게 판매를 시작했고, 판매액이 커지면서 판매팀을 영입해 더 많은 거래를 성사시켰습니다. 그러고 나서 지원팀을 구성했고, 고객이 점점 늘어나면서 고객성공팀도 만들었습니다. 엔지니어와 판매팀의 규모가 커지는 상황에서도 우리는 재무를 담당하는 풀타임 직원을 한 명만 뒀습니다. 당시에는 더 많은 직원으로 구성된 재무팀이 필요하지 않았습니다. 또 2015년까지는 마케팅팀도 없었습니다. 우리는 모든 것을 한꺼번에 갖추는 것이 아니라 한 번에 하나씩 구성하며 한 단계 한 단계 성장했습니다.

당시를 돌아보면, 나는 기업 창업이 얼마나 신나는 일인지 미처 몰랐습니다. 비록 일은 더 많이 해야 하지만 보다 도전적이며, 궁극적으로는 자신의 운명을 결정할 수 있는 길입니다. 세상에 정말 큰 영향력을 발휘할 수 있는 일을 이뤄낸다는 자부심도 가질 수 있습니다.

에릭 위안은 제품의 품질에 집착할 정도로 집중함으로써 경쟁자를 물리칠 수 있었다. 줌의 솔루션으로 화상통신이 흠잡을 데 없이 매끄럽게 진행되도록 만들어 다른 어떤 경쟁자도 따라올 수 없었다. 고객이 가장 중요하게 생각하는 점은 화상통신의 품질이므로, 위안은 월등히 뛰어난 제품을 만들어 줌을 산업계 승자 자리에 올려놓을 수 있었다.

고객을 확보하고 다른 기업과의 경쟁에서 이기려면 제품의 품질에 집중하는 것만으로 충분하지 않은 경우가 많다. 판매와 시장 진입 전략이나 브랜드 이미지 구축에도 강박관념을 가질 정도로 집중해야 한다. 경쟁의 개념은 방어 가능성과 밀접한 관계가 있다. 스타트업의 핵심 제품이나 서비스의 방어 가능성이 높을수록 미래에 경쟁으로 인해 피해 볼 가능성이 낮아진다. 이어지는 장에서는 수십억 달러 스타트업의 방어 가능성을 살펴본다.

12

방어 가능성 요인

프레드 몰은 의사가 되기 위해 젊은 시절 전부를 바쳐 준비했다. 그의 부모님도 의사였고, 의과대학 진학은 식은 죽 먹기였다. 하지만 외과 레지던트 과정에 들어갔을 때 수술실 도구를 보며 무척 당황스러웠다. "나는 인체 내부를 살피기 위한 절개 부위의 크기와 그로 인한 인체 손상에 충격을 받았습니다. 정말 시대에 뒤떨어져 있다는 느낌을 받았습니다."[1] 훗날 프레드 몰이 어느 인터뷰에서 한 말이다.

몰은 외과 의사들을 위한 보다 나은 도구를 만들 수 있는지 알아보기 위해 레지던트 과정을 잠시 떠났다. 몇몇 기업을 창업해 성공한 몰은 레지던트 과정으로 돌아가지 않겠다고 마음먹었다. 처음 창업한 두 기업은 의료장비를 만드는 곳이었는데, 두 기업 모두 그리 많지 않은 금액에 인수됐다. 그의 세 번째와 네 번째 창업 기업인 인튜이티브 서지

컬과 한센 메디컬은 외과 의사가 수술실에서 조이 스틱으로 조종하는 정밀 도구인 수술용 로봇 분야 선구자였다. 다섯 번째 기업 오리스 서지컬Auris Surgical을 창업했을 때 모리스는 외과 의사의 니즈와 로봇 수술의 잠재성을 파악하며 이미 수십 년을 보낸 뒤였다.

오리스는 10년이 넘는 동안 엄청난 양의 엔지니어링 작업을 진행하며 실험에 동의한 150명의 환자를 거친 뒤 마침내 첫 번째 제품을 출시했다. 여러 방향으로 구부릴 수 있게 제작된 외과 수술용 초소형 로봇 모나크Monarch는 특히 폐암을 치료하는 외과 의사용으로 만들어졌다. 몰은 말했다. "CT 스캔 영상은 큰 덩어리나 병으로 일어난 생체의 변화만 보여줍니다. 그것만으로는 정확한 판단을 할 수 없습니다. 그럴 때는 폐 조직을 떼어내 검사해야 하는데, 이상이 생긴 조직이 매우 작으면 쉽지 않습니다. 정신적 충격을 받을 정도로 힘든 수술 과정이 될 수도 있습니다. 그러므로 매우 체계적으로 최소한의 부위만 절개하는 방식이면 좋을 것입니다." 오리스가 모나크를 출시하기 전에는 의사들이 손 기술에 의존하며 많은 어려움을 겪었고 "조직 검사 중 40%는 정확한 진단을 내리지 못했다". 몰은 또 이렇게 덧붙였다. "이는 오랫동안 이어져온 문제였으며, 이 때문에 의사들이 초기 단계에서 암을 진단하고 치료하는 데 많은 제약이 따랐습니다."[2]

이런 문제 해결을 목표로 내세우며 오리스는 하이랜드 캐피털Highland Capital, 룩스 캐피털Lux Capital, 오비메드OrbiMed, 미스릴 캐피털Mithril Capital, 고튜Coatue 등의 투자자에게서 8억 달러 이상의 투자를 유치했다.

오리스가 창업한 지 12년이 지난 2019년 보건의료 부문 거대 기업 존슨앤드존슨이 오리스를 34억 달러에 인수했다. 엄청난 양의 엔지니어링 작업과 방대한 IP(지적재산권) 포트폴리오를 통해 오리스는 방어 가능성이 매우 높은 기업이 됐다. 달리 설명하면, 다른 기업이 오리스의 제품을 모방하려면 비용이 많이 들고 매우 어렵다는 의미였다. 그런 이유로 존슨앤드존슨은 그저 높은 인수 가격이 아니라 역사상 가장 높은 금액의 의료기기 기업 인수 중 하나가 될 만한 금액에 오리스를 인수했다.

앞 장에서 우리는 강력한 기존 기업과 벌이는 경쟁이 실제로 그렇게 나쁜 아이디어가 아니라는 것을 확인했다. 하지만 우리 제품을 모방할지도 모르는 신규 참여 기업이나 기존 기업과 효과적으로 경쟁하려면 방어 능력을 갖춰야 한다. 벤처 투자자는 스타트업의 방어 가능성에 특히 더 주목한다. 그들은 기업에 투자할 때 비슷한 아이디어로 시장에 뛰어드는 다음 기업이 쉽게 따라잡지 못하기를 바란다. 페이팔과 팔란티어Palantir 공동 창업자 피터 틸은 이런 생각을 더욱 확대해석해 스타트업이 독점 체제를 구축할 만큼 최선의 노력을 다해야 한다고 말한다.[3]

나는 기업들에서 볼 수 있는 다양한 형태의 방어 가능성 요인을 연구했다. 수십억 달러 스타트업 중 방어 가능성 요인을 갖추지 못한 스타트업은 8%뿐이었지만, 랜덤 그룹에서는 45%가 방어 가능성을 확실하게 갖추지 못하고 있었다. 이런 결과는 성을 둘러싼 해자처럼 자신을 보호할 방어 능력의 중요성을 보여주며, 수십억 달러 그룹과 랜덤 그룹 사이에서 관측한 또 하나의 큰 차이점이었다.

수십억 달러 스타트업의 56%는 엔지니어링 능력을 통해 방어 가능성을 갖추고 있었다. 이 말은 제품 자체가 만들기 어려워 다른 기업이 쉽게 모방하지 못한다는 뜻이다. 여기서 나는 엔지니어링을 보다 광범위하게 정의한다. 이를테면 제약 스타트업의 경우 신약 개발 노력을 엔지니어링의 한 형태로 본다. 랜덤 그룹 중에서 엔지니어링을 통한 방어 가능성을 확보한 기업은 38%에 불과했다. 이 통계 수치는 복잡한 엔지니어링 기술을 갖춘 기업의 성공 가능성이 더 높다는 사실을 보여준다. 하지만 엔지니어링 능력만으로는 부족하다. 많은 기업이 엔지니어링 방어 가능성과 함께 다른 형태의 방어 능력도 갖추고 있었다.

수십억 달러 스타트업의 28%는 네트워크 효과를 누리고, 이는 새로운 사용자가 생길 때마다 스타트업이 더 나아지고 강해진다는 의미다. 네트워크 효과의 가장 대표적인 사례로 페이스북과 같은 기업을 들 수 있다. 페이스북은 주위에 있는 모든 사람이 계정을 가지고 있을 정도로 유명해진 덕분에 소셜 네트워킹 부문에서 지배적인 기업으로 올라설 수 있었다. 랜덤 그룹에서 네트워크 효과를 통한 방어 가능성을 갖춘 기업은 7%가 채 되지 않았으며, 이 수치는 이런 형태의 방어 가능성이 매우 중요하다는 사실을 알려준다.

마지막으로, 수십억 달러 기업의 약 19%에 이르는 소수 그룹은 브랜드를 바탕으로 한 방어 가능성을 갖추고 있었다. 브랜드를 마케팅에 활용해 판매액을 늘리는 기업은 많지만, 브랜드에 많은 투자를 하며

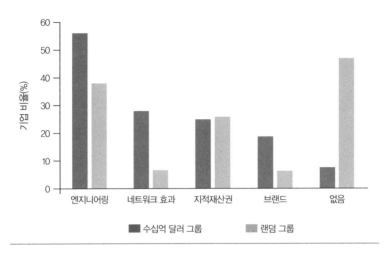

엔지니어링을 통한 방어 가능성과 네트워크 효과를 갖춘 스타트업은 수십억 달러 기업이 될 가능성이 더 높았다. 일부 스타트업은 다수의 방어 가능성 요인을 갖췄기 때문에 그래프에 나타난 두 그룹의 기업 비율 합계는 100%가 넘는다.

브랜드를 주요 방어 가능성 요인으로 활용하는 기업은 그리 많지 않다. 랜덤 그룹에서는 브랜드를 바탕으로 한 방어 가능성을 갖춘 기업이 7%에도 미치지 못했다. 이 수치를 보면 사업 초기 브랜드에 투자한 스타트업은 수십억 달러 기업으로 성장할 가능성이 높았다는 사실을 알 수 있다.

하지만 수십억 달러 스타트업 전체에서 브랜드를 주요 방어 가능성 전술로 활용하는 기업은 소수였다. 랜덤 그룹에 속한 많은 기업은 브랜드 창출에 투자할 정도로 충분한 투자를 유치하지 못했다는 사실에 주목해야 한다.

네트워크 효과

파운더스 펀드의 무한책임경영 파트너 키스 라보이스는 네트워크 효과를 '이점 축적'과 연계시키며 다른 방식으로 해석한다. 라보이스는 투자 유치를 위한 기업 설명회에 참석하면 스타트업이 매일 더 많은 성공을 거두는 모멘텀을 구축할 수 있는지 확인한다. 그는 내게 말했다. "방어 가능성에만 지나치게 집착하면 투자를 유치하지 못하는 경우도 생길 수 있습니다. 이점을 축적한다는 말은 네트워크 효과의 한 단계 위 개념입니다. 기본적으로 성장이 왜 점점 더 쉬워지는가, 아니면 시간이 지나면서 성과가 어떻게 더욱더 나아지는가 하는 문제입니다."

몇몇 기업은 매우 직접적으로 네트워크 효과를 누리고 있다. 트위터, 쿼라, 레딧Reddit 등의 소셜 네트워크가 좋은 사례다. 친구 두 명이 이들 중 한 네트워크에 가입하면 그 네트워크는 곧바로 자신에게 더 좋은 네트워크가 되며, 플라이휠이 도는 것처럼 이런 효과는 끝없이 계속된다. 하지만 네트워크 효과는 다른 형태의 기업과 시장에서도 많이 볼 수 있다. 때로는 이런 효과가 정말 강력해 한 기업이 최소한의 혁신에도 불구하고 수십 년 동안 시장의 선두주자로 남는 경우가 있다. 이베이와 크레이그스리스트가 좋은 예다.

네트워크 효과가 훌륭한 방어 가능성 전술이기는 하지만 방어에 실패할 가능성도 있다. 예를 들면 P2P 방식의 대출 플랫폼은 네트워크 효과로 혜택을 볼 수 있다. 다양한 배경과 신용 점수, 요구사항을 지닌 사람들이 플랫폼에 더 많이 가입하면 할수록 대출해주려는 이들에게 더 많은 기회를 제공하며, 이는 더 많은 대출 기관이 플랫폼에 가입하는 결과로 이어진다. 그렇게 되면 빌릴 수 있는 자본이 더 많아지고 이에 따라 더 많은 대출 희망자가 가입한다. 하지만 대출 기관과 대출 희망자가 플랫폼이 수용 가능한 수준까지 이르렀을 때 경쟁자가 나타나면 그 경쟁자도 성공할 수 있다. 다른 기업이 훨씬 더 좋은 상품을 개발해 성공에 필요한 최소한의 고객을 확보하면 경쟁이 시작될 수 있다.

최상의 네트워크 효과는 (플랫폼 운영을 위한) 최소 사용자 수가 필요 없을 때 나타난다. 최소 사용자가 필요한 두 플랫폼이 있으면 둘 다 사용자에게 가치 있는 플랫폼이 될 수 있다. 예를 들어 링크트인은 매우 강력한 네트워크 효과를 누린다. 링크트인은 사용자가 매우 다양한 사람들과 상호 작용하기 때문에 최소 사용자 수가 필요 없으며, 최신 경력 정보를 지닌 가입자 수가 가장 많은 플랫폼이 항상 사람들의 선택을 받기 마련이다. 이와 반대로 P2P 방식의 대출 플랫폼들은 플랫폼에 가입하는 사람의 수가 최소 사용자 수준에 이르면 모두 가치 있는 플랫폼이 된다. 이럴 경우 지역별 네트워크(링크트인 라틴 아메리카)나 전문 분야별 네트워크(의사 전용 링크트인)와 같은 세밀한 진입 지점 설정과 전문화를 통해 네트워크 효과에 바탕을 둔 방어 가능성을 무너뜨릴 수도 있다.

브랜드를 활용한 고객 확보

에밀리 와이스Emily Weiss는 뷰티 브랜드 글로시에Glossier를 창업하기 전 『보그Vogue』의 뷰티 담당 편집자였다. 화장품 브랜드의 마케팅 방식을 싫어했던 와이스는 '인투 더 글로스Into the Gloss'라는 블로그를 운영하며 화장품업계에서 접하지 못했던 뷰티에 관한 스마트하고 솔직한 대화를 게시했다. 블로그는 1,000만 명 이상이 구독하며 많은 인기를 끌었고, 여기에서 영감을 얻은 와이스는 자신의 제품 라인을 출시했다.

글로시에는 밀레니엄 세대를 정면으로 겨냥한 뷰티 제품 라인을 선보인다. 때로는 다른 브랜드 제품을 제안하기도 하는 글로시에 브랜드의 정체성은 솔직함이며, 광고료를 받는 인플루언서에 의존하는 대신 자생적 팬 기반을 확대해 구전 마케팅에 의한 성장을 추구한다. 글로시에가 눈썹용 젤 '보이 브로Boy Brow'를 출시하자 순식간에 매진됐으며 구매 대기 인원만 1만 명에 달했다.[4] 이후 글로시에는 메이저 브랜드 대열에 합류했다. 와이스의 스타트업은 글로시에 브랜드를 운영의 제일선과 중심에 내세우고 콘텐츠와 브랜드 이미지를 바탕으로 기업을 구축하며 브랜드를 효과적으로 활용해 방어 가능성을 높였다.

스타트업이 TV나 잡지 광고 외에도 소비자에게 다가갈 수 있는 길이 많이 열리면서 브랜드 개념이 훨씬 더 복잡해졌다. 브랜드는 이제 더 이상 로고나 웹사이트만을 뜻하지 않는다. 대신, 웹사이트 콘텐츠나 마케팅 이메일을 구성하는 문장에서 제품 포장이나 사용자 인터페이스, 소비자 서비스에 관한 세부적인 내용, 심지어 사용자가 구독을 취소하거나 반품할 와이스 방법에 이르기까지 기업이 사용자와 상호 작용하는 매우 다양한 방식을 아우른다. 브랜드는 스타트업이 일반 소비자나 기업 소비자를 상대하는 모든 방식이다. 또한 자사 제품을 사용하는 소비자와 커뮤니티를 형성하고 유대감을 키우는 수단이다. 브랜드는 열정적인 지지층과 커뮤니티를 만들어내는 데 도움이 될 때 기업의 자산이 된다. 그렇게 해야 브랜드가 방어 가능성 요인이 될 수 있다.

성을 둘러싼 해자와 같은 방어 가능성 요인을 갖춘 스타트업은 수십억 달러 규모의 기업으로 성장할 가능성이 더 높다. 방어 가능성은 고도의 엔지니어링 능력과 파트너십, 데이터, 브랜드, 네트워크 효과, 그리고 키스 라보이스가 말한 이점 축적 등 다양한 형태로 나타난다. 한 기업이 방어 가능성을 갖추고 있다고 해서 그 누구도 모방할 수 없다는 뜻은 아니다. 브랜드나 엔지니어링 능력 또는 지적재산권으로 형성한 방어 가능성이 보다 많은 투자를 유치하고 더 나은 방식으로 운영되는 기업에 의해 무너진 사례가 매우 많다.

네트워크 효과의 방어 가능성이 뚫리는 경우도 있었다. 방어 가능성 요인은 기업이 경쟁에서 앞서나가는 데 도움을 주는 진입 장벽일 뿐이다. 업계 선두주자 지위를 활용해 끊임없이 혁신하고 소비자와 더 나은 연대감을 형성하며 보다 나은 제품을 만드는 데 실패하는 기업은 노키아Nokia와 마이스페이스MySpace 같은 기업들이 밀려난 것처럼 결국 도태될 수밖에 없다.

SUPER

PART_3

자본조달

FOUNDERS

———— Part 1에서 우리는 창업자에 대해 알아보고 그들의 배경과 경력을 살펴봤으며, 실제로 수십억 달러 기업을 만들어낸 창업자들을 만났다. Part 2에서는 관념화에서 제품, 시장, 경쟁에 이르는 주제를 중심으로 기업에 관한 내용을 다뤘다. 우리는 수십억 달러 스타트업 중 다수가 제품의 시장 적합성을 찾아 초기에 사업을 전환했다는 사실도 배웠다. 그들은 주로 소비자가 지금 당장 느끼는 고통을 해결해주는 진통제를 만들었지만, 소비자에게 뭔가 추가로 제공하는 비타민 방식도 제대로 작동했다. 소비자의 시간이나 돈을 절약하는 데 초점을 맞춘 기업이 더 성공적이었고, 시장 진입 전략과 상관없이 고도로 차별화된 제품 생산이 정말 중요하다는 것도 배웠다. 또한 수십억 달러 스타트업 모두가 신규 시장 조성을 추구하지는 않았다는 것도 알았다. 실제로 이들 중 다수는 거대한 소비자 수요가 이미 존재하는 시장의 점유율을 놓고 경쟁을 벌였다. 아이디어 하나로 시장에 진출한 첫 번째 기업이 되는 것은 변곡점에 근접하는 것만큼 중요하지 않다. 우리는 많은 수십억 달러 스타트업이 세분화된 시장에서 경쟁하거나 오랜 역사를 지닌 거대 기존 기업에 맞서고, 경쟁자로부터 자신을 보호하기 위해 다양한 방어 가능성 전략을 활용하는 모습을 봤다.

Part 3에서는 투자자와 자본조달에 대해 알아본다. 에인절 투자자와 벤처 투자자가 어떤 사람들인지, 그들이 투자 가능성을 어떻게 평가하는지, 무엇보다 중요하게 우리가 그들의 투자를 어떻게 설득하는지에 대해 수많은 편견이 존재한다. 우리는 먼저 벤처 캐피털의 역할 및 역사와 함께 기업 자본을 조달하는 또 다른 방법인 독자 자본조달을 살펴본다. 활황 시장과 침체 시장에서 자본조달이 어떻게 다른지 알아보며, 자본 효율성에 대해 논의한다. 그러고 나서 수십억 달러 기업에 관련된 에인절 투자자와 벤처 캐피털이 기대하는 내용과 수십억 달러 기업이 자본을 조달한 방법 및 가치평가를 둘러싼 근거 없는 믿음을 살펴본다. ————

벤처 자본 vs 독자 자본조달

한 국가의 경제성장에 기여하는 가장 중요한 요소는 20년 이내 수십억 달러의 수익을 내는 거대 기업으로 성장하는 스타트업의 수다.

_ 칼 슈람, 경제학자, 카우프만 재단 이사장

사라 블레이클리Sara Blakely의 첫 비즈니스는 클리어워터 비치 힐튼 호텔에서 아이를 돌보는 서비스였다. 태양 아래서 휴식을 즐기고 싶은 부모를 위해 아이 한 명당 8달러를 받았다. 당시 사라는 십 대 청소년이었지만 돈을 벌고 싶었다. 아무 자격증도 없고 심폐소생술CPR 훈련도 받지 않았고 보험도 없었지만, 호텔 운영진이 이 서비스를 중단할 때까지 세 번의 여름 휴가기간에 잘해냈다.

하지만 블레이클리를 유명하게 만든 비즈니스는 여성 의류 브랜드

스팽스Spanx다. 블레이클리는 여성들이 팬티스타킹의 보정 효과를 좋아하지만 구식 스타킹의 촉감을 싫어한다는 사실을 인식했다. 보다 세련되고 현대적인 스타일의 보정 속옷 브랜드를 만드는 아이디어를 떠올린 블레이클리는 스타킹 관련 특허를 조사하며 많은 밤을 지새웠다. 적절한 천을 알아보려 공예품 상점을 돌아다니고 자기 아이디어를 상품으로 완성시켜줄 사람을 찾기 위해 여러 스타킹 공장에 전화를 돌리며 설득에 나섰다. 결국 반스앤노블Barnes&Noble 서점에서 발견한 특허 출원 관련 책을 활용해 법률 비용 3,000달러를 절약하며 자신만의 특허를 출원했다.

블레이클리는 개인 예금 5,000달러를 가지고 창업했다. 하지만 미국 유명 백화점 체인 니만마커스Neiman Marcus, 삭스Saks, 블루밍데일스Bloomingdale's에 납품하는 계약을 성사시킨 뒤에도 하루 종일 사무용품 기업에 팩스 기계 판매하는 일을 계속했다. 사업 초창기에는 다른 사람의 도움을 받을 형편이 안 되어 스팽스의 제품 포장과 마케팅, 홍보, 고객 서비스를 혼자서 해냈다. 2000년 오프라 윈프리Oprah Winfrey가 스팽스를 자신이 가장 좋아하는 올해의 상품으로 꼽았을 때 블레이클리는 자체 웹사이트도 없었다. 그녀는 훗날 이렇게 말했다. "우리는 제품 포장을 컬러로 복사해 스캔 떠서 올렸습니다. 한 달에 18달러를 내고 꽤 괜찮은 웹 비즈니스를 운영했습니다."[1]

스팽스는 사업 첫날부터 수익을 냈다. 첫해에 400만 달러의 수익을 올렸고, 이듬해에는 1,000만 달러의 수익을 기록했다. 어떤 투자도 받지 않은 블레이클리는 스팽스의 지분 100%를 보유하고 있다. 스팽스의 기업가치가 10억 달러로 평가받았을 때 블레이클리는 억만장자 대열에 합류했고, 규모가 훨씬 크고 벤처 캐피털에서 투자받은 기업의 창업자들보다 더 많은 부를 축적했다.

벤처 캐피털이 대부분 스타트업의 창업 스토리에 너무나 당연한 구성 요소가 된 탓에 우리는 모든 창업자가 외부 투자를 유치한다고 생각하기 쉽다. 수십억 달러 규모의 기업 대부분이 벤처 캐피털의 투자를 받지만, 스팽스처럼 일부 기업은 단 한 푼의 투자도 받지 않고 성장한다. 사실 스타트업이 벤처 캐피털에서 자본 지원을 받는 것도 최근의 일이다. 수백 년 동안 기업은 은행에 이자를 지불하는 조건으로 일으킨 대출을 바탕으로 설립됐다. 일정 규모에 이르고 어느 정도 성숙해진 기업은 기업 공개IPO를 신청해 주식시장에서 자금을 조달할 수 있었다.

소규모 기업은 여전히 자체 수익과 은행 대출을 통해 성장을 추구하지만, 오랫동안 이 방법은 모든 신규 기업이 자금을 조달하는 기본 방식이었다. 심지어 실리콘밸리라는 지명의 토대(실리콘밸리Silicon Valley라는 지명은 반도체 소재인 Silicon과 샌프란시스코 인근 지역의 Valley를 합쳐 만들어졌다_옮긴이)가 된 최초의 반도체 기업들도 벤처 캐피털에서 자본 지원을 받지 않았다. 트랜지스터를 발명한 윌리엄 쇼클리William Shockley는 법인 기업 베크먼 인스트루먼츠Beckman Instruments를 통해 자금을 확보했고, 이에 따라 그 기업 이름 아래에서 비즈니스를 시작했다. 이후 쇼클리를 배신해 경쟁 기업을 설립한 쇼클리의 직원 여덟 명도 제2차 세계대전 당시 영상장비를 판매하던 기업 페어차일드 카메라 앤 인스트루먼트Fairchild Camera&Instrument의 투자를 받아 그 기업 산하에서 시작해야 했다[2](이후 페어차일드 세미컨덕터Fairchild Semiconductor로 기업명을 변경했다).

대출 경로는 종종 철도나 소매 유통업, 제조업처럼 유형 자산을 보유한 기업에 한정돼 있었다. 초창기 첨단기술 기업은 유형 자산이 많지 않고 막대한 자금이 필요했기 때문에 은행이 이런 기업을 평가하고 투자를 결정하기 어려웠다. 1958년 미국 의회는 소기업 투자법을 통과시켰고, 연방 정부는 첨단기술 기업 설립의 새로운 물결에 자금을 투입하는 하나의 수단으로 이 법을 활용해 이제 막 창업한 투자 기업에 자금을 빌려줄 수 있었다.[3] 당시는 냉전 시대였으며 정부는 국가의 기술 역량을 강화하고 싶어 했다. 이 프로그램 자체는 성공적이지 못했지만, 프로그램에 참여한 많은 펀드매니저가 이후 초기 벤처 캐피털 기업을 탄생시켰다.

1960년대와 1970년대 초 벤처 캐피털은 고위험이지만 고수익을 기대할 수 있는 기술 비즈니스(당시에는 주로 전자공학과 반도체 기업)에 대한 투자를 주목적으로 하여 생겨나기 시작했다. 미국 서부 해안 지역에서 최초로 탄생한 벤처 캐피털 드레이퍼, 게이더 앤 앤더슨Draper, Gaither&Anderson은 1959년 캘리포니아주 팰로앨토에서 출범했다.[4] 이어서 드레이퍼 앤 존슨 인베스트먼트 컴퍼니Draper and Johnson Investment Company가 1962년, 셔터 힐 벤처스가 1964년에 탄생했고, 1969년 벤록 어소시에이츠Venrock Associates, 1972년 클라이너 퍼킨스 카우필드 앤 바이어스Kleiner Perkins Caufield&Byers와 세쿼이아 캐피털이 창업했다.

그 후 새로운 고위험 기술 기업들이 출현하고 규제 변경과 정부의 독려에 힘입어 수백 개의 벤처 캐피털이 생겨났다.

그럼에도 현재 벤처 캐피털 산업은 여전히 소규모 수준에 머물러 있다. 미국 벤처캐피털협회National Venture Capital Association의 자료에 따르면 미국에서 활발하게 운영 중인 벤처 캐피털은 1,000개가 약간 넘고, 2019년 미국 내 모든 벤처 캐피털의 총운용자금은 4,440억 달러였다. 이는 관리하는 자산 규모가 수조 달러에 이르는 금융 산업의 다른 부문에 비해 극히 적은 금액이다.[5] 사모투자 기업 블랙스톤Blackstone은 2019년 모든 벤처 캐피털의 운용 자금을 합한 금액보다 더 많은 5,450억 달러를 관리했다. 미국에서 매년 창업하는 신규 기업 수십만 개 중 벤처 캐피털에서 자금을 조달한 기업은 전체 신규 기업의 1%가 안 되는 1만 개 이하다. 이들 중 수십억 달러 기업으로 성장한 기업은 1%도 채 안 된다.[6]

그렇다면 벤처 캐피털과 벤처 캐피털에서 자금 지원을 받은 기업들이 언론과 의회, 획기적인 아이디어를 홍보하려는 창업자들에게서 그렇게 많은 주목을 끄는 이유는 무엇일까? 크게 성공한 기업 중 벤처 캐피털에서 투자받은 기업의 비율이 매우 높기 때문이다. 애플과 제넨테크 같은 기술 기업과 바이오테크 기업뿐만 아니라 홀푸드Whole Foods와 스타벅스Starbucks 같은 소매 유통 기업도 벤처 캐피털의 투자를 받았다. 전체적으로 1974년에서 2014년까지 미국에서 기업 공개를 한 기업 중 42%가 벤처 캐피털에서 자본을 조달했다. 이들은 1974년 이후 창업한 미국 내 상장 기업의 기업가치 중 63%, 총연구개발비용의

85%를 차지한다.[7]

내가 수집한 수십억 달러 기업 데이터를 보면 이들 중 90% 이상이 벤처 캐피털의 지원을 받았다. 나머지는 벤처 캐피털에서 자본을 조달하지 않고 창업 초창기 그다지 많지 않은 수익으로 성장하거나 자신의 기업에 투자할 여력이 있는 창업자의 자체 자금 지원으로 비즈니스를 운영했다.

그런데 그렇게 많은 수십억 달러 기업이 벤처 캐피털에서 자본 지원을 받은 이유는 무엇일까? 그 이유는 근본적으로 창업자의 의도에 뿌리를 두고 있다. 쉽게 설명하면, 벤처 캐피털에서 투자를 유치하려는 창업자는 수십억 달러 규모의 거대 기업 구축을 시도하는 사람들이다. 마찬가지로 벤처 캐피털도 막대한 수익을 달성할 잠재력을 지닌 기업을 찾고 선택한다. 대다수 창업 기업가는 자신이 100% 소유한 거대하고 수익성이 좋은 비즈니스 구축을 목표로 기업을 창업한다. 그들의 수익은 수천만 달러 또는 경우에 따라 수억 달러로 성장할 수 있고, 창업자는 위험을 적당히 감수하며 비즈니스를 천천히 확장할 수 있다. 하지만 벤처에서 지원받은 기업 중에는 비즈니스를 망하게 할지도 모르는 위험을 감수하더라도 수십억 달러 기업으로, 그것도 빨리 성장하기를 더 원하는 이들도 있다. 우리는 창업 기업이 무엇 때문에 이런 도박에 뛰어드는지 살펴본다. 하지만 고위험을 무릅쓰고 고수익을 추구하는 사고방식이 비록 참담한 실패를 많이 겪기도 하지만, 벤처 캐피털 지원을 받은 기업 중에서 더 많은 수십억 달러 기업을 만들어낸다는 사실에 주목해야 한다.

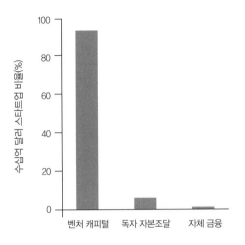

수십억 달러 스타트업의 90% 이상은 벤처 캐피털의 지원을 받았다.

벤처 캐피털의 비직관적인 셈법

벤처 캐피털이 고수익을 위해 고위험에 집착하는 태도는 직관적으로 볼 때 이치에 맞지 않다. 비록 성장 속도가 그리 빠르지 않지만 성장 가능성이 훨씬 더 높은 기업 대신 성공 가능성이 낮은 유니콘 기업을 선호하는 이유는 무엇일까? 현재 2,000달러의 가치평가를 받은 기업에 500만 달러를 투자하고 훗날 이 기업이 8,000만 달러에 매각되는 상황을 가정해보자. 그럴 경우 다수의 투자자는 주식시장에서 얻는 투자 수익보다 훨씬 많은 4배의 수익이 훌륭한 결과라고 생각할 것이다. 하지만 벤처 캐피털 자본을 운영하는 경제 논리 때문에 벤처 캐피털은 4배의 수익을 많다고 생각하지 않는다.

벤처 캐피털은 아주 부유한 사람들이 모여 개인 자산을 스타트업에 투자하는 기업이라고 흔히 오해한다. 극소수 벤처 캐피털은 이런 부류에 속하지만, 대부분의 벤처 캐피털은 그렇지 않다. 벤처 캐피털의 무한책임경영 파트너는 "소속된 벤처 캐피털의 투자 프로젝트에 적극적으로 참여하는 모습"을 보이기 위해 캐피털 전체 펀드 금액의 최소한 1~2%에 해당하는 개인 자본을 경영 책임자의 지분으로 투입한다. 나머지는 기관투자자와 대학의 기금, 고액 순자산 보유자 가문의 개인 투자 사무소, 비영리재단, 연기금, 국부펀드 등에서 투자한 금액이다. 일부 벤처 캐피털은 비영리기관에서만 자금을 받아 대신 투자하기도 한다. 이것이 벤처 캐피털과 에인절 투자자의 가장 중요한 차이점이다. 즉 에인절 투자자는 자신의 자금으로 투자하지만 벤처 캐피털은 일반적으로 자신의 자금에 50배 또는 100배에 달하는 다른 사람의 자금으로 투자한다. 실제로 많은 벤처 투자자는 초창기에 '자기 지분' 투자를 위해 은행에서 대출받아야 하는 경우도 있다.

벤처 투자자는 스타트업과 마찬가지로 2년마다 자본조달에 나선다. 유한 책임 파트너로 불리며 벤처 투자기업에 투자하는 개인과 기관은 보유 자산의 적은 일부분을 벤처 캐피털 자산으로 투입한다. 앞서 말했듯이 벤처 캐피털의 자산은 고수익을 얻기 위한 투자자금으로 쓰이지만, 고위험에도 노출돼 있다. 즉 벤처 캐피털이 그런 막대한 수익을 돌려주지 못할 수도 있다는 뜻이다. 유한책임 파트너는 보다 안정적인 수익을 위해 자체적으로 주식과 채권 시장, 부동산, 상품 시장을 비롯한 다른 투자자산에 분산 투자하기도 한다. 유한책임 파트너는 일반적으로 앞으로 10년 동안 자신이 투입한 자본의 3배가 넘는 수익을 바란다.

때로는 벤처 캐피털에서 막대한 자본을 지원받고도 실패한 기업이나 수익이 없는 상태에서 높은 가치평가로 자본을 조달한 기업을 언론이 조롱하기도 한다. 이런 비판 가운데 열 번 중 아홉 번은 맞는 말이다. 하지만 그런 실패는 벤처 캐피털의 비즈니스 모델에 이미 반영돼 있다. 벤처 캐피털이 투자를 잘못하면 투자 금액을 몽땅 잃는 반면, 투자 결정이 옳은 경우에는 투자 금액의 20배를 벌 수 있다. 손실은 제한적이지만 수익은 그렇지 않다. 이 점이 바로 벤처 캐피털이 자신의 투자 금액을 모두 잃을 수 있으며 10배의 수익을 올릴 가능성이 매우 낮은 기업에 투자할 수 있는 이유다.

벤처 캐피털은 기하급수적 수익을 노리는 게임이며, 스타트업 출구 전략의 결과를 나타내는 그래프도 정규 분포가 아니라 급격한 커브 형태다. 심지어 가장 뛰어난 벤처 캐피털이 10개 기업에 투자하더라도 일반적으로 그중 3~4개 기업은 대부분 손실을 입고 다른 3~4개 기업은 그저 투자 금액만 반환할 정도의 성과를 올린다. 벤처 캐피털의 성공은 각 투자 펀드의 상위 1~3위 기업에 전적으로 달려 있다. 최상위 기업과 2위 그룹 기업들에서 얻는 수익이 크게 차이 나는 경우도 있다.

유니언 스퀘어 벤처스 공동 창업자 프레드 윌슨Fred Wilson은 세 번에 걸친 휴리스틱heuristic 발견법(불확실하고 복잡한 상황에서 문제를 가능한 한 빨리 풀기 위해 쓰는 주먹구구식 셈법이나 직관적 판단, 경험과 상식에 바탕

을 둔 단순하고 즉흥적인 판단추론_옮긴이)을 활용한다. "하나의 투자 거래
가 투자 펀드에 수익을 올려주고, 또 다른 서너 개의 투자 거래가 다시
수익을 올리고, 나머지는 세 번째로 수익을 올리며 유한책임 파트너에
게 많은 수익을 돌려주기 위해 반드시 달성해야 하는 3배의 총수익에
이를 수 있다."[8] 윌슨의 휴리스틱은 보다 뛰어난 벤처 캐피털 펀드에도
적용될 수 있다. 코릴레이션 벤처스Correlation Ventures가 실시한 조사 결
과를 보면 벤처 캐피털은 자본을 투자한 후 지난 10년간 매각된 기업
에서 투자 금액의 약 절반을 잃었으며 4%가 채 안 되는 기업에서 10
배 이상의 수익을 올렸다.

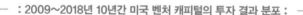

: 2009~2018년 10년간 미국 벤처 캐피털의 투자 결과 분포 :

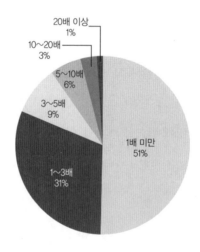

코릴레이션 벤처스가 제공한 데이터에 따르면 벤처 캐피털의 투자 중 50% 이상이 손해를 입은 반면, 10배
이상의 수익을 올린 투자는 4%가 채 안 된다.
출처: David Coats, "US Venture Investments by Return Range" (graph), September 11, 2019, https://
medium.com/correlation-ventures/venture-capital-no-were-not-normal-32a26edea7c7.

사람들은 벤처 캐피털이 수익은 낮지만 위험도 낮은 기업에 집중하지 않는 이유가 궁금할지도 모른다. 흔치 않은 10배의 수익을 추구하는 대신 보다 확실하게 3배의 수익을 내는 10개의 투자 거래를 노리면 더 좋지 않을까? 이론상으로는 이런 아이디어가 흥미롭지만, 스타트업은 공동 창업자들의 갈등, 흥미를 잃은 창업자, 공동 창업자 퇴사, 핵심 고객 이탈, 시장 적합성 발견 실패, 불가능한 제품 생산, 규제 변경, 경쟁 등 수많은 이유로 사라진다. 그 결과 위험하지 않으면서 약 3배의 수익을 내는 기업을 지속적으로 찾기가 쉽지 않다. 어쩌면 벤처 캐피털이 통제할 수 있는 유일한 것은 성장이 제한적이지 않고 잠재적으로 10배의 수익을 낼 수 있는 아이디어가 있다는 사실일 것이다.

벤처 캐피털의 일부 투자 펀드는 단일 포트폴리오를 운영해 유명해졌다. 업계 최고 벤처 캐피털 중 하나인 액셀 파트너스Accel Partners는 소액으로 구성한 아홉 번째 펀드를 페이스북의 시리즈 A 투자 유치 단계에 투자했다. 7년 뒤 페이스북은 기업 공개를 통해 1,000억 달러의 가치평가를 받았고 그 덕분에 액셀 파트너스의 초기 투자는 최소한 300배의 수익을 올렸다. 액셀의 페이스북 펀드로 알려진 이 펀드는 분명 아주 예외적인 것이다. 하지만 이것이 바로 벤처 캐피털의 유한책임 파트너가 바라는 막대한 수익이다.

문제는 벤처 캐피털이 투자하는 시점에 어느 기업이 최고 성과를 낼지 알지 못한다는 것이다. 실제로 다수의 벤처 캐피털은 포트폴리오에 속한 기업 중 누가 가장 뛰어난 투자 결과를 낼지 한 번도 예측해본 적이 없다고 공개적으로 인정했다. 그들이 선택한 최고 기업 중 일부는 조기에 매각됐고, 성과가 별로 좋지 않던 일부 기업은 변곡점을 맞은 뒤 급성장하기도 했다. 그러므로 벤처 캐피털은 자신의 펀드에 속한 기업에 투자할 때 이 기업이 바로 '최고의 성과를 낼 기업'이라는 확신을 바탕으로 투자해야 한다. 벤처 캐피털은 자금을 유치할 때 이런 판단과 확신을 바탕으로 하기 때문에 투자자의 기대치와 투자자가 만족할 만한 매각 시기를 확고히 결정할 수 있다.

이런 방식이 어떻게 운영되는지 설명하기 위해 한 가지 예를 들어본다. 20개 기업에 투자하려는 3억 달러 규모의 가상 펀드를 생각해보자. 벤처 캐피털은 일반적으로 최초 투자에 투자자금의 일부(최초 자본)를 사용하고 나머지는 이어지는 투자 단계에서 펀드에 속한 기업들에 대한 소유권을 유지하기 위한 예비자금(후속 자본)으로 남겨둔다. 최초 자본과 후속 자본이 같은 비율로 나눠진다고 가정하면, 이 가상 펀드는 20개 스타트업 각각에 750만 달러씩(합계 1억 5,000만 달러) 투자하고, 나머지는 후속 자본으로 보유할 수 있다.

먼저 스타트업 X에 시리즈 A 투자 단계를 통해 750만 달러를 투자한다고 가정해보자. 스타트업 X의 가치평가가 4,000만 달러라고 하면 벤처 캐피털은 이 스타트업의 지분 18.75%를 소유한다. 이어지는 다음 투자 단계에서 예비 자본 750만 달러를 추가로 투자하면 이 지분을 계속 유지할 수 있다. 하지만 스타트업 X의 매각 시점에 벤처 캐피털의 지분율이 낮아질 가능성은 여전히 있다. 매각 시점에 벤처 캐피털의 지분율이 30% 낮아진다고 가정하면 실제 지분은 약 13%다 (18.75×70%=13.125). 각 투자가 펀드 총액(3억 달러)의 최소한 1배의 수익을 올리려면 스타트업 X의 지분 13%가 3억 달러의 가치평가를 받아야 한다. 이 말은 스타트업 X가 23억 달러에 매각돼야 한다는 뜻이다. 이것이 바로 벤처 캐피털이 수억 달러가 아니라 수십억 달러 수익에 관심을 집중하는 이유다.

이와 같은 계산 방식에서는 펀드 규모가 매우 중요한 요소라는 점에 주목해야 한다. 펀드 규모가 벤처 캐피털의 기대 수준에 큰 영향을 미치기 때문이다. 펀드의 규모가 클수록 기대수익은 그에 비례해 많아진다. 창업 기업가는 벤처 캐피털에서 자본을 조달할 때 이런 계산법을 염두에 두고 벤처 캐피털이 어떤 형태의 결과를 추구하는지 파악해야 한다. 5,000만 달러 규모의 펀드가 바라는 결과는 10억 달러 규모의 펀드가 바라는 결과와 완전히 다르며, 20만 달러의 투자자금을 마련한 에인절 투자자가 바라는 결과와도 다르다.

독자 자본조달 vs 자체 금융

물론 벤처 캐피털에서 투자를 유치하지 않는 예외적인 사례도 있다. 벤처 캐피털의 자본 지원 없이 수십억 달러 기업으로 성장시키는 경우도 있다. 실제로 창업 초기에 자체 금융self-financing이나 독자 자본조달을 통해 사람들의 이목을 집중시키는 강력한 기업을 구축하는 창업자는 훗날 성장 자본을 훨씬 쉽게 조달할 수 있는 위치에 이르고, 추가 투자 유치에 따른 지분율 감소 폭도 크지 않다.

내구성이 강한 캠핑용 아이스 쿨러 생산 기업으로 유명한 예티Yeti

의 사례를 살펴보자. 대부분의 사람은 수십억 달러 스타트업을 떠올릴 때 여섯 개짜리 음료수 한 팩을 냉장시키는 기업을 생각하지 않는다. 그럼에도 예티는 매년 10억 달러 이상의 제품 판매액을 기록하며 이 책을 쓸 당시 40억 달러라는 엄청난 기업가치 평가를 받았다. 로이 시더스Roy Seiders와 라이언 시더스Ryan Seiders 형제는 2006년 텍사스주 오스틴에 있는 아버지의 차고에서 이 기업을 창업했다. 그들은 당시 아이스 쿨러의 평균 가격보다 5배에서 10배 비싸게 팔리는 튼튼하면서도 디자인이 예쁜 아이스 쿨러 제품에서 시작해 비즈니스 규모를 서서히 키우며 독자 자본조달 방식으로 기업을 운영했다(이후 출시된 제품의 가격은 최고 1,000달러에 이르렀다).

예티는 그렇지 않았더라면 평범한 소비재에 머물렀을 제품을 프리미엄 제품으로 바꿔놓으며 광신도에 가까운 소비자에게서 폭발적인 인기를 끌었다. 야외활동 애호가와 SUV 차량 등의 뒷문을 열고 파티를 하는 사람들, 뒤뜰에서 바비큐를 즐기는 사람들을 위한 대량 판매 시장용 브랜드로 제품 라인을 확대하며 2011년 약 3,000만 달러의 매출을 기록했다. 여기에 의류와 모자, 음료 용기 제품을 추가했고, 이 중 음료 용기는 예티 매출의 대부분을 차지했다. 예티는 수익이 수천만 달러를 넘어선 2012년에 이르러서야 소규모 사모 펀드 기업 코텍 그룹Cortec Group에서 자본을 조달했다.

독자 자본조달은 소매 기업뿐만 아니라 많은 기업에 적용될 수 있다. 기술 산업계에도 최소한 초창기에는 자체 수익을 바탕으로 운영하는 기업이 많다. 다수의 기업이 오랜 기간 독자 자본조달 방식으로 운영하다가 이후 성장을 촉진하기 위해 성장 단계 투자자나 사모 펀드에서 추가 자본을 조달하기도 한다. 이슈 추적 애플리케이션 지라Jira로 가장 많이 알려진 호주의 수십억 달러 소프트웨어 기업 아틀라시안은 8년 동안 독자적으로 자본을 조달한 뒤 액셀 파트너스를 통해 성장 단계 자본을 유치했다.

루마니아에서 창업한 로봇 공정 자동화 기업 유아이패스는 벤처 캐피털에서 자본을 조달하기 전 10년 동안 독자적으로 자본을 조달했다. 그런 기업 다수는 컨설팅과 서비스 업무로 수익을 올리며 초창기를 버텼다. 일부는 투자자 정보가 없거나 투자자에게 접근할 수 없던 터라, 어쩔 수 없이 독자 자본조달 방식에 의존해야 했다. 유아이패스 창업자 대니얼 다인스Daniel Dines는 창업 초창기 독자적으로 자본을 조달하며 "컨설팅 업무와 아웃소싱을 병행해야 했다". 그는 이 일을 유아이패스의 첫 번째 실수였다고 말한다. "정말 정신을 산만하게 만드는 일이었습니다. 외부에서 자본을 조달하는 게 훨씬 더 낫습니다. 하지만 당시에는 우리에게 불가능한 일이었습니다."[9]

수십억 달러 기업 중 자체 금융으로 자본을 조달한 기업은 그리 많지 않다. 규모가 큰 중고차 매매 웹사이트 카바나가 이 부류에 속한다. 카바나 창업자 어니스트 가르시아 3세는 부동산과 자동차 판매 비즈니스를 하는 집안 출신이었다. 자체 금융은 기술을 활용해 기업을 발전시키는 자연스러운 과정이었다.

또 다른 사례는 인터넷 보안 서비스를 제공하는 수십억 달러 스타트업 지스케일러Zscaler다. 창업 후 처음 4년간 지스케일러는 이미 다수의 사이버 보안 기업을 수억 달러에 매각한 슈퍼 창업자이자 매각으로 얻은 수익을 다음 창업 기업에 투자할 수 있었던 제이 초드리Jay Chaudhry의 자체 금융을 통해 막대한 자본을 조달했다.

벤처 캐피털 자본금은 벤처라는 용어에도 나타나 있듯이 '위험을 무릅쓰고 뭔가를 시도할 때' 유용하게 쓰인다. 그저 단순히 비즈니스나 프로젝트에 자본을 지원하는 일이 아니다. 그런 의미에서 보면 벤처 캐피털은 애초에 많은 기업에 적합한 자본조달 방식이 아니다. 자본 비용이 높은 스타트업을 비롯한 많은 스타트업에 벤처 캐피털을 통한 자본조달이나 막대한 자체 자본 투입은 필수적이다. 테슬라나 스페이스X가 좋은 예다. 창업자의 재정 상태에 의존할 수 있는 스타트업은 독자적으로 자본을 조달하고, 벤처 캐피털을 통한 자본조달은 창업이 아니라 성장 기회가 생길 때나 경쟁에서 앞서나가야 할 때를 위해 유보해둘 수 있다.

"창업 기업은 실질적인 비즈니스를 구축하고 험난한 피봇과 트레이드오프 과정을 겪으며 초기에 많은 제약에 맞서야 합니다." 퀄트릭스 공동 창업자 라이언 스미스Ryan Smith는 말했다. "하지만 많은 자본을 조달한 덕분에 이런 과정을 거치지 않는 기업이 많습니다. 그런 기업은 어쩌면 반드시 겪어야 했을지도 모를 일들을 전혀 알지 못합니다." 고객 경험 관리 기업 퀄트릭스는 기업 활동을 하는 동안 대부분 독자적으로 자본을 조달했다. 스미스는 "자본을 조달한 뒤 기업이 나아가야 할 방향을 파악하는 대신" 그 방향을 미리 알았던 것이 퀄트릭스의 이점이었다고 확신한다.[10]

기업은 독자적으로 자본을 조달하든 벤처 캐피털을 통하든, 시장이 우리 제품에 반응하는지 여부를 가능한 한 가장 적은 투자자금으로 빨리 파악하는 게 중요하다. 막대한 투자자금을 유치한 뒤에야 시장 수요가 없다는 사실을 깨달은 스타트업에 관한 수치스러운 사례도 있다. 가장 최근 사례는 5분에서 10분짜리 동영상 콘텐츠를 모바일 애플리케이션으로 스트리밍하는 서비스를 제공했던 퀴비quibi다. 퀴비는 출범 이전 10억 달러 이상의 투자를 유치하며 수백 개에 달하는 쇼 프로그램 콘텐츠를 제작 의뢰했다. 처음에는 가장 뜨거운 신규 스타트업으로 많은 주목을 받으며 수십억 달러 이상의 자본금을 투입했지만, 창업한 지 6개월 만에 서비스를 중단하고 사라졌다.

창업 후 처음 5년간 독자적으로
자본을 조달한 75억 달러 기업

− 깃허브 공동 창업자, 톰 프레스턴워너 −

깃허브GitHub는 창업 초장기에 독자적으로 자본을 조달한 또 하나의 사례다. 버전 통제와 협업을 위한 소프트웨어를 만드는 코드 호스팅 플랫폼으로, 2008년 창업한 깃허브는 주로 전 세계 오픈 소스 코드 무료 저장소 역할을 했다. 오픈 소스 코드를 개발하는 기업이나 그룹 대부분은 깃허브에 소스 코드를 저장해 다른 사용자가 코드에 접근할 수 있게 한다. 오픈 소스 부분은 무료이며 기업 내 비공개 코드로 활용하는 기업용 버전은 유료로 저장된다. 2020년 1월 현재 깃허브는 4,000만 명이 넘는 활발한 사용자를 보유하고 1억 개 이상의 코드를 저장하며 세계에서 가장 규모가 큰 소스 코드 호스트에 올라 있다.

깃허브는 4년 반이 넘는 동안 독자 자본조달로 성장했다. 이후 첫 번째 자본조달은 안드레센 호로위츠가 주관해 1억 달러를 유치한 시리즈 A 단계에서 이뤄졌다. 이는 자본조달과 그에 따른 지분 축소가 일어나는 시리즈 A 이전 많은 투자 단계를 거치지 않았다는 뜻이다. 3년 뒤 깃허브는 세쿼이아 캐피털이 주관한 시리즈 B 단계에서 2억 5,000만 달러를 조달했고, 2018년 6월 75억 달러라는 엄청난 매각 대금을 받고 마이크로소프트에 매각됐다.

어떻게 이런 일을 이뤄냈을까? 깃허브 창업자들은 프리랜서 프로그래머였으며, 깃허브는 이들이 벌어들이는 수익으로 자생하며 성장했다. 수십억 달러 스타트업의 다른 많은 창업자처럼 톰 프레스턴워너 Tom Preston-Werner는 수십억 달러 기업을 창업하기 전에 이미 제품을 만들고 판매한 경험이 있었다. 프레스턴워너에게서 그의 여정과 깃허브의 초창기 스토리를 직접 들어보자.

> 나는 늘 컴퓨터로 뭔가 하며 놀았습니다. 그래서 컴퓨터공학을 전공했지만 대학교 2학년을 마친 뒤 스타트업에서 일하기 위해 자퇴했습니다. 컴퓨터 코딩을 책으로 독학하며 끊임없이 읽고 연습하는 동안 늘 뭔가를 코딩했습니다. 나는 웹 애플리케이션 프레임워크 루비온레일스 Ruby on Rails를 시작했고, 결국 루비온레일스를 운영하고 구글을 앞서려 노력하는 검색 엔진 기업 파워셋 Powerset에 입사해 샌프란시스코로 이사했습니다.
>
> 훗날 구글과의 경쟁은 어려운 것으로 판명됐지만, 파워셋은 마이크로소프트에 인수됐습니다. 나는 파워셋의 32번째 직원이었고, 마이크

로소프트의 파워셋 인수로 1만 달러 정도를 받았습니다. 마이크로소프트의 인수 대금은 1억 달러였는데, 내게 돌아온 몫은 고작 1만 달러에 불과했습니다. 이런 인수 결과를 보면 창업자와 직원의 신분이 크게 다르다는 교훈을 얻을 수 있습니다. 정말 큰 차이입니다.

나는 항상 부수적인 프로젝트를 진행했고, 그중 하나는 사용자가 블로그에 글을 쓸 때마다 사용자의 프로필 옆에 나타나는 아바타를 개발하는 그라바타Gravatar였습니다. 하지만 프로젝트를 수행하려면 내 개인 돈을 써야 했기 때문에 그 프로젝트를 관두고 싶었습니다. 그라바타는 어떤 비즈니스 계획도 없이 그냥 약간 유명해졌을 뿐입니다.

나는 블로그 문화에 기여한다는 마음으로 컨설팅을 하며 그라바타를 만들었습니다. 그러던 중 전 세계에서 인식할 수 있는 아바타 아이디어가 떠올라 그 아이디어를 실행했는데, 그라바타는 점점 더 많은 인기를 끌었습니다. 그때 맷 멀런웨그를 만났고, 결국 그가 창업한 기업이자 워드프레스를 소유한 옥토매틱에 그라바타를 매각했습니다. 그라바타는 현재 워드프레스의 모든 사이트에서 아바타로 사용되고 있습니다. 그라바타는 기업의 형태도 갖추지 않은 상태였습니다. 나는 멀런웨그에게 그라바타의 코드를 팔았고, 그는 내게 개인 수표로 코드 대금을 지불했습니다. 나는 그에게 작동 준비가 끝난 코드와 URL, 도메인을 넘겨줬습니다.

내 기억에 의하면 파워셋에는 버전 관리 시스템 깃Git을 내게 처음 소개한 동료 데이브 페이럼Dave Fayram이 있었습니다. 깃은 새로운 업무 방식을 우리에게 펼쳤고, 우리는 매우 효과적으로 협업하며 코드를 주고받을 수 있었습니다. 물론 코드를 자세히 살펴볼 수 있는 좋은 방법

270

이 아니었고 사용하기도 쉽지 않았습니다. 기본적으로 어딘가에 리눅스Linux 서버를 설치하고 각자 계정을 만든 뒤 접속해야 했습니다. 사용자 모두 접근 가능한 공유 위치가 있었고, 각자 동일한 저장소만 사용할 수 있었습니다. 어느 면에서 보면 좀 어리석은 방식이었죠. 사람들이 현재 사용하고 있는 것에 비해 훨씬 더 많은 잠재적 활용성이 있었습니다. 리눅스와 깃을 사용하는 핵심 커뮤니티를 제외하면 그 누구도 적극적으로 사용하지 않는 상황이었습니다.

나는 그라바타와 달리 성공한다면 내가 풀타임으로 전념하며 그에 따른 보상을 받을 수 있는 또 다른 프로젝트를 정말 실행하고 싶었습니다. 깃허브는 처음에 부수적인 프로젝트였지만 이후 나는 전념하기 시작했습니다. 나는 우리가 조직한 사용자 그룹에서 루비온레일스의 프로그래머들을 만났습니다. 2주에 한 번씩 한 사무실에 모여 한 시간가량 기술적 주제에 관해 대화를 나눴습니다.

그 그룹을 통해 깃허브의 또 다른 공동 창업자 크리스 원스트래스를 만났습니다. 나는 그가 하는 일에 늘 감탄했습니다. 원스트래스는 컨설팅 업무를 하고 있었는데, 이미 많은 사람이 사용한 오픈 소스 관련 책을 여러 권 출간했습니다. 나는 그가 대단한 일을 했다고 생각해 그와 함께 일하면 정말 좋을 것 같았습니다. 그래서 어느 날 모임이 끝난 뒤 그와 마주 앉아 내가 하는 일을 소개하며, 내게 깃허브라는 아이디어가 있고 깃허브는 코드를 보관하고 공유하는 온라인 저장소가 될 수 있다고 설명했습니다. 이어서 "당시 깃의 영향력은 강했지만 접근할 수가 없다. 웹상에는 공유를 위한 좋은 인터페이스가 없다는 장벽이 있기 때문이다. 공유를 시도하는 웹사이트가 하나 있지만, 예를 들어 패스워드를 잊어버리면 관리자에게 이메일을 보내 관리자가 수동으로 패스워드를 재설정하도록 해야 한다. 그러니 확장될 수가 없고 전체적으로 그리 좋은 방법이 아니다"라고 덧붙여 설명했습니다. 우리는 함께 깃허브 프로젝트를 시작했는데, 두 사람 모두 시간 날 때마다 작업했습니다. 생활비를 벌기 위해 원스트래스는 프리랜서로 코딩 관련 일을 했고, 나 또한 파워셋에 계속 근무했습니다.

우리는 약 6개월 동안 깃허브를 부수적인 프로젝트로 진행했습니다. 그때 파워셋이 매각됐는데, 파워셋은 내게 빙Bing이라는 검색 제품을 만들며 마이크로소프트에서 계속 일할 것을 제안했습니다. 나는 깃허브가 성공할 것으로 확신했기 때문에 그 제안을 거절했습니다. 우리 두 사람은 당시 깃허브로 이미 돈을 벌고 있었습니다.

깃허브에 몰두한 지 6개월 뒤 우리는 시제품 형태인 첫 번째 퍼블릭 알파 버전을 출시하며 사람들이 직접 사용하게 했습니다. 그리고 3개월 후 유료 서비스로 전환했습니다. 그러니까 우리가 처음 시작해 유료화하기까지 9개월이 걸렸습니다. 우리는 비공개 코드 저장만 유료화하고 오픈 소스 코드는 완전히 무료로 저장하게 했습니다. 당시 아이디어는 오픈 소스 코드를 만드는 사람들이 무료로 사용할 수 있으면 그 자체만으로도 훌륭한 광고 수단이 된다는 것이었으며, 그 비즈니스 모델은 지금도 여전히 적용되고 있습니다. 오픈 소스 코드 저장을 무료로 하면 오픈 소스 커뮤니티에 대한 분명한 보상이 될 거라고 생각했습니다. 비공개 코드를 보유한 기업은 돈을 내고 유용한 수단을 사용하는 것을 꺼리지 않을 거라고 여겼기 때문이죠.

그런 논리는 곧바로 효과를 발휘했습니다. 자신이 만들어놓은 비공

272

개 코드를 저장하고 싶은 사람은 우리 제품이 나오자마자 유료 서비스를 신청했습니다. 우리는 비공개 코드 두 건을 한 달 저장하는 비용을 7달러로 정했습니다. 그때까지만 하더라도 기업 사용자가 없었기 때문에 일반 개인들도 부담 없이 사용할 정도로 저렴한 가격을 책정하고 싶었습니다. 한 달에 5달러는 너무 싼 것 같고 10달러는 너무 비싸 보였습니다. 그래서 한 달에 7달러로 정한 것입니다.

깃허브가 수익을 내기 시작하면서 나는 파워셋을 나왔고 우리는 깃허브에만 매달렸습니다. 이전 직장에 근무할 때나 프리랜서로 일할 때만큼 많이 벌지는 못했지만 그래도 필요한 일에 쓸 정도는 수익이 있었습니다. 그러고 나서 매출이 상승하기 시작해, 매달 수익이 늘어났습니다.

깃허브에 풀타임으로 전념하면서 한 달에 1만 달러 정도 수익을 올렸고 우리 두 사람은 각자 3,000달러를 받았습니다. 이후 하이엣P. J. Hyett과 스콧 샤콘Scott Chacon이 세 번째와 네 번째로 깃허브에 합류했습니다.

우리는 수익을 올리고 있었기 때문에 자본조달을 고려할 필요가 없었습니다. 우리가 하는 일을 좋아했고, 당시 보유한 것들과 영입한 사람들에 만족했습니다. 자본조달은 필요하지 않다고 느꼈습니다. 우리는 벤처 캐피털의 자본 지원 없이도 영입하는 인재에게 충분한 연봉을 지불할 만큼 수익을 올리기 위해 정말 노력했습니다. 그래서 우리의 수익이 추가 영입에 충분한 수준까지 오르도록 기다린 뒤 새로운 인재를 영입했습니다.

깃허브의 성장 곡선은 전체적으로 보면 급격히 상승했지만 초창기에는 느린 성장 속도로 인해 매우 평평했습니다. 첫 번째 디자이너와 탄탄한 실력을 갖춘 백엔드 엔지니어를 동시에 영입했을 때, 우리는 한두 달 동안 이익을 내지 못했지만 그럴 만한 가치가 있었습니다. 두 사람 모두 슈퍼스타처럼 놀라운 성과를 만들어냈습니다.

우리에게 처음 접근한 벤처 캐피털 투자자는 플러드게이트 펀드의 경영 파트너 마이크 메이플스였습니다. 그는 "이야기 좀 나눌까요?"라며 물었고, 우리는 "좋습니다. 저녁 식사를 함께 하죠. 단, 저녁은 당신이 사는 걸로 합시다"라고 답했던 것 같습니다. 그는 우리를 저녁 식사에 초대하며 우리에게 투자하고 싶다는 뜻을 비쳤지만, 우리는 투자를 받을 필요가 없다고 생각해 "왜 투자를 받아야 하죠?"라는 반응을 보였습니다. 우리는 이익을 내고 있었고, 당시 성장 속도에 만족했습니다. 연봉과 서버 비용 일부를 제외하면 자본 지출이 전혀 없었습니다. 하지만 그건 아주 사소한 이유였습니다. 우리는 누군가 우리에게 해야 할 일을 지시하는 것을 원치 않았습니다. 우리가 기업을 창업한 가장 중요한 요점은 지시하는 상사 없이 자유롭게 일하는 것이었습니다. 내가 늘 추구하던 방식이었습니다.

우리가 처음으로 자본을 조달했을 때는 100여 명의 직원이 있었고, 이익을 내고 있었던 것으로 기억합니다. 안드레센 호로위츠가 우리에게 접근했고, 구체적으로 기억나지는 않지만 자본조달 아이디어가 협상 테이블에 놓였던 것 같습니다. 우리는 자본조달을 할 수 있었고, 그것도 매우 좋은 가치평가를 받으며 좋은 조건으로 할 수 있었습니다. 그렇게 되면 기업에도 도움이 되는 일이었습니다. 자본조달이 우리에게 어떤 의미가 있을지 최소한 조사라도 하며 알아보는 것도 현명한 판단처럼 보였습니다. 그리고 적절한 가치평가를 받을 수 있으면 자본 조달도 일리 있다고 생각했습니다. 성공적으로 자본을 조달하면, 우리가 더 빨리 성장하고, 기업 고객을 더욱 효과적으로 상대하며 마케팅 활동도 할 수 있을 거라는 생각이 들었습니다. 우리는 샌드힐 거리(실리콘밸리에서 벤처 캐피털 사무실이 모여 있는 곳)에 간 적이 없습니다. 아니, 단 한 번도 없습니다. 항상 벤처 캐피털이 우리에게 왔습니다. 지금 관점에서 보면 꽤나 특이한 경험이었습니다.

우리는 자본을 조달하기로 결정했습니다. 기회를 확인했고, 경쟁자도 나타나기 시작했기 때문입니다. 우리처럼 웹 기반 버전 저장소 호스팅 서비스를 제공하는 기업 빗버킷Bitbucket이 등장했습니다. 물론 우리보다 1년 정도 뒤처진 상태였습니다. 이 상황을 보며 우리는 다른 경쟁자들도 나올 수 있으니 우리의 경쟁우위를 유지하려면 계속 혁신해야 한다고 생각했습니다. 기업 고객을 더 많이 확보해야 하고, 그러려면 영업 직원을 많이 영입해야 했습니다. 그래서 그 분야에 전문성 있는 벤처 캐피털에 진정한 가치가 있을 것으로 판단했고, 실제로 안드레센 호로위츠는 그 분야에서 최고의 전문성을 갖추고 있었습니다.

우리가 선택한 파트너는 피터 레빈Peter Levine이었는데, 그의 경험과 배경이 그를 이사회 멤버로 선택한 이유였습니다. 그는 매우 매력적인 인물이었습니다. 모든 서비스 요소를 갖춘 안드레센 호로위츠는 "CFO를 영입하고 싶으시면 우리가 곧바로 해결해드리겠습니다"라는 식으로 말하며 우리에게 도움을 줬습니다. 나는 CFO를 영입하는 방법을 몰랐고, 그 일을 망치고 싶지도 않았습니다.

이제 쟁쟁한 기업들이 경쟁하는 거대 시장에 진입했으니 금융과 기업의 지배구조를 비롯해 우리가 전문성이 부족한 분야에서 더 책임감을 느껴야 한다고 생각했습니다. 하지만 우리는 다른 기업과 분명히 다른 방식으로 벤처 캐피털을 상대했습니다. 우리가 요구하지 않는 이상 그들이 우리에게 와서 업무 처리 방식을 바꾸라고 말하는 일은 없었습니다. 가장 짜증스러운 일은 그들이 변경된 거래 조건 계약서를 보내며 이전 조건과 무엇이 다른지 정확히 말하지 않는 경우였습니다. 그럴 때면 우리는 이렇게 말했습니다. "이 계약서에서 변경된 부분을 깃허브의 버전 관리 시스템으로 확인해볼 수 있을까요?"

창업자가 독자 자본조달을 선호하는 주요 이유 중 하나는 지분 감소를 방지하기 위해서다. 독자적으로 자본을 조달하는 창업자는 기업을 더 높은 비율로 소유하고, 보다 중요한 역할을 하며, 경영권을 유지한다. 창업 경험자로서 볼 때, 창업자는 때로 자신을 위해서가 아니라 벤처 캐피털을 위해 일한다는 느낌이 들기도 한다. 창업자에게 내가 전하는 최상의 조언은 자기 기업이 벤처 캐피털의 자본을 조달할 수 없다고 생각하라는 것이다. 어떻게 이익을 낼 것인가? 그 전에 어떻게 제품을 만들 것인가? 깃허브와 아틀라시안이 걸어온 여정을 따르면 잘할 수 있다.

수익이 나기 시작하면 자본조달은 기업 여정에서 가장 어려운 부분이 아니라 가장 쉬운 일이 된다. 충분한 이익을 낸 뒤 자본조달을 하면 지분 감소도 훨씬 적고 더 많은 경영권도 유지할 수 있다. 물론 자

276

본 투입 없이 시작하는 것이 말로는 쉽지만 실제로는 어려우며, 많은 스타트업이 그러지 못한다. 이사회 멤버 중에 벤처 캐피털이 없으면 사업을 전환하고 제품의 시장 적합성을 찾을 때까지 반복적으로 시도하기가 훨씬 쉽고 의사결정도 더 빨리 내릴 수 있다. 내 생각이 분명 편향적이기는 하지만, 결국 가장 중요한 것은 전체적으로 볼 때 훌륭한 벤처 캐피털이 기업에 부가가치를 가져다준다는 점이다. 그들은 브랜드 가치를 높이고, 뛰어난 인재를 설득해서 영입하는 데 도움을 주며, 때로는 핵심 파트너나 고객이 될 수 있는 기업의 경영자급 임원을 소개해줄 수도 있다.

활황 시장 vs 침체 시장

2008년 10월 10일 세쿼이아 캐피털은 투자 포트폴리오에 속한 CEO들을 상대로 56장의 슬라이드로 구성된 프레젠테이션을 했다. 프레젠테이션의 제목 'R.I.P. Good Times("좋은 시기여 편히 잠드소서" 또는 "삼가 좋은 시절의 명복을 빕니다"라는 뜻)'는 불길한 징조를 암시했다. 최근의 금융위기가 극적인 경기침체로 이어지며 주식시장은 40%나 하락했다. 세쿼이아의 프레젠테이션 목적은 포트폴리오 소속 기업들이 앞으로 닥쳐올 일에 대비하게 만드는 것이었다. 프레젠테이션에 담긴 내용 중 좋은 소식은 하나도 없었다. 대규모 성장 단계와 인수합병의 시대는 끝났고, 좋은 시기는 다 지나갔다. 스타트업은 비용과 부채를 줄이며 정말 실질적인 비즈니스에 집중해야 했다.

스타트업이 어려운 경제 상황에 직면한 것은 이때가 처음이 아니었다. 세쿼이아의 경영 파트너 더글러스 레온Douglas Leone은 닷컴 버블이 붕괴된 2000년 4월 투자 포트폴리오에 속한 기업들의 CEO에게 이메일을 보냈다. 그리고 2008년 10월에도 포트폴리오 소속 기업들에 비슷한 이메일을 보냈다. 이메일은 현재 투자 유치 활동 중이라면 가능한 한 빨리 활동을 중단하고 실질적인 가치평가에 집중하며, 앞으로 최소한 12개월 동안 기업을 운영할 현금을 확보하지 못했다면 기업 매각을 고려해보라고 조언하는 내용이었다.[1]

더글러스 레온이 이메일을 보낸 바로 그 주에 벤치마크 캐피털 경영 파트너 빌 걸리Bill Gurley와 많은 투자를 실행하는 에인절 투자자 론 콘웨이도 비슷한 내용의 이메일을 포트폴리오 소속 기업들에 보내 비용과 마케팅 예산, 인원을 대폭 줄이고 다른 비용도 최소화하며 현금으로 버틸 수 있는 기간을 3개월 내지 6개월 연장하라고 조언했다.[2] 당시 자본조달 활동은 매우 드물었다. 걸리의 이메일에서 발췌한 내용을 소개한다.

1. 상황이 우리가 미처 인식하지 못할 정도로 빠르게 통제 불능 상태에 빠지고 있다. 침체 시기에는 자체적으로 점점 더 악화되는 부정적 영향이 생긴다.
2. 반드시 해야 할 상황이 아니면 자금을 쓰지 마라.
   1) 직원들이 앉을 자리가 없을 정도로 혼잡하지 않으면 사무실을 옮기지 마라.
   2) 필요할 때까지 직원을 늘리지 마라.

3) 웹사이트가 먹통이 되기 전에는 데이터 센터 용량을 늘리지 마라.

3. 일찍 뛰어들어 자금이 고갈되는 것보다 늦게 움직이는 게 더 낫다.

4. 매달 법무, 회계 등 모든 기능별 예산을 점검하라.

5. CEO의 마음가짐뿐만 아니라 기업 전체의 마음가짐이 중요하다.

1) 전 직원이 과정에 참여해야 한다.

2) 단, 도망치듯 달려가는 것이 아니라 차분하게.

6. 자금이 고갈되는 상황에 대비한 두세 개의 시나리오를 만들어라. 어느 시점에서라도 앞으로 몇 달 동안 버틸 현금이 있는지 제때 파악해야 한다.

시장이 위축되는 시기에 벤처 캐피털이 주의를 기울이는 현상은 비밀이 아니다. 이론상으로는 현재의 주식시장 하락세가 벤처 투자자의 투자 방식에 전혀 영향을 미치지 않아야 한다. 벤처 투자자는 결국 7년에서 10년에 걸쳐 수익을 추구하며 장기적 관점에서 투자하는 전략을 펴기 때문이다. 하지만 실제로는 주식시장의 폭락 사태가 스타트업의 자본조달에 영향을 미친다. 벤처 캐피털의 총투자금액은 2008년 400억 달러 이상에서 1년 뒤 300억 달러 미만으로 줄어들며, 2009년과 2010년 스타트업의 자본조달에 큰 영향을 끼쳤다.

보다 냉혹한 현실은 자본조달에 어려움을 겪는 스타트업이 더 낮은 가치평가 기준으로 투자를 받아야 한다는 것이다. 2007년 시리즈 C 투자 단계에서 평균 4,000만 달러였던 투자 전 가치평가가 2009년에는 약 2,500만 달러로 하락했다. 이와 비슷하게 2020년 코로나바이러

스로 인한 각국의 봉쇄 조치로 투자 활동이 약 25% 줄었지만, 곧바로 정상 상태로 회복하고 이후에는 오히려 더 늘어났다.

전체적으로 보면 주식시장을 포함한 경제 상황의 활황과 침체는 벤처 캐피털의 투자 금액과 가치평가 모두에 영향을 미치며 후기 단계에 접어든 스타트업에 더 많은 타격을 입힌다. 하지만 그런 영향이 파멸을 불러올 만큼 비극적이지는 않다. 이런 시기에는 스타트업이 자본을 조달하기가 더 어려워지고 별로 높지 않은 가치평가로 자금을 조달할 수밖에 없지만, 비즈니스 세계는 여전히 굴러가고 벤처 캐피털은 계속 투자 활동을 하며 스타트업은 어떡하든 자금을 구하고 유니콘은 여전히 탄생한다.[3]

심지어 가장 강력한 기업들도 경기침체 시기에는 후속 투자 유치 단계, 특히 성장을 위한 투자 단계에서 낮은 가치평가를 받으며 타격을 입는다. 페이스북은 2007년 시리즈 C 투자 유치 단계에서 150억 달러에 이르는 가치평가를 받으며 자본을 조달했다. 곧이어 금융위기 사태가 발생했고, 이때 시도한 시리즈 D 투자 유치 단계에서 페이스북은 이전 단계의 절반에 불과한 60억~80억 달러의 가치평가를 받았다(페이스북은 결국 러시아 투자 그룹 DST 글로벌에서 100억 달러의 가치평가로 시리즈 D 단계 투자를 유치했다). 이와 비슷하게 에어비앤비도 코로나19 팬데믹 발생 직후인 2020년 4월, 이전 단계보다 낮은 260억 달러의 가치평가를 받으며 10억 달러의 신규 자본을 조달했다. 이로부터 7개월 후 에어비앤비는 기업 공개를 하며 1,000억 달러가 넘는 가치평가를 받았다.

자본조달이 시장 상황을 쫓아가는 한 가지 이유는 벤처 캐피털 자체가 벤처 캐피털 기업에 투자하는 제한된 파트너에게서 조달하는 자본에 의존하기 때문이다. 벤처 캐피털에 투자한 유한책임 파트너들은 자신의 투자 포트폴리오가 헤지펀드와 같은 공개시장 주식과 벤처 캐피털 같은 비공개 사모 시장 사이에서 균형을 이루기를 원한다. 주식시장이 폭락하면 그들의 투자 금액 중 주식시장의 비중이 줄어들고 벤처 캐피털 자산이 차지하는 비중이 갑자기 늘어나므로 벤처 캐피털에 대한 투자를 꺼린다. 이에 따라 다음 투자 펀드를 위한 자본을 조달하려던 벤처 캐피털은 기존 펀드를 더 오래 유지하기 위해 투자 속도를 줄일 수도 있다. 벤처 캐피털은 기회주의적으로 생각할 수도 있다. 벤처 캐피털의 전체 투자 활동이 줄어들면 자본을 조달하려는 스타트업도 같이 줄어들고, 스타트업의 가치평가도 낮아질 것이다. 따라서 벤처 캐피털은 더욱 낮아진 가치평가로 투자할 기회가 올 때까지 기다릴 것이다.

마지막으로, 대부분의 유한책임 파트너는 벤처 캐피털이 투자 펀드의 다양한 투자 기간에서 오는 이득을 얻기 위해 오랜 기간에 걸쳐 투자할 것을 요구한다. 그렇게 해서 활황 시기와 침체 시기의 투자 펀드가 균형을 이루기를 바라는 것이다.

내 연구에 포함된 일부 거대 기업들은 자본조달이 어려운 불황 속에서도 창업했다. 2007년에는 그전 어느 해보다 많은 수십억 달러 기업이 탄생했고, 2009년에 출범한 일부 기업은 어느 때보다 많은 가치를 창출했다. 2008년이나 2009년에 창업한 수십억 달러 스타트업은 에어비앤비, 앱다이내믹스AppDynamics, 클라우데라, 클라우드플레어, 도커Docker, 팬듀얼FanDuel, 옥타, 페이저듀티PagerDuty, 핀터레스트, 쿼라, 슬랙, 스퀘어, 스템센트릭스Stemcentrx, 섬택Thumbtack, 우버, 왓츠앱 등이다. 내가 보기에는 상당한 수준의 스타트업 집단이다. 어쩌면 혁신은 위축된 시기에 탄생하는지도 모르겠다. 하지만 침체 시장 주기가 더 훌륭한 결과에 이르게 했는지 확인할 만큼 데이터가 충분하지는 않다. 이를테면 2008년과 2009년에 창업한 수십억 달러 스타트업 집단의 성공은 스마트폰 확산과 클라우드 컴퓨팅으로의 전환 덕분일 수도 있다.

불황 주기에 자본조달이 어려워질수록 경기침체는 최소한 이론상으로는 다른 과정을 더욱 쉽게 또는 저렴하게 만들 수 있다. 어려운 시기가 닥치면 기업은 모든 사람이 인재 영입을 위해 경쟁하는 호황기에 비해 대졸 신입 사원이나 다른 기업에서 해고된 인재를 보다 쉽게 채용할 수도 있다. 2020년 초 우버와 에어비앤비 같은 기업에서 일어난 해고 사태 이후 뛰어난 인재를 영입한 스타트업이 많다.

2008년의 경제 불황 시기에만 크게 성공한 기업들이 탄생한 것은 아니다. 1987년 주식시장 붕괴 직후 창업한 시스코와 1980년 불황 시기에 창업한 암젠Amgen, 미국이 대공황에서 벗어날 즈음에 창업한 휴렛팩커드가 경제 불황 속에서 탄생한 기업이다. 2008년 금융위기가 한창일 때 자본조달 상황은 더 심각했다. 투자 계약 건수와 총투자금액 모두 최소한 25% 하락했고 가치평가는 더욱더 낮아졌다. 하지만 침체 시장에서도 벤처 캐피털은 여전히 투자 활동을 한다.

닷컴 기업이 붕괴하고 몇 년 지난 2002년 벤처 캐피털의 투자총액은 1997년 수준을 회복했고, 2009년에는 2005년 수준으로 되돌아갔다. 특히 초기 단계에 있는 훌륭한 기업들은 여전히 시드 자본조달 단계 때 받았던 가치평가에 크게 영향을 미치지 않고 자본을 조달했다.

불황 시기에 창업하는 것은 쉬운 결정이 아니며 창업자의 진정한 용기와 의지가 필요한 일이었다. 옥타의 공동 창업자 토드 매키넌은 2008년 불황 시기에 높은 연봉을 받던 세일스포스를 그만두고 창업하려는 계획이 옳은 결정이며 정신 나간 짓이 아니라는 것을 설득하기 위해 부인과 친구들을 상대로 프레젠테이션을 준비해야 했다. 그는 프레젠테이션 제목을 '내가 미치지 않은 이유Why I'm Not Crazy'라고 붙였다.[4] 프레젠테이션을 통해 매키넌은 새로운 기업이 자본을 조달하고 자신이 월급을 받을 수 있을 때까지 그동안 모아둔 돈으로 가족의 생계를 꾸려나갈 재무 계획을 펼쳐 보였고, 만일 일이 뜻대로 되지 않을 경우 다른 직업을 구할 방법도 간략히 설명했다.

스타트업은 장기적 관점에서 비즈니스를 구축하므로 제품 출시가 준비될 즈음에 시장이 다시 회복하고 안정세에 접어드는 경우도 있다는 사실을 우리는 기억해야 한다. 여기서 강조하고 싶은 점은 시장 상황이 좋든 암울하든 기업을 창업할 수 있고 또 창업해야 한다는 것이다.

불황 한가운데서 창업한
수십억 달러 기업

– 클라우드플레어 공동 창업자, 미셸 재틀린 –

불황 속에서 탄생한 또 하나의 기업으로 샌프란시스코에 기반을 둔 보안 및 인프라스트럭처 전문 기업 클라우드플레어Cloudflare를 들 수 있다. 2009년 창업한 클라우드플레어는 웹사이트 방문자와 웹사이트 호스팅 서버 사이에서 웹사이트를 보다 빠르고 안전하게 만드는 서비스를 제공한다. 많은 벤처 캐피털이 금융위기 때문에 투자를 중단한 2009년 11월 첫 번째 자본조달에 성공했다. 그리고 10년 뒤 기업을 공개하며 50억 달러에 가까운 가치평가를 받았다. 클라우드플레어의 공동 창업자이자 최고운영책임자인 미셸 재틀린Michelle Zatlyn을 만나서 들은 클라우드플레어의 스토리를 소개한다.

나는 캐나다에서 어린 시절을 보냈고 맥길대학교에서 과학과 화학 전공으로 학부를 마쳤습니다. 그때는 이 전공들을 바탕으로 의학을 공부하면 의사가 될 수 있다고 생각했습니다. 하지만 어느 시점에 이르러 나는 더 이상 의사가 되고 싶지 않았습니다. 그래서 학부 졸업 후 의과대학에 가는 대신 취업에 나섰습니다. 당시 부모님이 한숨을 내쉬며 내게 말했던 기억이 납니다. "의과대학에 지원하지 않겠다니, 도대체 무슨 말이야? 그 대신 무엇을 할 생각인데?" 아무리 생각해봐도 내가 무엇을 하고 싶은지 전혀 알 수 없었습니다.

첫 직장은 금융 쪽이었습니다. 내가 하는 일은 좋아했지만 금융 산업은 싫었습니다. 그러고 나서 토론토에 있는 기술 스타트업에 들어갔습니다. 벤처 캐피털에서 아직 자본을 조달하지 못한 매우 초기 단계 스타트업이었습니다. 그곳에서 기술력을 갖춘 한 그룹의 열정적인 사람들이 어떤 문제를 해결할 수 있는지 처음으로 알 수 있었습니다.

2년 반 뒤 토론토의 도시바Toshiba에 제품 매니저로 취업했는데, 6,000만 달러에 이르는 제품 라인의 손익을 책임지는 자리였습니다. 그곳 분위기는 스타트업 환경과 정반대였습니다. 어느 순간 나는 기술력을 갖추면 사람들에게 큰 도움을 줄 수 있다는 사실을 깨달았습니다. 의사가 되면 할 수 있겠다고 생각한 일을 기술 부문에서 발견한 것입니다.

비즈니스의 기초 지식을 배울 필요가 있었던 나는 여러 MBA 프로그램에 지원했는데 하버드에 합격했습니다. 하버드 경영대학원에는 학생들이 국제 경험을 쌓을 수 있도록 세계 곳곳을 둘러보는 여행을 추진하는 등 놀랄 만한 과정이 많았습니다. 하버드 경영대학원에서는 또 광범위한 부문에 진출한 졸업생을 활용해 언제든 기업과 정부 기관을 방문할 수 있었습니다. 경영대학원 2년 차에는 실리콘밸리를 방문하는 프로그램이 있었는데, 캐나다 출신이라 그곳에 한 번도 가보지 못한 터라서 곧바로 신청했습니다.

방문 시기는 금융위기 직후인 2009년 1월이었습니다. 온 세상이 암울했습니다. 주식시장은 이미 오래전에 폭락했고 시장이 침체된 탓에 창업하기에 좋은 시기는 아니었습니다. 자본조달은 어려웠고 모든 기업이 비용을 줄이려 노력했습니다. 그런 시기의 여행이었지만 우리는 여전히 대단한 사람들을 만날 수 있었습니다.

당시 실리콘밸리에서 모바일 게임을 개발하며 100억 달러 이상의 가치평가를 받은 징가Zynga는 정말 핫한 기업이었습니다. 그때 징가의 창업자 마크 핀커스Mark Pincus가 개최한 환영 행사에 참석했던 기억이 납니다. 캐나다 출신 경영대학원 2년 차 학생이 마크 핀커스를 만나는, 상상도 못 했던 멋진 일이 일어났습니다. 페이스북과 엣시Etsy를 비롯한 여러 기업에 투자한 벤처 투자자 짐 브레이어Jim Breyer도 우리와 이야기를 나눴습니다. 그 주 수요일에 우리는 샌프란시스코 남쪽 서니베일Sunnyvale에 있는 글로벌 스타트업 액셀러레이터, 플러그 앤드 플레이 테크센터Plug and Play Tech Center를 방문해 초기 단계에 있는 많은 스타트업이 자기 아이디어를 홍보하는 모습을 봤습니다. 나는 휴식 시간에 한 동기생을 찾아가 말했습니다. "저 사람이 창업할 수 있으면 나도 할 수 있지 않을까?" 그는 나를 인정하는 친구답게 대답했습니다. "당연히 할 수 있지."

그 친구는 지금 나의 비즈니스 파트너 매슈 프린스Matthew Prince입니다. 프린스는 경영대학원에 입학하기 전 리 홀러웨이Lee Holloway와 함께 온라인에서 스팸 메일 발송자를 추적하는 허니팟Honey Pot이라는 프로젝트를 시작했습니다. 나는 사람들이 과연 그런 시스템에 등록할지 의심스러웠습니다. 프린스가 내게 설명했습니다. "허니팟의 모든 사용자는 스팸 메일로 공격하는 나쁜 자들을 우리가 실질적으로 막아 허니팟 사용자의 인터넷 환경이 더 빨라지게 도와주기를 바라기 때문에 등록할 거야." 바로 그 순간 내 입에서 "아하!" 하며 탄성이 나왔습니다.

그날 밤 우리는 허니팟을 학교 프로젝트로 시작했습니다. 팰로앨토 시내 중심가에 있는 쉐라톤 호텔에 가서 냅킨 위에 그 일의 개요를 썼습니다. 그런 뒤 우리의 지도 교수인 톰 아이젠만Tom Eisenmann에게 가서 말했습니다. "우리에게 아이디어가 있는데, 우리의 조언자가 되어주실 수 있나요?" 아이젠만 교수가 대답했습니다. "내게 시간은 많지 않지만, 다른 학생도 아니고 자네들이니 그렇게 하겠네."

프로젝트를 시작한 첫 달에 우리는 큰 문제가 있다는 사실을 입증했습니다. 다음 단계는 문제에 대한 기술적 해결 방안을 마련할 수 있을지 파악하는 것이었습니다. 그때 우리는 스스로 물었습니다. "이 프로젝트에 사업성이 있을까?" 사업성이 있다고 확신이 서자 우리는 사업계획서를 작성하고 대학원 경진대회에서 발표할 홍보 내용을 준비했습니다. 결국 우리가 1등을 했습니다!

당시에는 대단한 일이 아니었지만, 대학원을 졸업한 뒤 내가 할 일이 줄을 섰습니다. 나는 이 모든 결과가 사업계획경진대회 심사위원을 맡아 우리에게 사업계획을 실질적인 비즈니스로 만들어보라고 강하게 주

288

장했던 일부 투자자 덕분이라고 생각합니다. 하이랜드 캐피털의 댄 노바Dan Nova는 이렇게 조언했습니다. "여러분의 아이디어는 정말 흥미롭습니다. 우리 벤처 캐피털의 기술 담당 파트너를 꼭 만나보기 바랍니다." 그 말에 프린스와 나는 "잘 모르겠습니다. 이건 그저 학교 프로젝트일 뿐입니다"라고 대답했습니다. 그러자 노바는 다시 강조했습니다. "아닙니다, 여러분은 우리 기업의 기술 부문 파트너 피터 벨Peter Bell을 만나야 합니다. 반드시 그렇게 해야 합니다."

하이랜드를 방문했을 때 우리는 아이디어 홍보용 프레젠테이션조차 준비하지 않았습니다. 그들은 우리에게 여름 동안 하이랜드 캐피털 전속 창업 기업가로 활동해달라고 제안했습니다. 벤처 투자자는 잠재적 창업 기업가가 자기 아이디어에 몰두하며 어떤 결과로 이어질지 확인할 수 있도록 창업 인큐베이터 역할도 합니다. 우리는 곧바로 짐을 챙겨 보스턴에서 실리콘밸리로 넘어갔습니다.

나는 창업자에 관한 책을 많이 읽었는데, 책 속에 담긴 데이터를 보면 창업 기업의 95%가 실패합니다. 그런 데이터를 접하면 스스로 묻게됩니다. "내가 왜 기업을 창업하려고 할까?" 클라우드플레어를 창업할 때 나는 이런 책을 읽으며 '만약 그런 식으로 생각한다면 그 누구도 창업하지 말아야 한다'라고 생각했습니다. 두렵지는 않았지만 성공할지 확신이 없었습니다. 시장 상황이 어려운 시기이기도 했고요. 하지만 우리가 일찍 뛰어들었고, 아직은 매우 산만하고 허접한 상태에 있는 분야 중 하나였기 때문에, 많은 비용이 발생하지는 않았습니다.

최상위층 벤처 캐피털 벤록Venrock(벤처와 록펠러의 합성어_옮긴이)이 그해 통틀어 투자한 유일한 기술 기업이 우리였습니다. 우리는 2009년

11월 자본조달에 성공했습니다. 우리가 투자자에게 사업 아이디어를 홍보할 당시에는 시장 상황이 그렇게 나빴다는 걸 전혀 몰랐다가 한참 뒤에야 알았습니다.

기술 스타트업의 좋은 점은 이미 기술 기업을 창업한 많은 사람에게서 교훈을 얻을 수 있다는 것입니다. 나는 판매팀을 구축하는 방법과 눈여겨봐야 할 지표들에 관한 책을 많이 읽었습니다. 마케팅 전문 기업 허브스팟HubSpot의 다메시 샤Dharmesh Shah는 블로그에 그런 내용으로 수많은 글을 남겼고, 레드포인트 벤처스의 토마즈 텅거즈Tomasz Tunguz는 서비스형 소프트웨어SaaS 기업에 관한 수많은 지표를 발표했습니다. 다메시 샤와 토마즈 텅거즈란 인물을 알고 모르고는 중요하지 않습니다. 그들의 글을 읽고 배우기만 하면 됩니다. 나는 스펀지처럼 지식을 빠르게 흡수합니다. 그것이 내게는 많은 도움이 됐습니다.

재틀린과 공동 창업자들은 불황 한가운데에서 수십억 달러 기업을 창업할 수 있었다. 그들에게 희망을 준 요소는 다른 사람들도 새로운 기업을 창업한다는 사실이었다. 많은 사람의 격려와 그들의 아이디어를 좋아했던 벤처 캐피털의 소규모 투자도 창업에 도움을 줬다. 이 장 앞부분에서 확인했듯이 필요한 자본을 조달할 수 있으면 어떤 경제 주기에 창업하든 상관없다. 이런 관점은 다음 장에서 다루는 자본 효율성과 기업 확장을 위해 서로 다른 스타트업에 필요한 다양한 수준의 자본투자로 이어진다.

290

15

자본 효율성

카트리나 레이크는 2009년 하버드 경영대학원에 입학했을 때 이미 의류 쇼핑 분야에서 창업하고 싶었다. 기술을 활용해 개인 스타일리스트처럼 고객의 스타일에 따라 의류를 추천하는 개인 맞춤형 쇼핑 서비스를 구상하고 있었다. 대학원을 다니는 동안 스타트업 스티치 픽스를 운영한 것은 미래의 위험에 대비하는 방식이었다. 카트리나 레이크는 훗날 인터뷰에서 말했다. "최상의 시나리오는 나 자신의 비즈니스를 시작하는 것이고, 그럴 수 있으면 정말 좋을 거라고 생각했죠. 최악의 경우에 이르더라도 내게는 하버드 MBA 학위가 있을 것이고, 그것이 그리 나쁘지는 않다고 생각했습니다."[1]

스티치 픽스를 운영한 지 6개월 만에 레이크는 13만 2,000달러의 수익을 올렸다. 그녀는 컴퓨터 코딩을 몰랐기 때문에 의류 추천 비즈니스를 웹사이트가 아니라 구글 닥스Google Docs와 서베이몽키 SurveyMonkey, 엑셀Excel로 운영했다. 그럼에도 스티치 픽스의 고객층은 늘어났다. 스티치 픽스는 베이스라인 벤처스의 스티브 앤더슨Steve Anderson에게서 조달한 시드 자본을 활용해 소규모 재고를 마련했다. 고객의 신용카드 정보를 입력하고 주문을 처리하기 위해 도우미 서비스 중개 사이트인 태스크래빗을 활용하고 인턴들도 고용했다.

레이크는 비즈니스를 확대하기 위한 몇 가지 차선책을 개발했다. 고객의 개인별 스타일을 결정하는 엑셀 모델과 개인 정보를 수집하는 설문 조사, 상품 대금을 받기 위해 각 고객에게 수동으로 보내는 페이팔 링크를 만들었다. 하지만 비즈니스 확장에 필요한 재고 구매를 위한 차선책은 없었다. 의류 판매 비즈니스의 특성상 스티치 픽스의 비즈니스 모델은 자본 지출이 많을 수밖에 없는 구조였다. 또한 고객의 스타일에 맞는 의류를 조합하고 고르는 다수의 스타일리스트에게 의존했다. 그렇다 보니 스타일리스트에게 지출하는 비용도 만만치 않았다.

벤처 캐피털에서 근무한 적 있는 레이크는 투자자들이 이런 형태의 비즈니스 모델을 미덥지 않게 여길 수 있다는 것을 잘 알고 있었다. 이를 두고 레이크가 말했다. "의류를 대량으로 구매하는 기업에 열광하는 벤처 투자자는 그리 많지 않지만, 우리가 비즈니스를 운영하려면 재고를 비축해야만 합니다."[2] 그녀는 또 투자자가 종종 인간의 노동력(스티치 픽스의 경우에는 스타일리스트)에 의존하는 비즈니스를 꺼린다는 사실도 알고 있었다. 투자자는 인간의 노동력에 비례해 성장하는 기업의 자본 효율성이 낮다고 생각하기 때문이다.

레이크는 벤치마크 캐피털의 빌 걸리와 같은 벤처 투자자에게서 초기 단계 자본은 조달했지만, 성장 단계에서 투자를 유치하는 데 어려움을 겪었다. 그래서 현재 보유 중인 자금을 매우 효율적으로 사용하는 방법을 터득해야 했다. 그 결과 스티치 픽스는 공급 업체에 매입 대금을 지급하기 전에 의류를 판매하고 재고를 가능한 한 빠르게 소진했다. 또한 미판매 제품을 오랫동안 재고로 보유할 필요가 없게 현금 전환 주기도 변경했다. 레이크는 뛰어나고 노련한 데이터 과학자를 영입해 스티치 픽스를 강력한 기술 기업과 최고 데이터 과학자들이 모여드는 인재 집합소로 바꿔놓았다. 스티치 픽스는 일련의 정교한 알고리즘으로 고객의 스타일을 더 많이 이해할 수 있었고, 이를 통해 스타일리스트의 업무 능력을 향상시키며 비용을 크게 낮출 수 있었다.

"만약 1억 달러의 자본을 조달했더라면 내가 당시 알고 있었던 만큼 비즈니스를 잘 이해했을지 모르겠습니다." 레이크는 당시를 이렇게 기억한다. "자본이 부족했기 때문에 우리의 강점을 파악해야 했습니다. 벤처 투자자에게 의존하지 않도록 매우 이른 시기에 수익성을 고민해야 했습니다. 그런 상황은 분명히 우리 기업과 팀을 더욱 강하고 탄탄하게 만들었습니다."

창업한 지 3년도 안 되어 스티치 픽스는 수익을 냈다. 레이크는 최소한 부분적으로는 매우 적은 자본으로 비즈니스를 운영해야 했던 상황 덕분이라고 생각하며 덧붙여 말한다. "창업 기업가에게 최악의 조언은 가능한 한 많은 자본을 조달하라는 말입니다. 자본이 너무 많아 자신이 하는 비즈니스의 경제성을 생각할 필요가 없었던 탓에 실패한 기업들이 있습니다."[3] 2017년 스티치 픽스는 기업을 공개하며 16억 달러가 넘는 가치평가를 받았다. 당시 서른네 살이던 카트리나 레이크는 가장 젊은 나이에 기업을 공개한 여성이었다.

창업자 대부분은 자본 효율적인 비즈니스 모델의 가치를 잘 알고 있다. 최소 투자 금액으로 최상의 결과를 달성해 지분 감소를 피하는 것이 투자자와 창업자 모두에게 가장 이득이 된다. 하지만 자본 지출이 적은 스타트업은 쉽게 발견되지만 자본 '효율적'인 스타트업이 창업 첫 날부터 명백하게 드러나지는 않는다. 대량 구매와 재고 보유, 보관, 선적, 그리고 스타일리스트에서 창고 근무자에 이르는 많은 인원의 노동력이 필요한 스티치 픽스 같은 스타트업은 처음에 자본 집약적이고 효율성이 낮은 기업으로 보였을 것이다. 레이크는 공급 업체와의 계약을 조정하고 데이터 과학자를 영입해 스타일리스트의 업무 능력을 향상시키며 비즈니스를 확장함으로써 스티치 픽스를 자본 효율적 기업으로 바꿔놓았다.

자본 효율적 기업의 자본이 적은 건 사실이다(자본 지출이 적은 상태를 약어로 '적은 캐펙스low CapEx'로 표시하기도 한다). 하지만 실제로는 많은 자본이 필요한 기업도 자본조달과 수십억 달러 기업에 이르는 데 성공할 수 있다. 내 연구에 포함된 수십억 달러 스타트업의 약 42%는 적은 자본으로 운영됐으며, 28%는 중간 규모, 30%는 자본 지출이 많은 비즈니스 모델이었다.

스페이스X 같은 기업의 사례를 살펴보자. 2002년 일론 머스크Elon Musk는 개조한 중고 우주선을 구입하려다 실패하자 직접 우주선을 제

294

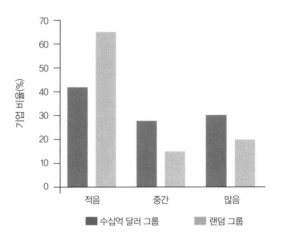

수십억 달러 스타트업의 58%는 중간 규모 또는 많은 자본이 필요한 비즈니스 모델이었다.

작하기로 결정한 후 우주여행 기업을 창업했다. 그는 화성을 탐험하며 화성의 토양에서 식물을 재배하고, 궁극적으로 사람들이 화성에서 거주할 수 있게 만드는 비전을 품고 있었다. 그렇게 하려면 우주 로켓이 필요했고, 그 비용만 수백만 달러에 이르렀다.

머스크는 러시아에서 개조한 중고 로켓을 구하려 했지만 우주 로켓을 전혀 모르는 초짜라는 이유로 거절당하고 빈손으로 미국에 돌아왔다. 러시아를 두 번째 방문했을 때는 나사에서 중역으로 근무했던 마이크 그리핀Mike Griffin과 함께 갔다. 두 사람은 우주 로켓 생산 기업과 다시 만나 우주 로켓 한 대를 800만 달러에 판매하겠다는 제안을 받았다. 머스크는 높은 가격에 머뭇거리다 회의장을 떠났다. 이후 자세한 계산을 거쳐 우주 로켓을 제작하는 데 필요한 원자재 가격이 현재 우주 로켓 시가의 극히 일부분에 불과하다는 사실을 알아냈다. 우주 로켓을 자체적으로 제작하면 필요한 우주 로켓들의 제작비용을 충분히 감당할 수 있다는 생각이 들었다. 대부분의 장비를 직접 제작하면 스페이스X의 발사 비용을 10분의 1로 줄이고도 70%의 매출 총이익을 달성할 수 있었다.

머스크는 공동 창업한 페이팔의 매각 대금 일부를 포함한 자기 자금으로 스페이스X를 시작했다. 2006년 3월까지 개인 자금 1억 달러를 스페이스X에 투자하고 파운더스 펀드와 DFJ 그로스를 포함한 투자자들로부터 1억 달러의 자본을 추가로 유치했다. 우주 로켓을 제작하는 비즈니스는 많은 자본이 필요하며 이런 수준의 자본투자는 개인이 설립한 스타트업에 이례적인 일이었다.

머스크는 재사용 가능한 우주 로켓을 자체 제작함으로써 우주선 사업의 경제성을 다시 생각하며 스페이스X를 실현 가능한 사업으로 만들 수 있었다. 최근 360억 달러에 이르는 가치평가를 받은 스페이스X는 역사상 처음으로 인간을 우주에 보낸 민간 기업이다. 머스크가 소유한 또 다른 기업 테슬라와 사람의 두뇌와 컴퓨터를 연결하는 뇌컴퓨터 인터페이스 전문 스타트업 뉴럴링크Neuralink, 터널 건설 전문 스타트업 보링컴퍼니Boring Company도 자본 지출이 많은 비즈니스 모델에 속한다.

이와 달리 비바 시스템스 같은 기업은 처음부터 저비용 비즈니스 모델을 운영했다. 2007년 창업한 비바 시스템스는 바이오테크 기업과 제약 기업을 위한 클라우드 기반의 고객 관계 관리 애플리케이션을 만든다. 생명과학 산업에 초점을 맞춰 데이터 관리와 규제 준수에 관한 심층 지식을 개발하고, 이를 발판으로 생명과학 산업계에서 가장 많이 찾는 제품을 만들어냈다. 비바 시스템스의 고객은 다른 산업에 속한 기업보다 소프트웨어에 더 많은 돈을 쓸 수 있는 존슨앤드존슨, 암젠, GSK, 노바티스Novartis, 화이자Pfizer와 같은 거대 제약 기업이다. 동시에 비바는 한 산업 분야에 집중한 덕분에 고객 확보 비용을 낮게 유지할 수 있었다.

비바 시스템스는 조기에 탄탄한 고객층을 구축할 수 있었기 때문에 5억 달러 수익을 가장 빨리 달성한 기업 중 하나였다.[4] 또한 내 데이터에 속한 기업 중 자본 효율성이 가장 좋은 스타트업에 속한다. 비바는 총 700만 달러의 자본을 조달했고, 그 뒤 곧바로 수익을 냈다. 2013년 기업을 공개하며 24억 달러 이상의 가치평가를 받았다. 비바는 기업 공개 후 3년 만에 500% 성장을 기록하며 상장 기업으로서 엄청난 성과를 냈다.

자본 집약에서 자본 효율로

이론상으로는 자본 지출이 낮은 기업이 더 높은 수익을 내야 한다. 이런 기업은 또 앞으로 추가 자본조달에 따른 지분 감소율도 낮다. 이것이 바로 투자자가 높은 마진율과 낮은 자본 지출 비즈니스 모델인 소프트웨어 기업을 선호하는 이유다. 소프트웨어 스타트업은 일반적으로 물리적 자산이 적고 비용 지출 대부분은 서비스에 대한 기술 개발 인건비이기 때문에 자본 지출이 적다. 물리적 요소를 갖춘 제품은 대부분 자본 집약적 비즈니스 모델에 속한다.

바이오테크 기업을 예로 들어보자. 신약 개발에 나선 바이오테크 기업은 수익을 낼 기회가 오기 전까지 오랜 기간에 걸쳐 연구 실험실 비용과 대규모 장비 구입비, 인건비를 감당해야 한다. 또한 엄청난 비용이 발생할 수 있는 임상 시험도 정기적으로 실시해야 한다. 의료 장비 생산, 보건의료 서비스, 하드웨어, 재료과학, 에너지 제품 관련 기업들도 동일한 문제에 직면한다. 영상 위성을 지구 궤도로 쏘아 올린 뒤 이 영상에서 수집한 데이터와 관찰 결과를 판매하는 플래닛 랩스는 엄청나게 많은 자본이 필요한 비즈니스 모델이다. 하지만 이렇게 엄청난 자본 필요성이 일종의 방어 요인으로 작용할 수 있었다. 위성 수백 대를 우주로 보내는 데 필요한 자본을 조달할 수 있는 기업은 그리 많지 않고, 시장에 막 진입한 기업 입장에서 보면 단지 경쟁 기회를 얻기 위해 그 많은 자본을 조달한 사실 자체가 어느 시점에서는 문제가 될 수 있기 때문이다. 투자자와 창업자는 자본 집약적 스타트업을 절대 배제하지 말아야 한다. 그런 스타트업이 더 탄탄할 수 있으며 막대한 자본 필요성은 경쟁자에 대한 견고한 진입 장벽으로 작용할 수 있다.

자본 지출이 적은 서비스형 소프트웨어 기업만 자본 '효율적'일 수 있다는 생각은 오해다. 내가 수집한 데이터를 보면 자본 효율적인 수십억 달러 스타트업에는 서비스형 소프트웨어 기업뿐만 아니라 다른 많은 형태의 스타트업도 포함돼 있었다. 왓츠앱과 같은 일반 소비자 대상 기업도 있으며 카이트 파마와 스템센트릭스 같은 제약 기업도 있었다. 물론 깃허브와 슬랙 같은 서비스형 소프트웨어 기업도 이 부류에 속한다. 자본 지출이 많은 비즈니스 모델을 운영하는 기업은 자본 지출이 적은 기업에 비해 자본 효율성이 평균 25%만 낮았다. 많은 자본 지출이 항상 낮은 자본 효율성을 뜻하지는 않으며, 일부 자본 집약적 스타트업의 자본 효율성이 높은 경우도 있었다.

그러므로 자본 효율적이라고 해서 반드시 자본 지출이 낮은 것은 아니다. 수십억 달러 스타트업 중 자본 효율성이 가장 낮은 기업들을 보면 소프트웨어와 서비스형 소프트웨어, 제약, 물리적 제품 분야 스타트업들이 섞여 있다. 물리적 자산이 적은 비즈니스 모델을 운영하는 일부 스타트업은 마케팅과 고객 확보, 판매 등에 많은 비용을 지출해야 하기 때문에 장기적 자본 지출이 늘어났다.

서비스형 소프트웨어 기업의 자본 효율성도 그 폭이 매우 넓었다. 칼럼니스트 김신Kim Shin이 주식시장에 상장된 서비스형 소프트웨어 기업의 조달 자본 총액을 연간 반복 수익annual recurring revenue, ARR으로 나눈 비율을 분석해 『테크크런치』에 기고한 글을 살펴보자('기업 공개 당시 ARR과 누적 조달 자본' 그래프 참조).

비즈니스와 기술 분야에서 끊임없이 변하는 역학관계도 자본 효율성에 영향을 미칠 수 있다. 클라우드 컴퓨팅이 유행하기 전에는 하드웨어와 서버가 필요했던 소프트웨어 기업의 자본 효율성이 낮았지만 클라우드 기반이 늘어나면서 그런 비용이 큰 폭으로 줄어들었다. 하지만 오늘날 점점 더 늘어나는 컴퓨터 사용량으로 클라우드 컴퓨팅과 고객 확보 비용이 지속적으로 증가하면서 소프트웨어 기업의 자본 효

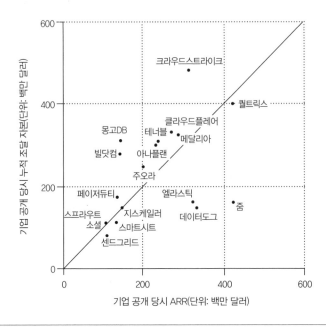

서비스형 소프트웨어 스타트업 사이에서도 자본 효율성은 제각각이었다. 대각선 아래에 표시된 기업들의 자본 효율성이 더 높다.
출처: Shin Kim, "Most Tech Companies Aren't WeWork," *TechCrunch*, January 24, 2020, https://techcrunch.com/2020/01/24/most-tech-companies-arent-wework/.

율성이 예전보다 낮을 수도 있다. 레드포인트 벤처스의 경영 파트너 토마즈 텅거즈는 투자자본수익률return on invested capital, ROIC 을 분석했다. ROIC는 벤처 캐피털이 투자한 자본 1달러에 대한 수익을 나타낸다. 텅거즈의 분석은 서비스형 소프트웨어 기업의 ROIC가 처음에는 증가했지만 2014년 이후 감소했다는 결과를 보여준다('연도별 투자자본수익률' 그래프 참조).

자본 지출이 적은 기업과 많은 기업 모두 수십억 달러 기업에 이를

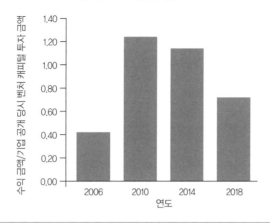

소프트웨어 기업의 자본 효율성은 계속 줄어들었다.

출처: Tomasz Tunguz, "Do SaaS Startups Still Require Less Capital than 10 Years Ago?" (first graph), TomTunguz.com, April 2, 2019, https://tomtunguz.com/capital-efficiency-five-years-later/.

수 있다. 물론 내가 수집한 데이터를 보면 자본 지출이 많은 수십억 달러 스타트업의 자본 효율성이 자본 지출이 적은 수십억 달러에 비해 평균 25% 낮지만, 다수의 자본 집약적 스타트업이 생명을 구하는 신약과 의료 시스템, 새로운 형태의 운송 수단을 만들어내며 수십억 달러에 이르는 주주 가치를 창출하는 성공적인 기업으로 성장했다.

일반적으로 서비스형 소프트웨어 기업의 자본 효율성이 높을 가능성이 많지만 반드시 그렇지는 않다. 이 기업들은 경영 방식에 따라 자본 효율성이 가장 높은 기업 또는 가장 낮은 기업이 될 수 있다. 창업자는 창업 초기에 유닛 경제를 연구하고 지금의 비용 구조로 어떻게 수익을 낼 수 있을지 생각하며 대규모 자본조달 능력과 상관없이 보다 자본 효율적인 비즈니스를 운영할 모든 방법을 찾아내야 한다.

에인절 투자자와 액셀러레이터

에런 레비는 열아홉 살 때 클라우드 저장 전문 기업 박스를 창업하는 아이디어를 생각해냈고 고등학교 시절 친구 몇 명의 도움을 받아 곧바로 시제품을 제작했다. 하지만 박스를 기업다운 기업으로 만드는 일은 생각보다 힘들었다. 우리가 1장에서도 만났던 레비는 박스를 제대로 운영하려면 자금이 필요하다는 사실을 깨달았다.

문제는 레비가 자본조달에 관한 운이 많지 않았다는 것이다. 레비는 아이디어를 들고 100명이 넘는 투자자를 접촉했고, 비즈니스 계획서를 빌 게이츠의 사무실에 팩스로 보내기까지 했다. 하지만 운이 따르지 않았다. 투자자들에게 팩스와 편지, 이메일을 수없이 보내고 심지어 직접 찾아가기도 했지만 아무런 소득이 없어, 결국 레비는 전혀 만난 적도 없고 어떤 관계도 없던 마크 큐번Mark Cuban에게 자신을 알리고 도움을 요청하는 이메일을 보냈다. 몇 년 전 자신의 기업 브로드캐스트닷컴Broadcast.com을 야후에 57억 달러를 받고 매각한 큐번이 어쩌면, 정말 어쩌면 읽을지도 모른다는 희망을 안고서 말이다.

레비는 이메일로 투자를 요청하지는 않았다. 대신 거의 투자만큼이나 가치 있는 홍보 효과를 노렸다. 당시 큐번이 인기 많은 파워블로거로 활동하고 있어 그가 박스에 관한 글을 블로그에 올리면 박스닷넷Box.net 사이트로 많은 사람이 몰려올 것으로 예상했다. 정말 운 좋게도 큐번은 레비의 이메일에 곧바로 답을 보냈다. 오랫동안 레비와 이메일을 주고받고 직접 박스에 관한 조사를 상당히 진행한 뒤 큐번은 레비의 아이디어에 너무나 매료되어 35만 달러를 투자하며 레비를 비롯한 창업팀을 직접 만나기도 전에 박스의 첫 번째 에인절 투자자가 됐다.[1]

훗날 레비는 이렇게 말했다. "나는 기회를 얻기 위해 가능한 한 많은 사람에게 이메일을 보내는 방법에는 어떤 단점도 없다고 생각합니다. 우리는 속으로 생각했습니다. '박스가 얼마나 크게 성장할 수 있을지 우리도 모르는데 마크 큐번은 어떻게 알고 있을까?'"[2] 큐번의 투자 덕분에 레비는 몇 달 뒤 대학교를 자신 있게 자퇴할 수 있었다(이후 큐번은 박스에 대한 자신의 비전과 창업자의 생각이 어긋나기 시작하자 박스 지분을 매입 가격 그대로 다음 단계 투자자에게 매각했다. 이로 인해 큐번은 계속 투자자로 남았더라면 얻을 수 있었던 엄청난 이익을 놓쳤다).

대개의 경우 에인절 투자자는 스타트업에 자본의 첫 번째 실제 근원을 제공한다. 흔히 알고 있는 에인절 투자자에 관한 편견은 여유자금을 가진 그 누구라도 에인절 투자를 할 수 있다는 믿음이다. 하지만 실제로는 그렇지 않다. 미국에서 에인절 투자자는 미국 증권거래위원회Securities and Exchange Commission, SEC의 정의에 따라 '공인된 투자자'여야 하며, 지난 2년 동안 연간 수입이 미혼일 경우 20만 달러 이상, 기혼일 경우 30만 달러 이상이거나 현재 거주 주택을 제외한 순자산이 100만 달러 이상이어야 한다. 2020년 SEC는 필요조건을 수정해 공인 투자자의 정의를 특정 전문 자격증이나 직위 또는 인증서를 보유한 개인까지 확대했다. 이런 필요조건들 때문에 에인절 투자는 다른 형태의 투자와 약간 다르다. 예를 들면 SEC의 규제를 받는 상장 기업의 주식에 투자할 때는 어떤 자격도 필요 없다. 하지만 스타트업과 비공개 기업은 SEC의 규제를 받지 않기 때문에 정부는 투자 금액 전부를 잃는 고위험(스타트업 투자에서 흔히 일어나는 일)으로부터 일반 투자자를 보호하기 위해 스타트업에 투자할 수 있는 사람을 제한하는 규제 조항을 설정했다.

하지만 규제 조항을 두고 논쟁이 끊이지 않았다. 보유 자산이 많으면 세심하고 정교한 투자를 할 수 있을까? 꼭 그렇지는 않다. 연간 수입이 40만 달러인 사람이 가진 돈 전부를 무모하게 투자해 전부 잃을 수 있을까? 물론이다. 1년에 15만 달러를 버는 사람이 미리 계산된 위험에 따라 수입의 아주 적은 부분만 투자할 수 있을까? 당연하다. SEC의 규제는 부자를 더 부자로 만들 뿐이라고 주장하는 사람들도 있다. 이 주제에 대한 논의는 이 책의 범위를 벗어나므로 이쯤에서 그만두지만, 에인절 투자자가 될 수 있는 사람을 제한하는 공식적인 규제가 존재한다는 사실만 기억하기 바란다. 물론 이런 규제 조항을 모르거나 따르지 않는 사람도 있다.

더 나아가 비교적 최근에 설정된 규제는 온라인상에서 기업 지분을 판매하는 지분형 크라우드펀딩equity crowdfunding과 비공인 투자자가 스타트업 자본조달에 참여할 수 있는 다른 방법들을 허용했지만 복잡한 법률적 절차 때문에 널리 사용되지 않고 있다. 벤처 캐피털에서 쉽게 투자받을 수 있는 최상의 스타트업이 지분형 크라우드펀딩을 이용하는 경우는 최소한 이 책을 쓰는 시점에만 하더라도 그리 흔치 않았다.

많은 에인절 투자자에게 투자는 돈을 버는 목적 이상의 의미가 있다. 그들은 훌륭한 아이디어를 지닌 조직이나 제품이 성공하는 모습을 진정으로 보고 싶어 투자한다. 대다수 에인절 투자자는 에인절 투자를 시작하기 전에 이미 성공하며 엄청난 순자산을 보유한 사람들이다. 데이터를 보면 에인절 투자의 10%가 에인절 투자 전체 수익의 90%를 차지한다. 즉 모든 에인절 투자자가 투자 포트폴리오에 속한 투자로 홈런을 터뜨리는 행운을 얻지는 못한다. 자산의 한 형태로 에인절 투자를 하는 투자자가 괜찮은 수익을 올리기는 하지만, 에인절 투자자의 극소수만 이례적으로 많은 수익을 얻을 수 있으며 대부분은 손실을 입는다. 이어지는 장에서 보겠지만 심지어 투자를 생업으로 삼아 매년 수백 개의 기업을 심사하는 전문 투자자인 벤처 캐피털도 보통 이하 수익을 올리는 경우가 있다.

에인절 투자자가 불리함을 극복하고 성공 확률을 높이려면 포트폴리오를 구성해 투자해야 한다. 2012년 조사에 따르면 에인절 투자자는 최소한 4~6개 기업에 투자해야 하며, 이보다 적으면 손해 볼 가능성이 높다.[3] 최소 4개 기업에 투자하는 포트폴리오를 구성한 투자자의 수익률 중간값이 1배를 넘었지만 12개의 투자로 구성된 포트폴리오를 보유한 경우가 이상적이었다. 그리고 포트폴리오에 속한 각 투자에는 홈런을 칠 잠재력이 당연히 있었다. 스타트업과 에인절 투자자, 구직자 등을 위한 웹사이트 에인절리스트의 데이터 과학팀이 실시한 조사를 보면 더 많은 기업에 투자한 에인절 투자자가 수익을 더 많이 올렸고(한 설문조사에 따르면 에인절 투자자의 포트폴리오에는 평균 14개 기업이 포함돼 있다), 미국에 있는 에인절 투자자의 투자액 중간값은 2만 5,000달러였다. 그러므로 에인절 투자자는 포트폴리오에 속한 여러 투자 중 한

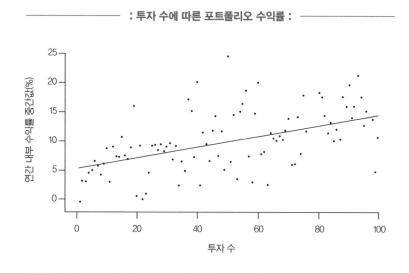

: 투자 수에 따른 포트폴리오 수익률 :

에인절리스트가 실시한 조사는 포트폴리오에 포함된 투자 수가 많은 에인절 투자자가 수익을 더 많이 올릴 가능성이 높다는 결과를 보여준다.

출처: Abe Othman, "How Portfolio Size Affects Early-Stage Venture Returns," Angel.Co, April 23, 2020, https://angel.co/blog/how-portfolio-size-affects-early-stage-venture-returns.

투자가 크게 성공하는 기회를 잡으려면 포트폴리오를 다각화해야 하고, 그러기 위해서는 투자자금을 많이 준비해야 한다.[4]

최상위 에인절 투자자 다수는 자신이 설립한 스타트업을 매각한 뒤 유망한 창업자 그룹에 속해 있는 현직 또는 전직 창업자들이다. 일부 에인절 투자자는 관련 산업계와 전략적 관계를 맺고 있는 거대 기업의 경영자나 임원으로 활동하고 있다. 이들 중 다수는 에인절 투자를 전문적 투자자가 되는 발판으로 삼아 벤처 캐피털을 직접 창업한다.

대부분의 에인절 투자자는 운 좋게도 수십억 달러 기업이 포트폴리오에 포함돼 있다. 내가 한 조사 결과를 보면 몇몇 에인절 투자자는 5~6개의 수십억 달러 기업을 포트폴리오에 두고 있었다. 이와 같은 최상위 에인절 투자자 다수는 이전에 창업한 경험이 있는 사람들이다. 믹서 랩스Mixer Labs와 컬러 지노믹스Color Genomics를 창업한 엘라드 길, 페이팔과 야머Yammer의 데이비드 삭스David Sacks, 패스Path의 데이브 모린Dave Morin, 웹로그스닷컴Weblogs.com의 제이슨 캘러카니스Jason Calacanis, 에피니언스Epinions와 에인절리스트의 나발 라비칸트Naval Ravikant, 이벤트브라이트의 케빈 하르츠, 다 빈치Da Vinci의 페즈먼 노자드Pejman Nozad와 맷 오코, 트위터의 벤 링Ben Ling, 론 콘웨이, 비즈 스톤Biz Stone, 페이팔의 빌 타이와 피터 틸, 레딧의 알렉시스 오하니언Alexis Ohanian, 세일스포스의 마크 베니오프가 가장 많은 수십억 달러 기업에 투자했던 투자자 그룹에 속한다. 이들 중 일부는 벤처 캐피털이거나 훗날 벤처 캐피털을 창업했지만, 벤처 캐피털 자격이 아니라 개인적으로 에인절 투자 또는 시드 자본조달 단계에서 투자한 경우만 예로 들었다.

와튼 경영대학원이 실시한 설문 조사를 보면 모든 에인절 투자자의 50%가 전직 창업자였으며, 가장 많은 수십억 달러 기업에 투자한 에인절 투자자들 사이에서는 이 비율이 85%로 높아졌다. 이 수치는 창업 경험이 있는 에인절 투자자가 최고의 투자 기회를 찾아내거나 확보할 가능성이 높다는 것을 보여준다.

에인절 투자자 1,500명 이상을 조사한 와튼 경영대학원의 조사를 보면 창업 경험이 있는 투자자의 수익이 더 높았다. 에인절리스트 공동 창업자 나발 라비칸트는 현직 창업자가 훌륭한 에인절 투자자가 될수 있다는 말에 동의한다. 현직 창업자가 자신의 기업을 풀타임으로 운영하면서 다른 기업에 부수적으로 투자하도록 100만 달러에 달하는 수표책을 주는 에인절리스트의 스피어헤드Spearhead 프로그램이 탄생한 부분적인 이유도 바로 여기에 있다. 이를 두고 라비칸트는 내게 말했다. "기업을 시작하는 창업자에게는 약간의 자금도 필요하지만, 아주 최근에 자신과 같은 입장에 있었고 자신을 창업자 동료 집단의 일원으로 여기는 사람의 전문성이 훨씬 더 많이 필요합니다."

내가 한 조사 결과를 보면 엘라드 길이 가장 성공한 에인절 투자자 중 한 명이었다. 그는 에어비앤비와 에어테이블, 브렉스, 코인베이스, 구스토, 인스타카트, 오픈도어Opendoor, 핀터레스트, 스트라이프, 스퀘어, 위시 등 24개의 수십억 달러 기업에 투자했다. 길은 다른 스타트업에서 근무하기도 했다. "내가 구글에 합류했을 때 직원 수가 1,500명 정도였는데 떠날 때는 1만 5,000명이었습니다." 길이 내게 했던 말이다. 구글에서 길은 모바일팀을 만들어 안드로이드를 인수하는 데 도움을 주고 구글의 모바일 지도와 지메일Gmail을 만든 초창기 팀들의 협업을 이끌어냈다. 그러고 나서 구글을 떠나 데이터 인프라스트럭처 스타트업 믹서 랩스를 창업했다. 이 스타트업은 2009년 트위터에 인수됐다. 길은 말한다. "믹서 랩스는 트위터가 인수한 첫 번째 초기 개발자 플랫폼 기업이었습니다. 당시 트위터의 직원 수는 약 90명이었는데 2년 반 뒤 내가 트위터를 떠날 때는 약 1,500명으로 늘었습니다." 길은 자문관으로 1년 더 머무르며 성장과 분석을 통해 기업을 확장하는 데 힘을 보탰다. 그런 뒤 빅데이터와 유전자 검사를 결합하는 기업 컬러 지노믹스를 창업했다.

2008년 길의 첫 번째 에인절 투자는 우연히 이뤄졌다. 이에 관한 길의 설명을 들어보자. "나는 나와 같은 시기에 기업을 창업한 친구들을 도와주고 있었습니다. 믹서 랩스를 창업했을 때 많은 친구가 내게 이메일을 보내 '내가 지금 이 투자자 또는 저 투자자에게서 자본을 조달할까 생각 중이야' 또는 '처음으로 직원을 고용하려는데 면접을 어떻게 해야 할지 모르겠어', 아니면 '내 제품이 어떤 것 같아?'라고 물었습니다. 그래서 나는 초창기 단계에 있는 다양한 친구들에게 도움을 줬는데, 그들이 나중에 내게 와서 말했습니다. '자본조달을 하려는데 지금 단계에서 투자할 생각 있어?'"

엘라드 길은 자신의 처음 투자들이 '거의 우연'이었다고 말하지만, 그 투자들을 통해 길은 창업 기업가 커뮤니티에서 명성을 얻었다. "내가 처음 투자한 5~10개 기업에 에어비앤비, 옵티마이즐리Optimizely, 민티드Minted 등이 포함돼 있었습니다. 나는 운 좋게도 초기에 정말 괜찮은 기업에 투자했다고 생각합니다."

엘라드 길이 창업으로 얻은 경험 일부는 그가 크게 성공할 것으로 기대한 제품에 대한 단서도 제공했다. "내가 결국 투자에 뛰어들며 구스토와 스트라이프, 페이저듀티 같은 기업에 열광한 이유 중 하나는 이 기업들에 투자하지 않았더라면 우리가 직접 개발하려고 시도했겠지만, 그렇게 하지 않은 건 더 나은 제품들을 이 기업들이 만들고 있었기 때문입니다. 이처럼 우리가 직접 채택했을 법한 정말 흥미로운 솔루션을 제시하는 기업들이 다양한 영역에 걸쳐 많이 있었고, 나는 그들에게 투자했습니다. 투자자로서 투자 대상 기업의 훌륭한 면을 확인하려는 부분적인 이유는 개인적 욕구에 바탕을 두고 있다고 생각합니다." 어쩌면 이것이 전직 창업자가 에인절 투자에서 성공을 더 많이 거두는 이유일지도 모르겠다.

인큐베이터와 액셀러레이터 프로그램

스타트업은 액셀러레이터와 인큐베이터 프로그램을 통하는 또 다른 방법으로 초기 자본을 조달할 수 있다. 이 프로그램들은 항상 그렇지는 않지만 일반적으로 에인절 투자 단계 이전이나 에인절 투자 단계와 동시에 이뤄지며 초기 단계에 놓인 스타트업을 지원한다. 와이 콤비네이터와 테크스타스Techstars 같은 액셀러레이터는 보통 몇 달간 진행되는 단기 프로그램을 제공하며 고객 확보나 자본조달을 촉진하는 데

중점을 둔다. 인큐베이터는 일반적으로 보다 장기적인 프로그램으로 서 제품과 아이디어 개발에 초점을 맞춘다. 이와 같은 프로그램은 미국에만 250개가 넘는다.

이 프로그램들을 둘러싼 입소문과 열광적인 인기, 그리고 그 가치를 감안하면 수십억 달러 스타트업 모두는 아니더라도 대부분이 이 프로그램을 거쳤을 것으로 생각하기 쉽다. 무엇보다 대다수 벤처 캐피털과 에인절 투자자는 미래의 수십억 달러 스타트업을 찾아 이 프로그램들에서 진행하는 기업 설명회를 계속 찾아다니기 마련이다. 하지만 데이터는 다른 결과를 보여준다. 수십억 달러 스타트업의 85%는 어떤 액셀러레이터 프로그램도 거치지 '않았다'. 스트라이프와 에어비앤비, 코인베이스, 인스타카트 등 이 프로그램을 거친 스타트업은 대부분 와이 콤비네이터 프로그램에 참여했다.

그렇다고 이런 데이터가 이 프로그램들의 가치를 떨어뜨리지는 않는다. 액셀러레이터와 인큐베이터 프로그램에서 얻는 사람들의 관심과 자원, 네트워크는 분명히 스타트업에 도움을 줄 수 있다. 예를 들어 랜덤 그룹과 비교해, 와이 콤비네이터 프로그램을 거친 스타트업은 수십억 달러 가치평가를 받을 가능성이 훨씬 높았다. 하지만 여기서 요점은 그런 프로그램 참여를 최종 목표로 삼아서는 안 되며, 대부분의 수십억 달러 기업이 그 프로그램을 거치지 않았다는 사실이다.

이 프로그램들은 특히 최초 창업자에게 유익했다. 4장에서 봤듯이 수십억 달러 기업 창업자 중 대다수가 최초 창업자가 아니었으며, 이미 스타트업을 창업해 성공적으로 매각한 경험이 있었다. 그런 창업자

다수는 액셀러레이터나 인큐베이터 프로그램의 도움이 필요하지 않다. 최상위 벤처 캐피털에서 직접 자본을 조달할 수 있으므로 애초에 이런 프로그램에 지원할 가능성이 낮다.

에인절 투자자는 자신의 생각과 의견을 행동으로 보여주려는 자문관과 같다. 그들은 개인 자금을 투자해 직접적인 관계가 생긴 스타트업이 성공하기를 바란다. 창업자 입장에서 에인절 투자자와의 만남은 자본조달과 멘토링의 훌륭한 근원이 될 수 있다. 나는 전직 창업자이거나 경영자, 또는 관련 산업에 관해 조언하거나 고객을 연결시키거나 자신의 대중적 이미지를 통해 브랜드 가치를 높일 수 있는 사람을 에인절 투자자로 추천한다. 근본적으로는 자문관이나 임원 또는 이사회 멤버로 영입할 만한 에인절 투자자에게서 자본을 조달하는 것이 가장 이상적이다.

에인절 투자자에게 소액이라도 투자할 기회를 주며 그들과의 관계를 강화하고 그들이 계속 투자하도록 만드는 것이 좋다. 때로는 특정 자본조달 단계에서 필요한 자본의 적은 부분을 이들 개인 투자자에게 할당할 수도 있다. 예를 들어 시드 자본조달 단계에서 250만 달러의 투자를 유치할 때, 10만 달러에서 20만 달러 정도를 고객 연결과 산업 지식 부문에서 도움을 주며 우리 브랜드의 홍보 대사 역할을 해줄 수 있는 5~10명의 개인 투자자에게 할당하는 방식은 정말 훌륭한 전략이다. 한 기업에 지분 소유자가 너무 많으면 기업 운영 과정에서 법적 문제가 생길 수 있지만, 미래의 법적 문제 관련 업무를 최소화하기 위해 모든 개인 투자자를 하나의 통합 법인체에 두는 것과 같은 다양한 방법을 활용할 수 있다는 사실을 기억해야 한다.

활발한 투자 활동 끝에
벤처 캐피털로 전환한 에인절 투자자

– 파운더스 펀드 경영 파트너, 키스 라보이스 –

벤처 투자자로 나서기 전 키스 라보이스Keith Rabois는 투자 활동을 왕성하게 펼치던 에인절 투자자였으며, 그전에는 페이팔의 초창기 직원이었다(페이팔은 15억 달러의 인수 대금으로 이베이에 인수됐다). 그는 다수의 유명 브랜드 기업을 포함한 수십 개 기업에 투자했다. 나는 그와 마주 앉아 초기 단계 스타트업과 그의 에인절 투자에 관한 아이디어를 놓고 대화를 나눴다. 그에게서 직접 들은 스토리를 소개한다.

나는 현재 파운더스 펀드Founders Fund의 무한책임경영 파트너입니다. 그전에는 6년 동안 코슬라 벤처스Khosla Ventures에서 전문 투자자로 근무했습니다. 그에 앞서 사람들의 관심이 집중된 기업들에서 많은 부문을 운영하는 기업 경영진으로 약 13년간 재직했는데, 2000년 페이팔의 부사장이 그 시작이었습니다. 이후 1년간 피터 틸과 함께 스타트업 인큐베이팅 프로그램을 운영하며 1년을 보냈습니다. 그러고는 링크트인의 비즈니스 개발 및 기업 개발 부문 부사장으로 근무했습니다. 약 3년 뒤 링크트인을 떠나 불행하게도 아무도 기억하지 못할 슬라이드 Slide라는 기업에서 페이팔 시절의 동료 맥스 레브친과 다시 만났습니다. 슬라이드는 2010년 구글에 인수됐지만, 역사의 잿더미에 묻혀버렸습니다. 이후 나는 스물한 번째 직원으로 스퀘어에 합류했고, 사용자가 한 명도 없던 기업을 수많은 사람이 사용하는 기업으로 성장시키며 2년 반을 보냈습니다.

기업 경영진으로 일한 13년 동안 꽤 활발한 에인절 투자 활동을 하며 80여 개 기업에 투자했습니다. 그중 가장 주목할 만한 기업은 유튜브, 에어비앤비, 팔란티어, 리프트, 쿼라, 위시, 링크트인 등입니다.

그 당시 핵심적인 사태는 2000년에 일어난 인터넷 거품 붕괴였습니다. 인터넷 세대 기업 중 구글, 페이팔, 넷플릭스를 비롯한 몇몇 기업만 살아남았습니다. 그 사태가 일어날 때까지 크게 성공하지 못했던 다른 모든 기업은 실리콘밸리에 불어닥친 '핵겨울nuclear winter' 속에서 완전히 사라졌습니다. 이처럼 핵겨울로 접어드는 상황에서도 어느 정도 성공을 이루면서 우리는(여기서 '우리'란 피터 틸과 리드 호프먼, 로로프 보타 Roelof Botha, 맥스 레브친, 제러미 스토플먼Jeremy Stoppelman을 말한다) 비록 모든 이가 이제 인터넷과 소비자 기술 부문이 끝났다고 생각하더라도 또 다른 파도가 밀려올 거라고 느끼는 새로운 철학적 관념이 생기는 혜택을 입었습니다. 이에 따라 우리 모두는 페이팔을 떠난 뒤 곧바로 새로운 일에 착수했습니다.

　나는 페이팔 출신 친구들이 창업한 많은 기업에 단독 또는 공동으로 투자했습니다. 리드 호프먼이 창업한 링크트인에는 에인절 투자자로 참여했고, 제러미 스토플먼이 옐프Yelp를 창업했을 때는 투자와 함께 초기 이사회에 합류했습니다. 유튜브가 출범했을 때는 유튜브의 첫 번째 투자자로 나서며 그들이 세쿼이아에서 자본을 확보하는 데 도움을 줬고요. 기본적으로 나는 창업 기업가로 변신한 페이팔 출신 친구 대부분에게 투자를 약속하고 에인절 투자자로 참여한 셈입니다. 그 기업들이 좋은 성과를 낸 덕분에 나는 그들의 생태계에 합류할 수 있었습니다. 스토플먼은 엔지니어 출신인데, 엔지니어링 매니저와 디렉터로 승진한 후 옐프를 창업했습니다. 페이팔의 첫 로고를 실제로 디자인한 채드 헐리Chad Hurley는 엔지니어였던 자웨드 카림Jawed Karim과 엔지니어링 매니저 출신 스티브 첸과 함께 유튜브를 창업했습니다. 부사장으로 재직했던 리드 호프먼은 링크트인을 창업했고, 맥스 레브친은 페이팔의 최고기술책임자였습니다. 이 친구들 모두가 새로운 기업을 창업했고, 나는 그들이 창업한 기업 대부분에 투자할 만큼 충분히 열정적이었거나 똑똑했거나 아니면 둘 다였습니다. 이 과정이 내가 투자에 발을 들여놓은 일종의 계기였습니다.

　엄밀히 따지면 나의 첫 번째 에인절 투자는 2003년 초 리드 호프먼이 창업한 링크트인입니다. 우리는 페이팔의 매각 거래가 종결되기를 기다리며 페이팔에 여전히 몸담고 있는 동안 링크트인과 다른 아이디어를 놓고 브레인스토밍 형태로 토론을 벌이기도 했습니다. 나는 또 케빈 하르츠의 창업에 기반을 제공한 인터넷 국제 송금 서비스 기업인 줌 코퍼레이션Xoom Corporation의 표면상 에인절 투자자이기도 합니다. 기술적으로 보면 이사회 멤버로서 창업자 지분을 보유했기 때문에 실제 투자금을 납입하지는 않았기 때문입니다. 나의 세 번째 에인절 투자 대상은 유튜브라고 할 수 있습니다.

가끔 사람들은 에인절 투자가 특정 연도에 고급 포도주를 대량 생산하는 것처럼 한 무리의 훌륭한 기업들을 짧은 기간 내에 창업시키는 최상의 결과를 낼 수 있다고 얘기합니다. 그 말이 어느 정도 사실이기는 합니다. 확실히 페이팔 출신으로 구성된 나의 네트워크가 꽤 괜찮기는 했습니다. 하지만 그 네트워크도 시간이 지나면서 위축됩니다. 현재 실제로 새로운 기업을 창업하는 페이팔의 옛 동료는 거의 없습니다.

일반적으로 나는 산업 전문가 출신 창업자에게 투자하는 것을 좋아하지 않습니다. 전염병을 피하듯 그런 투자는 늘 안 하려고 합니다. 그들보다 전문적 지식이나 경험이 떨어지는 순진한 사람을 사실 더 좋아합니다. 전문가는 나중에 때가 되면 언제든 영입할 수 있고, 대부분의 산업 전문가는 일을 처리하는 방법이 아니라 우리가 할 수 없거나 하지 말아야 할 것을 가르치려 듭니다. 그리고 우리는 "이건 왜 이렇게 해야 하죠?"라는 질문을 자주 할 수 없습니다. 그래서 나는 산업 전문성을 갖추지 않은 사람을 훨씬 더 선호합니다. 우리가 페이팔에 있을 때 금융 서비스를 조금이라도 아는 사람은 회사 전체를 통틀어 두세 명뿐이었습니다. 스퀘어에서는 아주 의도적으로 금융 서비스 산업 출신 직원의 수를 적게 유지했습니다. 그 결과 직원 수 400명의 스퀘어에 금융 서비스를 아는 직원은 손에 꼽을 정도였습니다.

나는 가장 혁신적인 기업에는 실제로 전문 산업 지식을 갖춘 사람이 그리 많지 않다고 생각합니다. 기업용 소프트웨어를 만드는 스타트업의 사정은 좀 다를지도 모르겠습니다. 그런 스타트업에 적용되는 원칙은 다를 수 있습니다. 그래도 나는 일반적으로 기업용 소프트웨어 제작 기업에 투자하지 않습니다. 기업용 소프트웨어 제작 기업에 산업 전문가를 영입해 활용하는 그들 나름의 공식이 있다는 것은 인정합니다. 하지만 나의 규범적 투자 대상인 소비재 기업과 소상공인, 중소기업의 경우에는 전문성이 크게 도움이 되지 않는다고 생각합니다.

창업자에 대한 투자를 고려할 때 나는 창업자의 전문성과 관련 시장에 대한 적합성이 아니라 창업자의 특성을 봅니다. 나는 폴 그레이엄Paul Graham이 끊임없는 임기응변의 중요성을 강조하며 블로그에 게시한 글을 정말 좋아합니다. 이 글에 실린 내용이 절대적인 요소라고 생각합니다. 아이큐도 꽤 중요하다고 생각합니다. 창업자는 다른 사람이 보지 못하는 것을 볼 수 있어야 합니다. 궁극적으로 내가 찾고자 하는 인물은 이와 같은 지적 미로를 잘 헤쳐나갈 수 있는 사람입니다. 발라지 스리니바산Balaji Srinivasan은 스탠퍼드대학교에서 스타트업 엔지니어링이라는 과목을 가르치며 그중 한 강의에서 지적 미로를 설명했습니다. 내가 진정으로 찾는 창업자는 인위적인 혼란과 함정을 비롯해 다른 사람을 실패하게 만들었던 모든 것을 고려하며 우리를 현재 위치에서 성공에 이르는 경로로 나아갈 수 있게 해주는 그런 사람입니다.

한 가지 예를 들면, 2003년 피터 틸 밑에서 일하고 있을 때 나는 부동산 온라인 중개 플랫폼을 제공하는 오픈도어 아이디어를 떠올렸고, 이 일을 할 사람들을 영입하며 10년을 보냈습니다. 한 아이디어를 10년 동안 생각했다면 발생 가능한 모든 특이 상황을 고려했을 것입니다. 하지만 그 기업이 출범한 지 5년이 지난 지금도 나는 회의 도중에 들어가 사람들과 함께 매우 난해한 주제를 놓고 토론을 벌일 수 있습니다. 물론 이런 상황을 충분히 이해하며 나의 통찰을 사람들과 공유할 수도 있습니다. 한 문제를 10년 동안 생각하며 문제에 관련된 모든 일을 연구한 덕분입니다. 이와 같은 지도를 머릿속에 그려두지 않으면 성공하기가 매우 어렵습니다. 정말 훌륭하고 뛰어난 창업 기업가는 앞을 가로막는 벽을 만나면 벽 아래 또는 위로 지나가거나 벽과 친해지거나 벽을 통과하는 등의 방법을 시도하며 그 누구도 파악하지 못했던 방식으로 어떻게든 벽을 돌아가는 길을 찾을 것입니다. 결코 멈추지 않으며 어떤 변명도 하지 않습니다.

나는 시장 타이밍 개념을 전혀 믿지 않습니다. 이건 분명 논쟁의 여지가 있는 상반된 관점입니다. 내 생각에 타이밍은 늘 변명일 뿐입니다. 창업 기업가의 목표는 기업의 궤적을 현실 세계에 맞추는 것입니다. 기업이나 창업자가 그렇게 하지 못하면 창업자가 뛰어나지 않다는 의미입니다. 실제 사례를 들어보겠습니다. 내가 스퀘어와 트위터의 공동 창업자 잭 도시Jack Dorsey를 처음 만나 커피를 마시며 스퀘어 합류 가능성을 놓고 얘기를 나눴을 때, 우리 두 사람 모두 이상적인 상태는 하드웨어 기기 없이도 거래할 수 있는 디지털 제품으로 가는 것이 분명히 옳은 방향이라고 생각했습니다(스퀘어는 판매자가 POS 기기를 통해 소비자에게 쉽게 대금을 부과할 수 있게 한다). 하드웨어는 만들기 어렵고 뭔가 잘못되면 만드는 비용도 많이 들며 중국에서 만들어야 한다는 등 문제가 많다는 이유에서였습니다. 하지만 매우 뛰어난 창업 기업가이며 그동안의 성과로 그 사실을 증명한 잭 도시는 자신의 근본적인 생각을 말했습니다. "우리는 하드웨어가 필요하며, 스퀘어의 기기, 즉 과도기적 기기로서 스퀘어의 신용카드용 단말기가 필요합니다. 지금 당장 모든 사람을 온라인상에서 거래하도록 만들 수는 없기 때문입니다." 2010년 당시에는 모든 사람이 핸드폰으로 인터넷을 사용할 수 있었던 게 아니죠. 변명 거리는 전혀 없었습니다. 아이폰을 조작해 원래 없던 헤드폰 잭을 아이폰에 추가할 수 있는 것으로 밝혀진 것처럼, 우리는 시장과 기술이 성숙되고 발전하기를 기다리는 동안에도 시장에 빨리 진입해 규모를 확장하고 브랜드와 거래자 기반을 구축할 수 있었습니다. 물론 창업 기업가의 99.9%가 잭 도시 같지는 않다는 것도 사실이지만, 창업 기업가는 도시처럼 생각해야 합니다.

비록 앞으로 5~15년 후에 이뤄지더라도 기업을 대중적인 기업으로 만들려면 항상 역사의 흐름과 맞는 쪽에 있어야 합니다. 분명히 그래야 합니다. 역사의 흐름과 명확하게 반대 방향으로 향하는 일에 투자해서는 안 됩니다. 현실과 단기적 지표를 맞추는 것이 창업 기업가가 해야 할 일입니다. 그래서 나는 시장 타이밍을 언급하는 창업 기업가를 보면, 곧바로 '형편없는 창업 기업가'라고 생각합니다.

키스 라보이스는 자신의 네트워크를 활용해 훌륭한 에인절 투자 포트폴리오를 구성할 수 있었다. 그는 또 흔히 볼 수 있는 벤처 투자자의 경력 여정을 따라 스타트업 경영진에서 에인절 투자자를 거쳐 벤처 캐피털 투자자에 이른 많은 사람 중 한 명이다. 이어지는 장에서는 수십억 달러 스타트업 형성 과정에서 벤처 캐피털 투자자의 역할을 살펴본다.

벤처 캐피털 투자자

그들이 당신을 무시할 수 없을 만큼 뛰어나야 한다. 기업 홍보를 더 잘 하는 것보다 비즈니스 자체를 더 잘하는 것이 거의 언제나 더 좋다.

_ 마크 안드레센, 안드레센 호로위츠 공동 창업자

2012년 봄 마크 저커버그는 얀 쿰에게 처음 연락했다. 맹렬한 속도로 성장하는 쿰의 메시지 전송 애플리케이션 왓츠앱에 관한 소식을 들은 저커버그는 한 가지 제안을 할 생각이었다. 페이스북은 왓츠앱 인수를 원했다.

인프라스트럭처 엔지니어로 몇 년간 야후에서 일했던 쿰은 거대 기술 기업에서의 근무가 어떤 것인지 알고 있었다. 그와 공동 창업자 브라이언 액턴Brian Acton은 사실 2007년 페이스북에 입사를 지원했으나 퇴짜를 맞았다. 그러고 나서 쿰은 '지금 헬스장에 있음', '배터리 부족' 등과 같은 사용자의 현재 상태를 자신이 속한 소셜 그룹과 공유할 수 있는 애플리케이션 왓츠앱 아이디어를 떠올렸다. 처음에는 큰 인기를 끌지 못했지만, 2009년 애플이 아이폰에서 푸시 알림 서비스를 시작하면서 사람들은 자신의 상태에 관한 대량 메시지를 보내는 데 왓츠앱을 사용하기 시작했다. 이런 현상을 목격한 쿰은 곧바로 메시지 전달 기능을 강화하는 작업에 들어갔고, 작업 완료 후 왓츠앱 사용자는 25만 명으로 늘어났다.

왓츠앱의 거침없는 성장을 눈여겨본 저커버그는 쿰과 커피를 마시며 인수 의사를 전했지만 쿰은 거절했다. 쿰과 액턴은 막 시작한 왓츠앱을 독립적으로 운영해보고 싶었다. 왓츠앱의 인수를 원한 기업은 페이스북만이 아니었다. 저커버그가 처음 연락하기 몇 년 전 벤처 투자자들도 이미 왓츠앱의 성장 가능성을 인지했다. 2009년 12월 왓츠앱이 아이폰용 애플리케이션에 사진 전송 기능을 추가하며 업그레이드하자 왓츠앱 애플리케이션 다운로드는 폭증했다. 세쿼이아 캐피털의 파트너 짐 고츠Jim Goetz 같은 투자자는 왓츠앱이 몰려드는 사람들로 점점 더 확대되는 메시지 전송 분야에서 독보적인 존재라는 것을 알 수 있었다. 스탠퍼드대학교에서 컴퓨터공학으로 석사 학위를 받고 1996년 소프트웨어 기업을 창업하기도 했던 고츠는 2004년 세쿼이아에 합류해 일반 대기업과 모바일 기업에 집중적으로 투자했다.

쿰과 액턴에게 관심을 보이며 그들을 추적할 즈음 고츠는 핑거Pinger, 탱고Tango, 벨루가Beluga를 비롯해 메시지 전송 분야 다른 기업

10여 개를 만난 결과, 왓츠앱이 이들과 분명히 다르다는 사실을 알 수 있었다. 그는 말했다. "당시 나는 구글이 인수한 모바일 광고 기업 애드몹AdMob에 관여하며 애플리케이션 기업이 자신의 앱을 소비자에게 알리기 위해 애드몹을 어떻게 활용하는지 봤습니다. 수많은 애플리케이션 기업이 앱 스토어에서 자신의 제품을 홍보하기 위해 많은 일을 했습니다. 하지만 왓츠앱은 어떤 광고도 없이 전 세계에서 두드러졌고, 나는 새로운 비즈니스 모델이 나타났다고 생각했습니다."[1] 몇 달 동안 쿰과 액턴에게 공을 들인 끝에 고츠는 마침내 두 사람을 설득해 미팅을 하며 투자를 제안했다.

쿰과 액턴은 이미 시드 자본조달 단계에서 전직 구글 임직원 몇 명을 통해 25만 달러의 자본을 조달한 상태라 벤처 캐피털의 투자를 비상 자본으로만 여겼다. 하지만 고츠는 끈질기게 설득했다. 자신이 전략적 자문관 역할을 하며 왓츠앱이 확실하게 관련 분야 선도 기업으로 성장하도록 도움을 줄 수 있다고 확신을 심어줬다. 결국 쿰과 액턴은 세쿼이아에서 800만 달러의 자본을 조달하는 데 동의했다. 2013년 왓츠앱의 사용자가 2억 명으로 늘어나고 직원 수도 50명에 이르자 쿰과 액턴은 세쿼이아에서 일종의 '보험' 성격으로 5,000만 달러를 추가로 조달했고, 이 투자 단계에서 왓츠앱은 15억 달러의 가치평가를 받았다. 세쿼이아는 왓츠앱에 투자한 유일한 벤처 캐피털이었고, 페이스북이 역사상 가장 규모가 큰 인수 중 하나로 기록하며 왓츠앱을 190억 달러에 인수했을 때 수십억 달러의 수익을 올렸다.

우리는 창업자가 벤처 캐피털을 소개받으려 애쓰며 기업 홍보 내용을 계속 다듬고, 그런 가운데에서도 수없이 퇴짜를 맞으며 투자자를 찾아다니는 스토리를 종종 듣는다. 하지만 때로는 정반대 경우도 있다. 훗날 수십억 달러 기업에 이른 다수 스타트업은 투자자의 구애를 많이 받았다. 고츠와 같은 최고 투자자가 직접 비용을 써가며 투자할 기회를 찾아 나서기도 한다. 벤치마크 캐피털의 빌 걸리는 스티치 픽스에 투자할 기회를 바라며 카트리나 레이크에게 먼저 연락했다. 안드레센 호로위츠의 피터 레빈도 깃허브 투자를 위해 노력했다. 에인절 투자자 페즈먼 노자드가 세쿼이아에 드롭박스 얘기를 하자, 야후와 구글 같은 기업에 투자한 전설적인 투자자 마이크 모리츠Mike Moritz는 토요일에 드롭박스 창업자의 아파트를 찾아가 그 스타트업에 관한 설명을 들었다.

우리는 일요일에 투자 거래가 이뤄졌다는 얘기를 흔히 들을 수 있다. 왜일까? 수십억 달러 규모에 이른 많은 스타트업은 초기 투자 단계에서부터 매력적인 투자 대상이며 벤처 캐피털이 이들에 대한 투자 기회를 놓고 치열한 다툼을 벌였기 때문이다.

벤처 캐피털 투자 펀드들의 투자 수익은 크게 다를 수 있다. 최상위급 벤처 캐피털 펀드가 엄청난 수익을 올리기는 하지만, 평균적인 펀드는 그렇지 못하다. 2009년 출시한 벤처 캐피털 펀드의 10년 후 성적을 보면, 상위 5%는 주식시장(S&P 500) 수익보다 많은 수익을 창출했으나 중위권 펀드는 S&P 수익과 비슷하거나 더 적은 수익을 올렸다. 블룸버그의 보고서에 따르면 세쿼이아 캐피털은 일곱 번째와 여덟 번째 펀드에서 10배가 넘는 수익을 올렸다.[2]

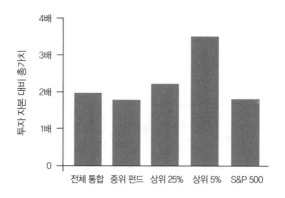

—— : 2009년 출시 벤처 캐피털 펀드의 10년 후 투자 자본 대비 수익 배수 : ——

2009년 출시한 벤처 캐피털 펀드 중 상위 5%는 10년 동안 주식시장보다 훨씬 더 많은 수익을 올렸으나 중위권 펀드의 수익은 비슷하거나 더 적었다.
출처: Cambridge Associates, Venture Capital Index, and Benchmark Statistics, December 31, 2018, reproduced in Chip Hazard, "Venture Investor's Playbook: Part 2" (graph), Medium, September 19, 2019, https://medium.com/@flybridge/venture-investors-playbook-part-2-865ebd94453f.

그렇다면 최상위권에 속한 벤처 캐피털은 누구일까? 벤처 캐피털의 데이터가 공개되는 일이 드물고 실적 수치는 엄격하게 통제되기 때문에 최상위급 벤처 캐피털을 확인하기는 쉽지 않다. 투자 유치 단계의 규모가 얼마나 큰지 알더라도 가장 많이 투자한 투자자가 얼마나 투자하고 어느 정도 지분을 소유했는지 알지 못한다. 다만 수십억 달러 기업에 투자한 횟수만을 기준으로 보면 내 연구에 포함된 벤처 캐피털 중 SV 에인절SV Angel, 와이 콤비네이터, 코슬라 벤처스, 세쿼이아 캐피털, 액셀 파트너스, 안드레센 호로위츠, 벤치마크, 퍼스트라운드 캐피털, 파운더스 펀드, 데이터 콜렉티브 벤처 캐피털Data Collective Venture Capital, DCVC, 펠리시스 벤처스가 최상위급에 속했다. 인덱스 벤처스Index

Ventures와 액셀 파트너스, 세쿼이아 캐피털은 유럽과 인도의 수십억 달러 기업에 투자해 큰 성공을 거두기도 했다.

여기서 알아야 할 중요한 사항은 최고 벤처 캐피털 기업들도 시드 자본조달 단계 또는 시리즈 A 단계에서는 소수의 수십억 달러 기업에만 투자했다는 점이다. 예를 들어 세쿼이아는 내가 연구를 진행한 14년 동안 수십억 달러 기업 13개에 투자했다. 일 년에 한 개꼴이다. 초기 단계 투자는 어렵고 각 벤처 캐피털 기업이 많은 경우 5개에서 10개에 이르는 복수의 투자 파트너와 함께 투자한다는 사실을 감안하면, 최상위급 벤처 캐피털 기업이라 하더라도 일반적으로 기업 생애 주기 동안 두서너 개의 수십억 달러 기업에 투자하는 데 그칠 것이다.

하지만 벤처 캐피털이 더 많은 수십억 달러 기업에 투자한다고 해서 반드시 더 높은 펀드 수익률을 달성하는 건 아니다. 일부 벤처 캐피털은 펀드 규모가 크기 때문에 더 많은 기업에 투자하기도 한다. 또 투자 거래를 주도하지 않으며 소유권에 민감하지 않은 벤처 캐피털도 있다. 투자한 기업 중 몇 퍼센트가 수십억 달러 기업으로 성장하는지 분석해보면 어느 벤처 캐피털이 가장 성공적인 투자자인지 알 수 있다. 데이터에 따르면 유니언 스퀘어 벤처스, 세쿼이아, 벤치마크, 코슬라 벤처스, 파운더스 펀드, 액셀 파트너스, 퍼스트라운드 캐피털 같은 익숙한 이름들이 성공한 그룹에 속한다.

벤처 캐피털 자체보다 더 중요한 요소는 아마 투자를 주도하는 특정 파트너 기업일 것이다. 투자 단계를 주도하는 파트너는 거의 항상 스타트업의 이사회에 합류하기 때문이다. 이를 두고 클라우드플레어 공동 창업자 미셸 재틀린이 내게 말했다. "우리는 이사회에 합류하는 인사에 관한 문제를 늘 끊임없이 고민하고 해결해왔습니다. 어떤 기업 출신인지, 얼마나 유명한지, 어떤 지위에 있는지는 중요하지 않았습니다. 오로지 이 인물이 이사회에 미치는 영향을 우리가 좋아할 수 있을지 판단하는 것이 가장 중요했습니다." 이사회 멤버는 법적 권리와 다른 이사회 멤버에 대한 영향력을 통해 기업이 나아가는 방향에 큰 영향을 미친다. 그들의 의사결정이 너무나 중요하기 때문에 이사회 멤버 선택을 결혼에 비유하는 사람들도 있다.

선택 가능한 복수의 투자자는 고사하고 단 한 명의 투자자를 찾는 행운을 모든 스타트업이 누리는 것은 아니다. 하지만 내 연구에 포함된 많은 수십억 달러 기업의 경우를 보면 이들 기업의 창업자는 실제로 복수의 투자 제안 가운데서 선택할 수 있었다. 컨플루언트 공동 창업자 네하 나크헤데는 내게 말했다. "자본조달은 생각보다 쉬웠습니다. 우리가 링크트인에서 만든 데이터 스트리밍 소프트웨어 아파치 카프카Apache Kafka에 보다 집중하기 위해 컨플루언트를 창업할 당시 이미 수천 개 기업이 이 소프트웨어를 무료로 사용하고 있었습니다. 자본을 조달하기 전에 제품의 시장 적합성이 확보된 매우 드문 경우였습니다." 나크헤데는 또 공개 기업의 이사회에 최소한 한 명 이상의 여성 멤버를 의무적으로 둬야 한다고 규정한 캘리포니아의 이사회 여성 멤버 Women on Boards 법의 영향도 컸다고 주장했다. "이 법 덕분에 실제로 이사회의 대화 내용이 달라지며 보다 발전적이고 균형 잡힌 대화로 이어질 수 있다고 생각합니다. 더 많은 창업자가 이사회에 합류해 투자자에게 영향력을 발휘할 수 있으면 더 좋다고 생각합니다. 이사회 회의에서 다양한 목소리가 들리면 결코 잘못된 길로 갈 수 없습니다."

나는 창업자들과 나눈 대화를 통해 많은 이가 이사회 멤버를 추가하면서 얻는 다양성의 가치를 높이 평가한다는 사실을 확인했다. 오스카 헬스의 창업자 겸 CEO 마리오 슐로서는 "성장 속도에 한계를 두지 않는 사람과 이미 자리 잡은 비즈니스에 집중하는 대신 계속 성장해야만 하는 이유를 질문하며 반대 입장에 설 수 있는 사람 모두를 이사회 멤버에 포함시키는 것이 매우 중요하다"고 말했다. 물론 이사회 멤버가 기업의 일상적인 업무를 운영하지는 않는다. CEO는 자신만의 데이터를 수집해 독립적으로 결정해야 한다. 이사회 멤버는 창업자와 달리 초기에 이룬 성공을 과대평가할 수도 있다. 이와 반대로 슐로서가 언급한 대로 일이 잘못되면 "이사회는 곧바로 과민반응을 보이며 모든 것을 줄이고 사람들을 신속하게 내보낼지도 모른다".

이상적인 이사회 멤버는 문제를 증폭하지 않고 CEO를 위해 충격을 흡수하는 역할을 하는 사람들이다. 즉 문제가 생길 때 CEO가 최상의 의사결정을 하고 정말 제대로 작동하는 비즈니스가 무엇인지, 어떤 곳에 투자를 집중해야 하는지 이해하도록 도와줄 수 있는 사람들이다.

이사회 멤버를 추가해 거대한 이사회를 구성하면 그에 따른 문제가 발생하기도 한다. 정기적으로 회의를 소집하고 진행 과정에 대한 보고서를 작성하며 성과 측정 방법을 구축하고 많은 사람과 문제를 놓고 토론해야 한다. 성장 단계에 따라 스타트업은 보통 일 년에 4~8회 이사회를 개최하며, 창업자는 회의를 위해 많은 준비를 해야 한다. 브렉스 창업자 엔히키 두부그라스는 "이사회가 기업의 현재 상황을 보여주는 프레젠테이션에 그치면 안 된다"고 내게 말했다. 브렉스는 보고용 슬라이드를 이사회 멤버들에게 미리 보내 모든 멤버가 자기 견해를 밝히고 질문하도록 요청하고, 회의 시간에는 몇몇 전략적 이슈를 놓고 토론을 벌인다. 두부그라스의 말이 이어졌다. "이것이 바로 우리가 찾아낸 가장 효과적인 이사회 운영 방법이라고 생각합니다. 즉 투자자들이 아무 때나 편한 시간에 질문할 수 있게 하고, 회의에서는 이사회 멤버의 조언이 필요하고 해결해야 할 실제 이슈를 다루는 방식입니다."

투자자 앙리 드세Henri Deshays와 오언 레이놀즈Owen Reynolds가 실시한 설문 조사에서 창업자들은 벤처 캐피털 파트너와의 개인적 관계와 궁합을 가장 중요한 요소로 평가했고, 이어서 투자 조건과 벤처 캐피털의 투자 결정 속도를 꼽았다. 놀랍게도 창업자는 이런 요소들을 벤처 캐피털의 과거 실적이나 산업계 인맥보다 더 중요하게 여겼다.[3] 설문 조사 결과는 또 대부분의 창업자가 벤처 캐피털에서 얻는 운영상 도움을 그다지 가치 있게 생각하지 않는다는 사실도 보여줬다.

벤처 캐피털이 투자 결정에 고려하는 요소

벤처 캐피털은 한 기업에 투자를 결정할 때 무엇을 볼까? 스탠퍼드 경영대학원이 벤처 캐피털 900개 사를 대상으로 실시한 설문 조사에 따르면 초기 투자 단계에 참여하는 벤처 캐피털의 53%는 투자 결정에서 가장 중요한 요소가 '팀'이라 답했고, 투자자가 특정 산업이나 분야에 대한 투자를 좋아하는지 판단하는 투자 펀드와의 적합성(13%)과 제품 또는 기술(12%)이 그 뒤를 이었다.[4] 벤처 캐피털이 고려하는 가장 중요한 요소가 팀이기는 하지만, 불행하게도 창업팀 평가에 많은 편견이 따르며 팀의 특성에 대한 오해가 많다(이 책 앞부분에서 논의했던 1인 창업자에 대한 편견 등).

동일한 벤처 캐피털을 대상으로 투자 포트폴리오에 속한 기업 중 가장 성공한 기업의 성공 요인을 물었을 때, 64%는 다시 한번 팀을 꼽았고, 뒤를 이어 11%는 타이밍, 7%는 운이라고 답했다. 산업과 기술, 시장은 이들보다 순위가 낮았다. 벤처 캐피털은 타이밍과 운이 기업의 성공에 더 중요한 역할을 한다고 믿었다. 물론 에인절 투자자나 벤처 캐피털이 최초로 투자하는 창업 초창기에는 기업이 처한 상황이 많이 달라 보일 수도 있다.

──────────── : 투자 대상 선택의 중요한 요소 : ────────────

가장 중요한 요소	초기 단계 투자자	후기 단계 투자자
팀	53%	39%
투자 펀드와의 적합성	13%	13%
제품/기술	12%	8%
비즈니스 모델	7%	19%
시장	7%	11%
산업	6%	4%
스타트업에 대한 투자자의 가치 추가 능력	2%	2%
가치평가	0%	3%

출처: Paul Gompers, William Gornall, Steven N. Kaplan, and Ilya A. Strebulaev, "벤처 투자자는 어떻게 투자 결정을 하는가?" National Bureau of Economic Research, September 1, 2016, www.nber.org/papers/w22587.

안드레센 호로위츠를 창업한 마크 안드레센은 벤처 캐피털이 사용하는 기본적인 방식은 '매우 뛰어난 창업자', '매우 훌륭한 아이디어', '정말 좋은 제품', '매우 탄탄한 초기 고객층'과 같은 체크리스트를 만들어 하나씩 체크해나가는 거라고 말했다. 벤처 캐피털이 이와 같은 체크리스트를 늘 완성하며 도달한 결론은 정말 주목할 만하고 특별한 뭔가가 없는 경우가 많다는 것이다. 그래서 안드레센은 "약점이 없는 기업보다는 확실한 강점을 갖춘 기업에 투자하라"는 신조를 따른다. 물론 엄청난 강점을 지닌 스타트업에 결정적 결점이 있는 경우도 있다. 이를 두고 안드레센은 말한다. "벤처 캐피털에 주는 경고성 교훈 중 하나는 '만일 심각한 결점이 있는 기업에 투자하지 않으면 크게 성공할 기업 대부분에 투자하지 않는 셈이다'라는 말입니다. 우리는 이와 관련된 사례를 수없이 볼 수 있습니다. 하지만 오랜 기간에 걸쳐 정말 큰 성공을 거둔 거의 모든 기업이 이런 사례에 포함돼 있지는 않습니다. 그러므로 우리가 진정으로 바라고 해야 할 일은 특정 약점을 기꺼이 용인할 만큼 중요한 차원에서 엄청난 강점을 지닌 스타트업에 투자하는 것입니다."[5]

가치평가에 관한 미스터리

가치평가는 많은 창업 기업가에게 정말 이해하기 힘든 수수께끼와 같다. 그럴 만한 이유가 있다. 창업 초기 단계의 가치평가는 수익이나 다른 많은 요소를 고려하지 않는다. 벤처 캐피털을 연구하는 스탠퍼드 경영대학원 금융학과 교수 일리야 스트레불라예프Ilya Strebulaev와 공동 연구자들이 실시한 연구 결과에 따르면 특히 초기 단계에 투자하는 벤처 캐피털을 비롯한 대부분의 벤처 캐피털은 현금 흐름 할인법이나 순현재가치 또는 평가를 위한 재무 모델 같은 기법을 사용하지 않는다. 대신 초기 단계에서의 가치평가는 기업이 조달한 자본의 규모만 고려한다.

기술 스타트업은 자본조달을 위해 처음 몇 단계에서는 새로운 단계가 진행될 때마다 총 15%에서 30%에 이르는 지분을 투자자에게 제공한다. 가장 많이 투자한 투자자는 각 투자 단계에 배정된 지분의 약 2분의 1 또는 3분의 2를 받고 적게 투자한 투자자들은 나머지 지분을 차지하며 창업자와 직원들의 지분을 그 비율만큼 희석시킨다. 이때 가치평가는 자본조달 단계에서 유치한 투자 금액과 20%에서 30%에 이르는 희석 지분을 바탕으로 계산된다. 사실상 한 기업의 가치를 평가하는 데 복잡한 과학 이론이 적용되지는 않는 셈이다(이런 계산 방식은 대부분 초기 자본조달 단계와 기술 기업에 적용되지만, 생명과학 기업은 일반적으로 더 많은 지분이 희석된다). 이 단계들에서 가치평가는 계산에 투입하는 요소가 아니라 단지 계산에서 산출한 결과 수치일 뿐이다. 예를 들어 기술 기업이 최초 투자 단계에서 250만 달러의 투자를 유치하면 자본조달 후 가치평가는 아마 850만 달러에서 1,250만 달러에 이르며 이를 통해 투자자의 총지분은 20%에서 30%가 될 것이다. 만약 기업이 500만 달러를 유치하면 가치평가는 1,600만 달러에서 2,500만 달러가 된다. 이때 이 기업은 이미 고객의 호응을 받으며 수익을 올렸거나 이제 막 올리기 시작하는 단계에 이르렀을 수도 있다. 이 시점에서는 가치평가가 일반적으로 수익의 배수가 아니라 기업이 유의미한 다음 단계로 성장하고 투자자가 자신의 위험 감수에 대해 의미 있는 비즈니스 지분을 확보할 수 있게 해주는 요소에 바탕을 둔다. 재무 모델이 아니라 실현 가능성에 더 비중을 두는 가치평가 방식이다.

창업자는 이정표의 다음 단계에 이르는 데 필요한 자금 규모를 파악해 지금 어느 정도 자본을 조달할지 결정해야 한다. 스타트업이 나아가는 길에는 수많은 위험이 층층이 쌓여 있다. 수사 벤처스Susa Ventures의 경영 파트너 레오 폴로베츠Leo Polovets는 스타트업을 '위험 덩어리'라고 부른다.[6] 이런 위험들은 '제품 위험'만큼 광범위할 수 있지만 창업 기업가는 보다 세밀하고 구체적으로 구분해야 한다. 즉 장비나 서비스의 각 유닛을 판매 가격보다 낮은 비용으로 생산하고 마케팅하지 못하는 위험처럼 유닛 경제에 관련된 위험이 있는가? 판매 가격의 일정 비율보다 낮은 비용으로 신규 고객을 확보하지 못하는 위험이 있는가? 아니면 기본 서비스는 무료로 제공하고 추가 서비스만 유료로 하는 '프리미엄freemium' 사용자가 유료 사용자로 전환하지 않는 위험이 있는가? 스타트업은 서로 다른 10개의 목표에 매달리며 각 목표에서 부분적인 성공을 거두는 대신, 자신 앞에 놓인 위험들을 고려해 자본조달 각 단계에서 한두 가지 위험을 제거하는 데 자본조달을 포함한 모든 노력을 집중해야 한다.

마크 안드레센은 스타트업이 벤처 캐피털 앞에서 자신의 스타트업을 홍보할 때 이렇게 말해야 한다고 조언했다. "나는 최초 단계에서 시드 자본을 조달했고, 기업의 이정표 중에서 이러이러한 중요 단계들을 달성했으며 이러이러한 위험들을 제거했습니다." 그다음 단계에서는 또 이렇게 말하는 것이 좋다고 했다. "나는 시리즈 A 투자 유치 단계에서 자본을 조달했고 중요한 성과를 달성했으며 여러 위험 요소를 없앴습니다. 이제 시리즈 B 투자 유치 단계에 나섭니다. 앞으로 내가 달성할 중요 성과들과 그에 따른 위험 요소들은 이렇습니다. 내가 시리즈 C 투자 유치 단계에 도달할 즈음에 우리 스타트업의 수준은 이 정도일 것입니다."[7] 이렇게 하면 조달해야 할 자본 규모를 계산하고 정당화하며 조달한 자본으로 달성할 실질적인 목표를 설정할 수 있다.

창업자는 자신의 스타트업이 직면한 위험들에 관해 매우 솔직해야 한다. 모든 스타트업은 예외 없이 위험에 처해 있으므로 솔직하게 밝히는 것이 좋다. 내가 본 최상의 투자는 벤처 캐피털과 창업자가 긴밀하게 협력하며 위험을 충분히 파악한 상태에서 의도적이고 체계적으로 위험을 하나씩 제거해나가는 형태였다. 이상적인 시나리오는 벤처 투자자가 투자 대상 기업이 달성 가능한 좋은 결과뿐만 아니라 안 좋은 결과가 일어나는 경우도 충분히 인식할 때까지 대상 기업에 대한 투자를 계속 연구하고 학습하는 것이다. 내가 투자 설명회 자료를 준비한다면, 일련의 프레젠테이션용 슬라이드를 만들어 각 슬라이드가 글로벌 시장 지배를 향한 길에 놓인 위험을 나열하고 창업자가 이런 위험을 어떻게 제거했는지 또는 앞으로 어떻게 제거할 계획인지 설명하는 형태로 구성할 것이다.

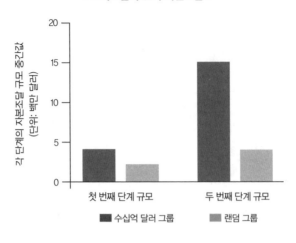

수십억 달러 스타트업은 초기 단계에서 평균적으로 더 많은 자본을 조달했고 가치평가도 더 높았다. 시장이 이 기업들의 자질을 조기에 인식한 덕분이었다. 출처: 이 분석에 사용된 데이터 일부는 피치북 데이터에서 발췌했다(이 데이터는 아직 피치북 애널리스트의 검토를 받지 않았다).

훗날 수십억 달러 기업으로 성장한 스타트업의 초기 자본조달 단계를 보면 랜덤 그룹의 초기 단계보다 더 많은 규모의 자본을 조달했다. 수십억 달러 그룹이 첫 번째 단계에서 조달한 자본의 중간값은 400만 달러였으며 랜덤 그룹의 중간값은 210만 달러였다. 수십억 달러 그룹의 두 번째 자본조달 단계 중간값은 1,500만 달러로, 랜덤 그룹의 400만 달러보다 세 배 이상 많았다. 이 기업들은 창업자와 첫 번째 단계에 참여한 핵심 투자자의 자본조달 능력에 힘입어 각 단계에서 그렇게 많은 자본을 조달할 수 있었다.

이를 보면 대부분의 경우 시장이 창업팀의 자질을 조기에 인식했고, 이에 따라 창업자가 자본조달을 위해 애쓰는 대신 벤처 캐피털이 이처럼 강력한 기업에 투자할 기회를 잡기 위해 경쟁했다는 사실을 알수 있다. 하지만 모든 수십억 달러 스타트업이 쉽게 자본을 조달한 것은 아니었다. 자본조달을 논의하는 다음 장에서 그런 기업들에 대한 내용을 살펴본다.

벤처 캐피털 소유 지분의 현금화

벤처 투자자가 성장에만 관심을 두는 것은 아니다. 출구 전략, 즉 투자에 대한 수익 실현도 생각한다. 투자자와 창업자, 직원 들은 모두 지분의 가치를 현금화하는 출구 전략이 필요하다. 그와 같은 출구 전략은 일반적으로 기업 매각이나 IPO를 통한 주식시장 상장으로 이루어진다. 벤처 캐피털에서 자본을 조달한 후 출구 전략을 실행하는 모든 스타트업 중 15%는 IPO를 통하고, 50%는 매각 절차를 택하며(이들 중 다수는 매각 대금이 투자 금액에 미치지 못한다), 나머지는 아무런 수익도 없는 실패로 끝난다. 하지만 수십억 달러 스타트업 사이에서는 매각이 그리 흔하지 않다.[8] 어차피 그런 스타트업을 인수할 수십억 달러에 이르는 여유자금이나 주식을 보유한 기업이 많지 않다.

내 데이터에 포함된 수십억 달러 스타트업 대부분은 IPO를 통한 출구 전략을 선택했다. 2005년에서 2010년 사이 창업한 수십억 달러 기업 중 46%는 IPO를 통해 이익을 실현했고, 19%는 매각을 선택했으며, 20%는 여전히 비공개 기업으로 남아 있다(2010년 이후 창업한 기업은 성장할 시간이 충분하지 않아 데이터를 왜곡할 우려가 있어 이 조사 대상에서 제외했다). 약 17%는 후속 자본조달 단계에서 가치평가가 10억 달러 이하로 떨어지며 공식적으로 유니콘 기업 지위를 잃었거나 기업 활동을 중단한 상태였다.

하지만 출구 전략을 통해 이익을 실현하기까지 항상 많은 시간이 걸리는데, 지난 수십 년 동안 트렌드가 바뀌었다. 1990년대 기업들은 사모 자본조달 수단이 많지 않았기 때문에 IPO를 훨씬 더 빨리 실행했다. 아마존은 창업 후 3년 만에 IPO를 했고, 넷플릭스는 4년 후, 구글은 5년 후 IPO를 실행했다. 예전에는 기업들이 창업에서 IPO까지 평균 5년 반이 걸렸지만 지금은 8년 이상 걸린다.

수십억 달러 스타트업에 대한 인수 대부분은 미국 거대 기업이 스타트업을 인수하는 형태로 국내에서 일어나지만, 미국 기업이 해외에서 수십억 달러 기업을 인수하기도 했다. 예를 들면 샌프란시스코에 본사를 두고 있는 유명한 모바일 게임 개발 기업 징가는 터키 게임 개발 기업 피크를 18억 달러에 인수했다. 이와 비슷하게 우버도 중동 지역 기업 카림을 31억 달러에 인수하는 등 다수의 해외 거래를 성사시켰다.

자본을 조달할 때는 적절한 규모의 자본을 조달하는 것이 중요하다. 카트리나 레이크가 지적한 대로 너무 많은 자본을 조달해 모든 프로젝트와 아이디어에 자원을 자유롭게 배분할 수 있는 상태에 이르면 경영팀은 핵심 비즈니스의 성장을 가로막는 진짜 문제를 이해하는 데 집중하지 못할 수 있다. 너무 적은 자본을 조달하면 자금 집행에 제약을 받는 경영팀이 과도한 압박감을 느끼며 비용을 절감하기 위해 애쓰고, 그 과정에서 사기가 떨어질 수 있다. 자본조달이 이뤄지면 창업자가 기업 경영에 집중할 수 있도록 창업자 자신에게 연봉을 지급해야 한다.

이 장 앞부분에서 봤듯이 가치평가는 일반적으로 자본조달 규모를 바탕으로 계산된다. 그러므로 투자자에게서 많은 관심을 받고 투자자가 선호하는 기업은 필요한 자본보다 더 많이 조달해 기업의 실제 가치보다 더 많은 가치평가를 받으려는 유혹에 빠질지도 모른다. 다음 자본조달 단계까지 중요한 성과에 이를 수 없는 것으로 판명된 기업은 평가받은 가치를 낮춰야 하는 위험한 상황에 빠질 수밖에 없고, 이는 팀의 사기에 악영향을 미치며 직원들이 기업을 떠나는 결과로 이어진다. 여기서 얻는 핵심 교훈은 창업 기업가가 자본조달을 구체적이고 실현 가능한 이정표에 연계시켜 실수와 실행 지연에 충분히 대비할 여지를 마련해야 한다는 것이다.

에어비앤비, 도어대시, 하우즈, 집라인 등에 투자한 투자자

— 세쿼이아 캐피털 경영 파트너, 앨프리드 린 —

역사상 가장 크게 성공하고 오랫동안 운영된 벤처 캐피털 중 하나인 세쿼이아 캐피털Sequoia Capital은 따로 소개할 필요가 없을 정도로 유명하다. 세쿼이아의 투자 포트폴리오에는 애플과 아타리Atari, 야후, 구글, 오라클, 유튜브, 스트라이프, 드롭박스, 시스코, 줌, 링크트인, 인스타그램 등이 포함돼 있다. 세쿼이아의 파트너 중 한 명인 앨프리드 린 Alfred Lin은 주로 소비자 인터넷 기업에 집중한다. 린은 그중에서도 특히 에어비앤비와 집라인Zipline, 하우즈, 도어대시의 이사회 멤버로 활동하고 있다. 나는 그가 어떻게 벤처 캐피털 투자자가 되었고 세쿼이아에 합류했는지, 그리고 창업자가 자본조달을 어떻게 생각하고 어떤 방식으로 벤처 캐피털에 접근해야 하는지 알아보기 위해 인터뷰를 진행했다. 앨프리드 린이 직접 들려준 스토리를 소개한다.

나는 타이완에서 태어났습니다. 부모님은 모두 상업 은행에 근무했고, 아버지의 일 때문에 미국으로 건너왔습니다. 고등학교 시절 나는 기술 기업과 기술 주식에 관심이 많았습니다. 그래서 응용수학 전공으로 하버드대학교 학부를 다닐 때 개인 재산 관리 기업에서 인턴을 하며 매니저들이 어떻게 주식을 선택하는지 배우고 싶었습니다. 메릴린치Merrill Lynch에서 인턴으로 잠시 근무하며 그들이 고객에게 어떤 주식을 추천하는지 배웠고요. 대차대조표와 손익계산서, 현금흐름표를 읽는 방법도 배웠습니다. 훗날 노벨상을 수상한 로버트 머턴Robert Merton 교수의 강의도 들었습니다. 머턴 교수가 내게 금융 부문에서 일하는 대신 박사 과정을 제안해, 결국 스탠퍼드대학교 박사 과정에 진학했습니다.

하지만 입학하고 얼마 지나지 않아 박사 학위 취득이 현실과 크게 동떨어진다는 사실을 깨달았습니다. 그래서 박사 과정을 그만두고 하버드대학교 시절 친구였던 토니 셰이Tony Hsieh가 창업한 기업에 들어갔습니다. 토니는 오라클에 근무하며 부수적으로 웹사이트를 만들어 판매하고 있었습니다. 당시에는 웹사이트를 만들 수 있는 사람이 거의 없었고, 웹사이트 트래픽을 늘리는 방법을 아는 사람은 더더욱 없었습니다. 그래서 토니는 웹사이트 링크와 홍보에 도움을 주는 인터넷 배너 광고 네트워크 링크익스체인지LinkExchange를 창업했고, 나는 재무 담당 부사장으로 합류했습니다.

우리는 링크익스체인지가 한 웹사이트에 배너 광고 두 개를 올릴 때마다 그 웹사이트에 관한 배너 광고를 네트워크상에 있는 다른 사람의 웹사이트에 올려주는 식으로 링크익스체인지를 운영했습니다. 이런 방식으로 네트워크에 속한 모든 웹사이트의 트래픽을 늘렸고, 두 개의 배너 광고 중 하나를 우리 자신을 홍보하거나 판매해 현금화할 수 있었습니다. 이 방법은 당시 정말 기발한 아이디어였습니다. 링크익스체인지는 마침내 2억 6,500만 달러의 매각 대금을 받고 구글에 매각됐습니다.

링크익스체인지를 창업할 때 우리는 친구와 가족, 그리고 세쿼이아를 통해 300만 달러가 채 안 되는 자본을 조달했으나, 훗날 1,500만 달러가 넘는 수익을 올리고 100명 이상을 고용하는 기업으로 성장했습니다. 우리는 기업 상장을 고려했습니다. 1999년에는 대부분의 기업이 수익도 없이 상장하던 때였습니다. 당시 야후가 링크익스체인지를 2,500만 달러에 인수하겠다고 제안했으나 우리는 거절했습니다. 그때 야후의 이사회 멤버였던 세쿼이아 캐피털의 파트너 마이크 모리츠가 우리에 관한 정보를 얻었고, 그 일을 계기로 세쿼이아가 링크익스체인지에 275만 달러를 투자했습니다. 세쿼이아는 그 투자를 통해 17개월 만에 17배의 수익을 올렸습니다.

링크익스체인지가 매각되고 세쿼이아가 그렇게 많은 수익을 올리는 모습을 목격한 우리는 벤처 캐피털 운영이 정말 쉬운 일이라고 생각했습니다. 하지만 현실은 그렇지 않았습니다. 우리는 벤처 프로그Venture Frogs(한국어로 하면 '개구리 벤처'_옮긴이)라는 시드 단계 투자를 위한 벤처 캐피털 펀드를 만들어 2,700만 달러의 투자자금을 모았습니다. 그리고 펀드를 설립한 지 1년 만에 투자자금 전부를 27개 기업에 투자했습니다.

1999년 당시에는 모든 일이 가능하고 모든 기업이 크게 성장할 것처럼 보였습니다. 하지만 2000년에서 2001년에 닷컴 버블이 붕괴하는 사태가 발생해, 토니와 나는 모든 투자를 너무나 빨리 실행해서 발생한 결과를 처리하는 데 몰두했습니다. 다행히 일부 투자는 적절한 시기에 인수되며 투자금을 회수했지만, 투자했던 많은 기업이 2000년에서 2002년 사이 망했습니다. 결국 우리는 기업 규모를 키우는 데 우리가 도움을 줄 수 있는 두 개의 투자에만 집중하기로 결정했습니다. 온라인 상에서 신발을 판매하는 자포스Zappos와 클라우드에서 음성 인식 플랫폼을 운영하는 텔미 네트웍스Tellme Networks였습니다(당시는 클라우드가 활성화되기 전이다). 나는 텔미 네트웍스에 합류해 재무 업무를 담당했습니다. 텔미 네트웍스는 많은 자본을 조달했으나 당시에는 수익도 없이 매년 손실액이 6,000만 달러에 달했습니다. 2년 동안 비즈니스 모델을 전환하고 몇 단계에 걸쳐 직원들을 해고하는 힘든 노력 끝에 우리는 텔미 네트웍스를 8억 달러에 마이크로소프트에 매각할 수 있었습니다.

한편 토니는 자포스에 컨설턴트로 합류해 CEO 역할까지 맡은 뒤 손익분기점을 유지한 채 매출을 1억 달러 이상으로 끌어올렸습니다. 나는 2005년 CFO로 자포스에 합류한 뒤 COO 역할까지 맡았습니다. 우리는 자포스를 매출 10억 달러가 넘는 기업으로 성장시켰고, 2010년 아마존이 12억 달러에 자포스를 인수했습니다. 이후 나는 세쿼이아 캐피털에 합류했습니다.

최상의 자본조달 방식을 궁금해하는 창업자가 많습니다. 창업자는 초기 단계에서 조달하는 자본의 비용이 모든 자본조달 단계 중에서 가장 비싸다는 사실을 인식하고 이 단계에 매우 신중해야 합니다. 모든 창업자는 어떻게 하면 벤처 캐피털에 기업을 홍보할 기회를 잡을 수 있을지 고민합니다. 하지만 자본조달 협상 테이블에 어떤 투자자를 포함시킬지 생각하는 사람은 거의 없습니다.

자본조달 단계는 기업을 홍보하는 자리인 동시에 파트너를 선택하는 절차이기도 합니다. 자본조달을 원하면 좀 더 알아보고 싶은 투자 후보자들의 리스트를 작성해야 합니다. 그런 다음 오랜 시간에 걸쳐 관계를 구축해야 합니다. 많은 창업자가 엄격한 과정을 거치며 매우 짧은 시간에 자본을 조달해야 한다고 생각합니다. 만약 경매 과정을 진행한다면 가장 높은 가격을 가장 빠르게 부르는 사람을 고르면 되지만, 이런 방식으로는 장기간에 걸쳐 자신에게 최상의 파트너가 될 사람을 선택할 수 없습니다. 일이 잘 풀리면 투자자와 10년, 15년 동안 함께 일할 것이고, 혹시 일이 잘못되더라도 여전히 5년에서 7년은 같이 일해야 합니다.

투자 후보자에게 임의로 이메일을 보내는 콜드 이메일cold email도 기회를 잡는 좋은 방식이 될 수 있습니다. 나는 내가 받는 모든 이메일을 읽어보며, 만약 그 이메일이 많은 생각 끝에 나온 사려 깊은 내용을 담고 있으면 답변을 보냅니다. 하지만 나를 비롯한 15명의 다른 사람에게 똑같은 내용으로 보낸 일정 형태의 메일이라면 아마 대답하지 않을 것입니다. 이메일을 보내는 투자자 각자의 투자 실적과 공개된 프로파일을 자세히 살펴봐야 합니다. 이를 통해 그들이 어떤 생각을 하는지, 미래의 어떤 일에 열광하는지 알 수 있습니다. 그들이 우리 기업의 어떤 부분을 좋아할지 생각하고 그들의 투자 형태에 우리 기업이 얼마나 적합한지 파악해야 합니다. 그러면서 우리 기업에 도움을 줄 독특한 통찰을 지닌 특정 벤처 캐피털로 파트너 후보 리스트를 좁혀야 합니다. 이에 관해 깊이 생각한 뒤 그런 신중함을 이메일에 담아내면 답변을 받을 수 있을 겁니다. 결국 가장 중요한 일은 우리가 지금껏 파고들지 못한 네트워크에서 아직 알려지지 않은 재능을 지닌 투자자를 찾아내 흔치 않은 기회를 확보하는 것입니다. 모든 투자자는 확실한 컴퓨터공학 전공자를 찾아 나설 것입니다. 하지만 우리는 다른 투자자 네트워크도 찾아야 합니다.

실제로 기업 설명회에 나설 때는 기업 못지않게 비즈니스 자체에 관한 설명도 깊이 생각하며 신중하게 해야 합니다. 아주 오랜 시간 비즈니스를 설명해야 합니다. 사람들이 그 비즈니스에 투자하도록 설득해야 합니다. 또한 인재들이 직원으로 합류하도록 설득해야 합니다. 투자자가 우리의 파트너가 되도록 설득하는 일도 해야 합니다.

근본적으로 기업 설명회를 확실하게 진행하며 기업 홍보 활동 자체를 즐겨야 합니다. 자본조달 과정을 싫어하는 창업자가 많습니다. 그 과정을 자본조달로 생각하는 대신, 자신의 독특한 세계관을 홍보하고 그런 미션을 수행하려는 이유를 설명하는 자리로 생각하기 바랍니다. 영입 대상자 및 비즈니스 파트너에 대한 홍보와 투자자에 대한 홍보는 크게 다르지 않습니다. 최상의 기업에 걸맞은 최고의 인재와 파트너를 영입하려면 매우 깊고 신중하게 생각해야 하며, 그런 신중함을 통해 강력한 비전과 그 비전을 실행할 능력을 갖추고 있다는 사실을 보여줘야 합니다. 이는 투자자에게도 동일하게 적용됩니다. 자본조달 과정도 이와 같다고 생각하기 바랍니다.

모든 투자자가 똑같은 것을 찾습니다. 즉 거대한 문제를 해결하려는 팀을 지원하기를 원합니다. 그 거대한 문제를 다룰 수 있는 제품 또는 서비스를 이미 확보하고 있거나 확보할 계획이 있고, 수익을 올릴 수 있는 차별화된 방법을 알고 있다고 설명하는 것이 진정한 홍보는 아닙니다. 내가 말했던 모든 요소를 점검하라는 것이 요점이 아닙니다. 투자자는 우리가 수박 겉핥기만 하고 있는지, 아니면 두 번째 층이나 세 번째 층까지 깊이 파고들었는지 알고 싶어 합니다. 예를 들면 시장에서 우리가 이 산업을 석권할 수 있는 이유를 증명해야 합니다. 이미 자리 잡은 산업 구조에서 어떤 부분을 공격할지 설명해야 합니다. 모든 부분을 공격할 수 있을 것 같은 인상을 주는 창업자가 너무 많습니다. 하지만 성공하는 창업자는 소수의 중요한 실행 계획에 예리하게 집중합니다. 시장 진입을 위한 구체적인 방법이 없는 제품이나 서비스는 시장 점유율을 확보할 수 없습니다. 시장 진입을 위해 활용해야 할 확실한 무기를 파악해야 합니다.

나는 많은 창업자와 대화를 나누는데, 일부 창업자는 산업 내 모든 상황에 도전할 생각을 합니다. 나는 그 생각에 반대합니다. 성공한 창업자 대부분은 산업 내 주요 상황 하나 또는 두 개에 도전했습니다. 정말 말이 안 되는 하나 내지 두 개의 상황만 생각한 덕분에 해결 방안을 찾아낼 수 있었습니다. 그들은 왜라는 질문을 끊임없이 했지만 훌륭한 대답을 찾지 못하면 산업을 더 깊이 파고들어 그들의 해결 방안이 성공할 이유를 찾았습니다. 세쿼이아 창업자 돈 발렌타인Don Valentine이 근본적으로 묻는 질문은 늘 이것이었습니다. "이 기업이 왜 중요합니까?" 매우 강력한 질문입니다. 특히 초기 단계 투자자가 던지는 또 다른 질문은 이것입니다. "당신의 기업이 앞으로 10년 내 미래의 중요한 부분이 되는 이유는 무엇입니까?"

우리는 기업 홍보 자료에 포함되기를 원하는 사항들을 발표했습니다. 이 순서 그대로 할 필요는 없지만, 여러분의 기업이 중요한 이유에 관한 생각을 정리하는 데 도움이 될 것입니다. 여기에 그 순서를 소개합니다.

1. 기업의 목적
2. 문제
3. 해결 방안
4. 왜 지금인가?
5. 시장 규모
6. 경쟁
7. 제품
8. 비즈니스 모델
9. 팀
10. 재정 상태

자본조달 과정에서 신뢰를 구축하는 일도 매우 중요합니다. 내가 약간은 기만적이라고 생각하는 것 중 하나는 자본을 조달하려는 기업이 내게 좋은 데이터만 보여준 탓에 안 좋은 데이터를 내가 직접 파악해야 하는 경우입니다. 그럴 경우 투자 단계를 종결한 뒤 우리가 어떻게 역동적인 업무 관계를 구축할 수 있겠습니까? 투자자와 안 좋은 소식을 공유할 수 있는 관계를 조성해야 합니다. 내가 안 좋은 소식을 모르면 도움을 줄 수 없습니다. 나는 창업자가 뭔가 안 좋은 소식을 전했다는 이유로 창업자를 떠난 적이 한 번도 없습니다. 내가 떠나는 경우는 내가 도움을 줄 수 있는 적절한 파트너가 아니거나, 기업의 비전과 미션에 크게 동의하지 않거나, 시장과 시장 역학에 대한 관점이 매우 다를 때였습니다. 나는 창업자가 현재 직면한 모든 문제를 시작 시점이나 중간 또는 끝날 무렵에 내게 알려주든 알려주지 않든 결국 찾아냅니다.

신뢰 관계를 구축하려면 내가 나중에 놀라는 일이 없어야 합니다. 다수의 안 좋은 정보를 실사 마지막 단계에서 발견하는 일이 없기를 바랍니다. 내가 처음 참석한 이사회에서 몇몇 중요한 문제를 모르고 있다는 사실을 발견하고는 유감스러운 느낌이 들지 않기를 바랍니다. 창업자가 투자자를 진정한 파트너로 여기면, 투자자는 창업자가 그런 문제를 해결하는 데 도움을 줍니다. 자본조달 과정에서 투자자는 비록 투자하지 않더라도 창업자가 미처 생각하지 못했던 아이디어를 줄 수 있습니다.

자본조달을 자신에게 도움이 되는 파트너를 찾는 과정으로 활용해야 합니다. 경매와 달리 자본조달은 자금을 투자하고 창업자 자신과 창업자의 비전을 확신하며 장기적으로도 도움이 되는 진정한 파트너를 찾는 과정이 돼야 합니다. 자신의 비즈니스를 더 잘 알리고 기업에 관한 조언을 더 많이 얻기 위해, 그리고 궁극적으로 미래를 위한 자금을 확보하기 위해 자본조달 과정 전체를 자신에게 유리한 방향으로 활용해야 합니다. 자본조달을 위해 기업을 홍보하는 대상인 투자자들에게서 많은 교훈을 얻기 바랍니다. 투자자에게서 교훈을 얻을 수 있다고 생각하지 않으면, 그들에게 기업을 홍보할 이유가 있을까요?

예전에 배웠던 고지식한 이론에 젖어 있는 사람들은 기업 설명회에서 스토리텔링과 멋지게 꾸민 프레젠테이션이 중요하지 않다고 말할 것입니다. 책 내용을 표지만 보고 판단해서는 안 되지만, 표지를 보면 실제로 책 내용을 어느 정도 짐작하는 데 도움이 됩니다. 기업 설명회에서 발표하는 스토리 내용을 보다 분명하고 알아듣기 쉽게 구성할 시간이 있으면 그렇게 하는 것이 좋습니다. 창업자의 비즈니스가 훌륭하면 투자자는 어떻게든 알아볼 것입니다. 하지만 기업 설명회에서 전해지는 스토리를 들으면 창업자가 여기까지 오기 위해 얼마나 많은 생각을 했는지 어느 정도 알 수 있습니다. 프레젠테이션이 멋지게 디자인되지 않으면 투자자는 눈여겨보지 않고 그냥 지나쳐버리지만, 사용자 인터페이스가 중요한 소비자 비즈니스 분야에서 사업을 하려는 창업자의 프레젠테이션 디자인이 형편없으면 투자자가 주의 깊게 볼 수밖에 없습니다. 아름답게 디자인된 애플리케이션을 개발할 계획이라고 하면서 프레젠테이션이 깔끔하게 디자인되지 않았다면 뭔가 빠진 듯한 느낌이 듭니다.

스토리가 엄청나게 고무적이고 감동적이어야 한다는 뜻은 아니지만, 이렇게 표현할 수 있습니다. '투자자에게 영감을 주지 못하면서 어떻게 영입하려는 인재들에게 영감을 줄 수 있을까?' 스토리텔링에서 중요한 한 가지는 스토리가 창업자의 생각을 명확히 전달해야 한다는 것입니다. 스토리가 명확하지 않고 기업 홍보 내용이 혼란스러우면 투자자는 창업자의 사고가 명확한지 의문을 가집니다. 수많은 비즈니스 성공 사례를 보면 명확한 아이디어와 명확한 사고, 명확한 전략을 갖춘 뒤 바로 그 명확성을 바탕으로 실행했기 때문에 가능했습니다.

투자자와 이사회 멤버를 최대한 활용하는 데 도움을 주기 위해 내가 할 수 있는 한 가지 조언은 '그들에게 물어보라'는 것입니다. 창업자는 늘 자신의 비즈니스를 훨씬 더 많이 압니다. 그러니 특정 문제를 내게 알려주면 연구해보고 내가 도움을 줄 수 있으면 그렇게 할 것입니다. 세쿼이아에서 우리는 창업자에게 도움이 필요하거나 한 아이디어에 관해 의견을 나누고 싶을 때 처음으로 전화하는 상대방이 우리가 될 수 있도록 많은 노력을 합니다. 창업자는 투자자나 파트너 또는 이사회 멤버와 잘 안 되는 일을 언제나 이야기하고 기꺼이 도움을 요청할 수 있는 그런 관계를 구축해야 합니다.

정말 안 좋은 일이 일어나기 직전까지 자신의 취약성을 드러내지 않는 창업자가 많습니다. 이는 창업자로서 참으로 어리석은 행동입니다. 창업자는 그런 취약성을 처음부터 투자자와 공유하는 관계를 구축해야 합니다. 투자자는 창업자의 비즈니스에 이미 합류한 상태이고 투자도 했습니다. 당장 내일 지분을 팔지는 못합니다. 투자자는 창업자 편에 서야 하고 앞으로도 그럴 것입니다.

분명히 기억하기 바랍니다. 창업자가 이 모든 일을 하는데도 투자자가 투자를 하지 않으면 그건 투자자의 실수입니다. 한 가지 예를 들어보겠습니다. 우리는 와이 콤비네이터의 기업 설명회가 열리기 전에 도어대시 공동 창업자 토니 슈를 만났고, 그 뒤에도 파트너 관계 구축을 진지하게 고려하며 토니 슈를 비롯한 공동 창업자들을 몇 번 만났습니다. 하지만 우리는 그들의 비즈니스가 대중을 대상으로 일반화할 수 있는 서비스인지, 아니면 부모가 생활비를 부담해주는 스탠퍼드대학교 학생들만을 위한 서비스인지 염려스러웠습니다. 뉴욕시에서 자란 나는 음식을 테이크아웃하거나 배달시키는 사람이 무척 많다는 것을 알고 있었지만, 식품 배달 전문 기업 도어대시가 뉴욕 같은 곳에서만 먹힐지, 아니면 더 많은 지역으로 확대될지 확신이 서지 않았습니다.

우리는 비슷한 배달 전문 스타트업 그럽허브GrubHub와 포스트메이츠를 이미 검토한 적이 있어 이 분야가 크게 성장할 수 있다고 짐작했습니다. 하지만 도어대시가 주로 스탠퍼드대학교 캠퍼스와 팰로앨토 지역에만 집중한다는 점은 여전히 걱정스러웠습니다. 우리는 시드 자본 조달 단계에서 도어대시에 투자하지 않았지만, 우리가 확신할 때까지 계속 관계를 유지했고, 결국 시리즈 A 단계에서 투자했습니다. 처음부터 투자하지 않은 것은 고통스럽고 금전적으로도 손해가 큰 실수였지만, 더욱 중요한 점은 우리에게 실수를 만회할 기회가 주어졌다는 사실입니다.

이것이 토니 슈와 내가 신뢰를 쌓은 관계 구축 과정의 일부였습니다. 나는 토니와 때때로 대화를 나누며 그의 비즈니스에 관한 상황을 업데이트했습니다. 인적 네트워크 형성을 위한 행사에서는 그의 옆자리에 앉아 함께 저녁 식사를 했습니다. 우리는 그가 관찰하고 파악한 식당들의 모든 운영상 세부 사항과 실제 운영상 문제를 논의했습니다. 또한 식당들과 도어대시의 운영 방식을 아주 자세하게 분류해 검토했습니다. 이와 같은 상호 교류와 대화를 통해 우리는 도어대시가 쉽지 않은 비즈니스라는 사실을 깨달았습니다. 운영 면에서 강도가 높고 힘든 비즈니스이기는 하지만 토니 슈는 그런 어려움을 극복하고 도어대시를 현실로 만드는 데 아주 적합한 창업자였습니다.

나는 앨프리드 린과 대화한 뒤 그가 가장 높이 평가하는 가치가 깊이 생각하는 자세임을 분명히 알았다. 린은 자기 비즈니스에 대한 이해도가 높은 창업자를 찾는다. 또한 해결하려는 문제가 존재하는 이유와 그 문제를 처리할 기회를 얻는 방법을 포괄적이고 깊이 있게 생각해온 창업자를 원한다. 앨프리드 린은 전략과 실행에 대한 명확한 사고를 기대한다. 창업자는 투자자에게 접근할 때 비록 다수에게 임의로 보내는 이메일을 통할지라도 특정 투자자가 자신에게 적합한 파트너인 이유를 생각해야 한다. 그리고 나서 사려 깊은 이메일을 보내면 투자 유치 기회를 잡을 수 있다.

18

자본조달

사람들이 무거운 물건을 들다 다치는 것은 대개 허리를 이용해서 들어 올리려 하기 때문이다. 무거운 물건을 드는 올바른 방법은 다리를 이용하는 것이다. 경험 없는 창업자는 투자자를 설득할 때 이와 같은 실수를 한다. 그들은 기업 설명회를 통해 설득하려 든다. 하지만 창업한 스타트업을 제대로 작동하게 만드는 것이 훨씬 더 좋은 설득 방법이다. 자신의 스타트업이 투자할 가치가 있는 이유를 충분히 파악하고 창업했다면 그 자체만으로도 투자자에게 훌륭한 설명이 된다.

_ 폴 그레이엄, 와이 콤비네이터 공동 창업자

라이언 허드슨Ryan Hudson은 피자를 주문하며 쿠폰이 있었으면 정말 좋겠다고 생각했다. 창업한 스타트업들이 연이어 실패한 후 자금에 여유가 없어 비용을 절감하는 방법에 꽤 익숙해진 상태였다. 최근에는 케이블 회사와 인터넷 서비스 회사를 비롯해 수도, 전기, 가스 공급자 모두와 협상해 매달 지출비용을 총 200달러 낮췄다.

허드슨은 훗날 말했다. "내가 피자를 주문할 때 쿠폰 사용을 생각하는 부분적인 이유가 바로 그것이었습니다. 나는 지금 당장 매우 중요한 단돈 1달러를 아낄 수 있는 쿠폰이 있을지도 모른다고 생각했습니다." 쿠폰을 찾는 동안 허드슨은 그 과정을 자동화할 수 있다는 사실을 깨달았고, 적절한 쿠폰을 찾기 위해 자동으로 웹사이트를 검색하는 브라우저 기능 확장 프로그램의 시제품을 엉성하게나마 만들었다.

2012년 10월 브라우저 기능 확장 프로그램 허니Honey는 이렇게 세상에 모습을 드러냈다. 허드슨과 공동 창업자 조지 루안George Ruan은 이 프로젝트에 2년 반 동안 독자적으로 자본을 조달했다. 소비자의 관심이 모바일로 옮겨가는 시기에 데스크톱 컴퓨터용 브라우저 확장 프로그램의 가치를 투자자에게 설득할 수 없었기 때문이다. 2013년에 허드슨은 또다시 자금이 바닥나 생활비를 벌기 위해 광고 기술 기업에 제품 매니저로 취직했다.

하지만 허니 사용자는 점점 늘어났다. 허드슨이 물러나고 루안이 최소한의 인원으로 계속 운영하는 동안 신제품 베타 테스트에 참가한 한 사용자가 소셜 네트워크 레딧에 올린 글을 보거나 친구들의 추천을 받아 허니 프로그램을 설치하는 사람이 더욱더 늘어났다. 허드슨은 허니 이전에 실패했던 스타트업을 두고 이렇게 말했다. "예전에는 어떤 스타트업도 인기를 얻지 못했습니다. 하지만 사람들이 실제로 너무나 좋아해 입소문만으로 저절로 사용자가 늘어나며 소비자들에게서 확실하게 사랑받는 제품을 보니, 그 제품에는 뭔가 있다는 사실을 깨달았습니다."

허드슨과 루안은 투자자의 관심을 끌기 위해 끊임없이 노력했지만, 실리콘밸리의 샌드힐 거리에 모여 있는 투자자들에게 계속 거절당했다. 허드슨은 말했다. "분명한 사실은 당시 벤처 캐피털이 우리 제품에 투자할 준비가 안 돼 있었다는 점입니다."[1] 일부 투자자는 창업자의 배경을 좋아하지 않았고, 또 다른 일부는 그들이 애플리케이션이 아니라 브라우저 기능 확장 프로그램을 만든다는 사실을 싫어했으며, 제휴 마케팅으로 수익을 올리겠다는 현금화 계획을 믿지 않는 투자자들도 있었다. 하지만 점점 늘어나는 사용자를 본 허드슨과 루안은 그들의 제품이 언젠가 크게 성공할 수 있다고 확신했다.

마침내 허니는 시드 자본조달 단계에서 머커 캐피털Mucker Capital과 러들로 벤처스Ludlow Ventures, BAM 벤처스BAM Ventures, 플러그 앤드 플레이 테크센터를 통해 자본을 조달했다(허드슨은 이 투자를 보며 "기분이 좋았다"고 말했다). 4년 뒤에는 비교적 덜 알려진 벤처 기업 RTA 캐피털과 SGH 캐피털SGH Capital로부터 시리즈 A 단계에서 투자를 유치했다. 2017년 10월까지 허니는 원더 벤처스Wonder Ventures를 통해 시리즈 B 단계에서 900만 달러, 앤소스 캐피털Anthos Capital이 주도한 시리즈 C 단계에서 2,600만 달러를 조달했다. 허니에 투자한 캐피털 펀드 중에는 유명한 벤처 투자자가 한 곳도 없었다. 그럼에도 허니는 2020년 1월 40억 달러에 페이팔에 인수됐다.

앤소스 캐피털이 투자한 또 다른 스타트업으로, 해외 유학생들이 대학 입학 허가를 받는 데 도움을 주는 어플라이보드ApplyBoard도 초기 자본조달 단계에서 유명한 벤처 캐피털의 투자를 한 번도 유치하지 못했다. 어플라이보드는 수익이 수억 달러에 이르는 규모로 성장하며 시리즈 C 투자 유치 단계에서 유명한 투자 기업 인덱스 벤처스의 주목을 받았고, 당시 기업가치 평가액은 15억 달러를 넘었다.

허니와 어플라이보드처럼 수십억 달러로 성장할 기업의 아이디어가 최소한 처음에는 투자자의 눈에 확실하게 띄지 않는 경우도 있다. 자본조달은 아주 느리게 진행되는 고통스러운 과정이며 창업자는 "노No"라는 대답을 수없이 들을 수 있다. 물론 자본조달을 손쉽게 이뤄내는 스타트업도 있다. 그렇다면 첫 번째 단계에서 자본을 조달하기까지 얼마나 걸리는지, 또 누구에게서 자본을 조달하는지가 중요할까?

내 데이터에 포함된 수십억 달러 기업 중 약 60%는 첫 번째 단계에서 세쿼이아, 안드레센 호로위츠, 벤치마크, 액셀과 같은 최상위권에 있는 유명 벤처 캐피털을 통해 자본을 조달한 반면, 랜덤 그룹에 속한 기업 중 최상위 벤처 캐피털에서 자본을 조달한 비율은 20%에 미치지 못하며, 두 그룹 사이에서 또 하나의 중요한 차이를 보여줬다. 이런 현상은 최상위 벤처 캐피털에서 자본을 조달하면 기업이 엄청난 성공을 거둘 수 있다는 의미로 해석될 수 있지만, 정반대 의미로 해석해야 하는 경우도 많다. 즉 최고 수준에 이른 창업자는 가장 유명한 벤처 기업에 접근해 기업을 홍보할 연결고리를 갖추고 투자 조건이 좋아보이면 결국 일류 벤처 기업이 직접 나서 투자 기회를 잡는다. 물론 첫 번째 단계에서 최상위 벤처 기업을 통해 자본을 조달하면 기업의 성공에도 도움이 될 것이다. 누구나 인정하는 유명 투자자는 기업이 언론의 주목을 받고 인재를 불러 모으며 향후 추가로 자본을 조달하는 데 도움을 준다. 일부 투자자는 인재 영입과 비즈니스 개발 같은 서비스를 통해 투자한 기업을 적극적으로 지원하기도 한다.

그렇다면 최상위권 유명 벤처에서 첫 번째 단계 투자를 유치한 모든 기업이 수십억 달러 가치에 이르는 기업으로 성장할까? 절대 그렇지 않다. 고수익을 위해 고위험에 집착하는 벤처 캐피털의 셈법이 여기서도 작동하므로 대다수 스타트업은 유명 벤처 캐피털에서 자본을 조달했더라도 그저 그런 가격에 매각되거나 실패하는 결과에 이른다. 최상위 벤처 기업에서 투자를 유치한 많은 기업이 결국 엄청난 손해를 입기도 한다.

물론 이런 경우 대부분은 유명 벤처 캐피털에만 혜택이 돌아가는 자기충족적 순환 고리다. 잘 알려진 벤처 캐피털 기업은 최상의 투자 거래를 알기 마련이고, 대부분 그 거래를 성사시킬 수 있으며, 이런 투자 형태는 반복적으로 일어난다. 덜 알려진 벤처 캐피털은 최상의 거래를 발견하고 정확히 파악하더라도 투자 기회를 얻기 어려울 수 있다. 신규 진입한 벤처 캐피털이 차익 거래를 통해 많은 투자 수익을 올리며 자신의 이름을 널리 알리는 경우는 그리 많지 않다. 이런 성과를 달성하기가 어렵기는 하지만 언제든 일어날 수 있으며, 그 결과 훌륭한 성과를 내며 성공하는 신규 벤처 캐피털 펀드가 탄생할 수도 있다.

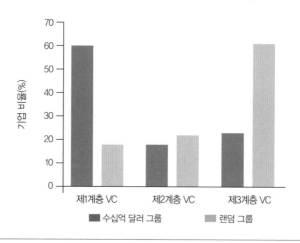

: 시드 자본조달 단계 또는 시리즈 A 단계의 투자자 :

수십억 달러의 가치평가에 이른 스타트업은 초기 투자 유치 단계(시드 자본조달 단계 또는 시리즈 A 단계)에서 제1계층 벤처 캐피털 펀드를 통해 자본을 조달한 경우가 많았다.

수십억 달러 스타트업의 자본조달 시점

초기 단계에서 자본조달에 어려움을 겪은 수십억 달러 스타트업은 허니만이 아니다. 에어비앤비 공동 창업자 브라이언 체스키Brian Chesky와 조 게비아Joe Gebbia는 창업하고 1년이 넘는 시점까지 각자 2만 5,000달러와 1만 달러의 빚을 지고 있었다. 에어비앤비 웹사이트 방문자는 하루 50명에도 미치지 못했고, 세 번째 공동 창업자 네이선 블레차르지크Nathan Blecharczyk는 실패를 인정하고 사업을 포기할 각오를 하고 있었다. 체스키는 당시를 이렇게 기억한다. "우리는 에어비앤비 지분 10%를 15만 달러에 매각하기 위해 투자자 20명에게 기업 홍보를 했습니다. 그중 절반은 이메일에 답변조차 하지 않았고 나머지는 '이 비즈니스가 우리의 투자 방향에 맞지 않는다'거나 '우리는 여행 분야에 그렇게 열광하지 않는다'는 식으로 말했습니다. 우리는 창업하고 1년 반 동안 단 한 푼의 자본도 조달할 수 없었습니다."[2]

창업자들은 부채에서 벗어나기 위해 2008년 미국 대통령 선거 후보들의 이름을 붙인 '오바마 오즈Obama O's'와 '캡틴 매케인Cap'n McCain' 시리얼을 만들어 한 박스에 40달러씩 받고 판매했다. 이 시리얼 판매로 얻은 3만 달러 이상의 수익을 바탕으로 에어비앤비 사업을 계속 추진했다. 에어비앤비는 창업한 지 1년 반이 지난 후에야 와이 컴비네이터 프로그램에 참여할 수 있었다. 와이 컴비네이터 공동 창업자 폴 그레이엄은 특히 생존을 위해 시리얼을 판매하는 등 '바퀴벌레'처럼 끈질기며 온갖 일을 마다하지 않는 에어비앤비 창업자들의 자세를 높이 평가해 그들의 프로그램 참여를 허락했다.

그레이엄은 2008년 금융위기로 인한 불황 시기에 '바퀴벌레'와 같은 창업자를 찾고 있었다. 와이 컴비네이터가 프로그램 참여자를 대상으로 매주 개최하는 저녁 식사 자리에서 에어비앤비 공동 창업자들은 세쿼이아 캐피털의 경영 파트너 그레그 매카두Greg McAdoo를 만나 에어비앤비 비즈니스를 설명했다. 체스키는 당시 만남의 결과를 이렇게 설명했다. "우리는 2주일 만에 최초 투자자금 60만 달러에 대한 계약서를 받았습니다."[3] 그 시점부터 에어비앤비의 상황이 달라졌다.

돌이켜보면 에어비앤비의 성공은 이미 정해져 있었던 것처럼 보인다. 현재 에어비앤비 플랫폼은 사용자가 1억 5,000만 명이 넘고, 매일 저녁 200만 명 이상의 여행자에게 숙박 장소를 제공하며, 사용 경험을 공유한다. 에어비앤비는 기업 공개 당시 가치평가가 1,000억 달러에 이르렀다. 만약 투자자가 에어비앤비가 최초로 제시했던 10% 지분에 대한 15만 달러 투자 제안을 받아들였더라면 엄청나게 높은 투자 수익을 올렸을 것이다. 하지만 에어비앤비는 창업 초기 자본 확보에 큰 어려움을 겪었다.

홈 트레이닝용 자전거를 판매하고 구독자를 상대로 유료 피트니스 클래스 동영상을 제공하는 펠로턴도 창업 초기에 벤처 캐피털에서 자본을 조달하느라 무척 힘들었다. 하지만 지금은 열성적인 사용자 계층을 확보한 상태다. 판매 장비가 고가인데도 많은 사람이 펠로턴의 고정식 트레이닝용 자전거에 2,000달러 이상의 거금을 투자하는 것이 헬스클럽 회원 등록보다 비용 면에서 효율적이고 편리하다고 생각했다. 펠로턴은 2019년 IPO를 하기 전까지 총 5억 5,000만 달러의 투자를 유치했고, IPO를 통해 80억 달러에 이르는 기업가치를 평가받았다. 하지만 창업 초창기에 펠로턴의 미래는 그리 희망적이지 않았다.

펠로턴 창업자 존 폴리John Foley는 당시 상황을 이렇게 설명했다. "투자자에게 사업 계획을 설명하며 나는 '전 세계를 석권하겠다'고 말했는데, 투자자들은 처음 3년 동안 '당연히 그러시겠죠. 하지만 사양하겠습니다'라는 말만 했습니다. 기관투자자는 내게 투자하려 하지 않았습니다."[4] 시장 규모가 작아 보이는 고가의 스포츠 장비 하드웨어에 열광할 수 있는 벤처 캐피털은 한 곳도 없었다.

폴리와 경영진은 벤처 캐피털이 자신들의 사업에 등을 돌리자 에인절 투자자를 통한 자본조달에 의지했다. 폴리는 말했다. "정말 어려웠

2008. 10. 28. 10/28/08

브라이언 체스키 씨에게

우리는 이 투자 논의를 더 이상 진행하지 않기로 어제 결정했습니다.

우리는 여행 분야를 투자 영역으로 할지 늘 고민해왔습니다.

이 분야가 전자상거래에 매우 적합하다고 인식하지만, 어떤 이유에서인지 몰라도 우리는 여행 관련 비즈니스에 그렇게 열광할 수 없었습니다.

2008. 9. 2. 9/2/08

브라이언 체스키 씨에게

연락에 감사드립니다. 목요일까지 출장이라 오늘 전화를 받을 수 없었습니다. 나는 여러분이 지금까지 이룬 진행 상황에 매우 만족합니다만, 아직 해결되지 않은 ABB 관련 이슈와 다른 프로젝트, 특히 기존 투자 문제로 시간적 여유가 없어 현재 다른 투자를 진행할 수 없습니다. 여러분의 스타트업에 대해 내가 여전히 가장 크게 염려하는 사항은 다음과 같습니다.

− DNC와 RNC 이후 상당한 수준의 사용자 확대 방안

− 기술 인력 충원 계획

− 투자 신디케이트(투자 그룹) 구성 문제

2008. 8. 1. 8/1/08

브라이언 체스키 씨, 조 게비아, 네이선 블레차르지크 씨에게

회신이 늦어 죄송합니다. 내부적으로 논의한 끝에 안타깝지만 투자 관점에서 볼 때 이번 투자는 우리에게 적합한 기회가 아니라고 결론 내렸습니다. 우리가 원하는 만큼 잠재적 시장 기회가 충분히 큰 것 같지 않습니다.

200만 달러 이하 가치평가를 받은 에어비앤비의 시드 자본조달 단계에 투자하지 않겠다며 다수의 투자자가 에어비앤비 CEO 브라이언 체스키에게 보낸 이메일.
출처: Brian Chesky, "7 Rejections," Medium, July 12, 2015, https://medium.com/@bchesky/7-rejections-7d894cbaa084.

습니다. 우리가 하려는 비즈니스를 이해할 수 있는 투자자는 극소수였습니다. 투자자들이 그 분야에 앞다투어 투자하지 않은 이유가 궁금했습니다." 펠로턴은 결국 시리즈 A 자본조달 단계에서 잘 알려지지 않은 에인절 투자자 그룹을 통해 총 350만 달러의 자본을 조달했

고, 크라우드펀딩 서비스를 제공하는 킥스타터를 활용한 선주문으로 30만 달러의 자금을 추가로 확보했다. "여섯 번째 자본조달 단계에 이를 때까지 각 단계에서 안드레센 호로위츠, 베서머 벤처스, 세쿼이아 캐피털 등이 계속 거절했습니다." 펠로턴의 고객층과 수익이 무시하기에는 너무 좋은 상태에 이른 시리즈 E 단계에 가서야 클라이너 퍼킨스 같은 유명 벤처 캐피털이 펠로턴의 비즈니스를 이해하며 투자자 대열에 합류했다.

이처럼 자본조달에 어려움을 겪은 대표적인 사례도 있지만, 결국 수십억 달러 기업으로 성장한 다수의 스타트업은 훨씬 쉽게 자본을 조달했다. 앞서 설명했듯이 수십억 달러 그룹에 속한 스타트업은 초기 자본조달 단계에서 랜덤 그룹에 속한 스타트업보다 거의 두 배 많은 자본을 조달할 수 있는 것으로 드러났고, 게다가 훨씬 짧은 기간에 이루어냈다. 카이트 파마 창업자 아리 벨더그룬의 사례를 살펴보자. 자신의 기업을 거의 120억 달러에 이르는 거금을 받고 매각한 사람이라면 섬 하나를 구입해 편안한 은퇴 생활을 즐길 것으로 예상할지 모르지만, 슈퍼 창업자들의 경우는 달랐다. 벨더그룬과 공동 창업자들은 카이트 파마를 매각한 지 3개월 만에 새로운 기업을 창업하며 자본을 조달했는데, 이는 아마도 스타트업으로서 가장 짧은 기간에 가장 많은 자본을 조달한 기록일 것이다.

카이트 파마의 매각을 축하하는 파티에서 벨더그룬은 매각 거래를 협상했던 투자은행 소속 투자자들과 대화를 나눴고, 그중 한 명이 거대 제약 기업 화이자에서 약제 자산에 대한 생산 라이선스를 받거나 매입하는 새로운 기회를 언급했다. 벨더그룬은 곧바로 작업에 착수하며 화이자가 자신과 협업하도록 설득한 끝에 그의 네 번째 스타트업 알로젠 테라퓨틱스를 창업했다. 이 기업은 건강한 기증자에게서 얻은 T 세포로 환자를 치료하는 동종 유래 CAR-T(키메라 항원 수용체 T 세포) 치료법을 발전시켰다.

벨더그룬은 당시를 이렇게 기억한다. "화이자와 진행한 협상에 가속도가 붙으면서 알로젠은 화이자와 파트너십 계약을 완결하기 위해 자본을 확보해야 했습니다." 그로부터 한 달 만에 알로젠은 시리즈 A 단계와 일부 전환사채를 통해 4억 2,000만 달러의 자본을 조달했다. 곧이어 창업한 지 5개월밖에 안 된 알로젠은 더 많은 자본을 확보하기 위해 IPO를 하기로 결정했다. 그 결과 2019년 10월 바이오 의약품 기업의 IPO 중 가장 규모가 큰 IPO를 기록하며 약 3억 7,500만 달러의 자본을 조달했고 기업가치도 곧바로 약 30억 달러에 이르렀다. 2020년 6월 알로젠은 바이오 산업 역사상 가장 규모가 큰 2차 공모를 통해 6억 3,300만 달러를 추가로 조달했다.

성공적인 기업 세 개를 연이어 매각한 실적이 있으면 자본조달은 분명히 더 쉬워진다. 알로젠은 총 8억 달러의 자본을 조달했고, 창업자가 창업을 생각한 지 일 년이 채 안 되는 시점에 30억 달러에 이르는 가치평가를 받았다.

여기서 다시 한번 강조할 가치 있는 사항은 훗날 수십억 달러로 성장한 스타트업 중 다수가 최초 단계에서 최상위 벤처 캐피털을 통해 자본을 조달할 수 있었고 그런 스타트업이 수십억 달러 기업이 될 가능성이 높았지만, 수십억 달러 기업 중 40%는 최상위 벤처 기업에서 자본을 조달하지 않았다는 점이다. 대신 그들은 유명하지 않은 벤처 캐피털에서 투자를 유치했다.

즉 유명한 벤처 캐피털에서 자본을 조달하지 못해도 여전히 수십억 달러 기업을 구축할 수 있다. 우버를 예로 들어보자. 우버는 슈퍼 창업가 두 명이 창업했는데도 시드 자본조달 단계에서 '확실한' 투자처로 인정받지 못했지만, 결국에는 최초 투자자에게 1,000배가 넘는 투자 수익을 안겨줬다. 시드 자본조달 단계에서 우버의 아이디어는 여전히 운전기사가 딸린 고급 타운카나 리무진을 제공하는 블랙카 서비스와 고급 승용차 서비스에 한정돼 있었고, 우버 플랫폼에 속한 우버캡은 10여 대에 불과했다. 벤처 캐피털 수십 곳과 에인절 투자자들은 적은 시장 규모와 앞으로 택시 영업 라이선스를 두고 시청 관료들과 벌일 법적 다툼에 따른 엄청난 위험을 이유로 투자 기회를 포기했다. 지금은 확실해 보이지만, 당시만 하더라도 우버가 택시 시장 확대는 아니더라도 택시를 대체할 가능성이 있다고 생각한 투자자는 아무도 없었다. 게다가 두 명의 창업자 중 그 누구도 우버에 전념하겠다는 의사를 밝히지 않으며 기업 운영을 위한 CEO를 영입했다. 그럼에도 퍼스트라운드 캐피털은 미치 케이퍼, 시안 배니스터Cyan Banister와 스콧 배니스터 Scott Banister, 크리스 사카, 제이슨 캘러카니스를 비롯한 에인절 투자자들과 함께 우버의 가치를 400만 달러로 평가하며 시드 단계에서 투자했다.

유니콘 기업 지위에 오르기까지 걸린 시간

이제 이 기업들이 유니콘 기업이 되는 데 얼마나 걸렸는지 살펴보자. 내가 수집한 데이터에 따르면 그 기간은 알로젠처럼 최초 자본조달 단계 이후 2년에서 12년 또는 그 이상까지 다양하고, 평균은 약 5년이었다.

일부 기업은 오랜 시간이 지나고서야 수십억 달러 수준에 이르렀다. 고객 경험 관리 기업 메달리아Medallia는 10년 넘게 느리지만 꾸준히 성장한 후 벤처 캐피털에서 처음으로 자본을 조달하며 수십억 달러의 가치평가를 받았다. 메달리아는 보스턴 컨설팅 그룹에서 경력을 쌓은 에이미 프레스먼Amy Pressman이 2001년에 창업했다. 프레스먼은 비즈

: 최초 자본조달에서 수십억 달러 가치평가에 이를 때까지 기간 :

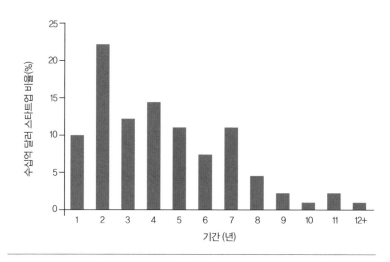

일부 수십억 달러 스타트업은 짧은 기간 내 유니콘 기업 지위를 달성한 반면, 10년 또는 그 이상 걸린 스타트업들도 있었다.

니스 출장으로 여러 호텔에 묵으면서 투숙객이 서비스에 만족하는지 그렇지 못한지 알아차리는 호텔 관리팀이 그리 많지 않다는 사실을 인식했다. 프레스먼의 원래 아이디어는 호텔과 같은 서비스 조직을 위한 벤치마킹 데이터를 수집해 같은 브랜드를 사용하는 다른 지역 호텔뿐만 아니라 직접적인 경쟁자와 고객 만족 수준을 비교하는 것이었다. 소셜 미디어 사용자가 늘어나면서 고객의 피드백은 그 어느 때보다 중요해졌다. 기업들은 서비스에 만족하지 못한 고객이 온라인에 불만을 쏟아내면 비즈니스가 크게 타격을 입고 만족한 고객은 비즈니스에 정말 도움이 될 수 있다는 사실을 인식했다.

프레스먼과 공동 창업자들은 자본조달을 위해 투자자와 회의를 하고 호텔들에 사업을 설명했다. "(2001년) 9월 10일 우리는 힐튼 호텔을 방문해 무료 시험용 프로그램을 홍보했습니다. 그리고 나서 9월 11일에 돌아왔습니다." 프레스먼은 당시 상황을 이렇게 설명한다.[5] "당시 우리는 자본조달을 받을지 말지 결정할 엄두조차 내지 못했습니다."

9·11 테러 사태는 자본조달과 고객 확보에 영향을 미치며 신생 기업에 제일 먼저 타격을 입혀, 메달리아는 2002년에 이르러서야 첫 번째 유료 고객을 확보했다. 하지만 2003년부터 이익을 내기 시작했다. 수익은 프레스먼이 자본조달을 하지 않기로 결정할 정도로 크게 늘어났다. 이 선택을 두고 프레스먼은 훗날 말했다. "(그 결정에 따른) 불리한 점은 낮은 인지도입니다. 최상위층 벤처 기업의 지원은 곧바로 기업의 신뢰성으로 이어집니다. 검증을 받은 셈이죠. 우리에게는 그런 검증 과정이 없었습니다."

2008년 금융위기로 인한 불황도 비즈니스에 영향을 미쳤지만, 메달리아는 폭풍우를 견뎌내며 여전히 이익을 냈다. 2011년 3,000만 달러의 수익을 올렸고 케이트 스페이드Kate Spade, 토리 버치Tory Burch, 웨스턴 유니언Western Union, 베스트 웨스턴Best Western, 노드스트롬Nordstrom, 뱅가드Vanguard와 같은 기업을 고객으로 확보했다. 세쿼이아 캐피털이 메달리아에 연락한 시기가 바로 이때였다. 당시 소셜 미디어와 온라인 리뷰가 기업의 수익 달성에 핵심 역할을 한 덕분에 메달리아의 소프트웨어 수요가 크게 늘어나며 메달리아의 성장이 가속화됐다. 세쿼이아 캐피털은 계속 메달리아에 투자했고, 창업한 지 14년이 지난 2015년 메달리아는 12억 5,000만 달러에 이르는 가치평가를 받으며 유니콘 기업 지위를 달성했다. 그로부터 4년 뒤 IPO를 실행해 26억 달러가 넘는 가치평가를 받았다.

메달리아는 유니콘 기업 지위에 이르기까지 다른 수십억 달러 스타트업보다 오래 걸렸지만, 창업자들은 그동안 기업을 잘 경영하며 안정적인 수익과 함께 비즈니스를 성장시켰다. 외부 환경의 타이밍도 결정적인 역할을 했다. 창업 직후와 2008년 상황이 성장 속도를 늦췄지만 온라인 리뷰와 소셜 미디어의 활성화로 수익에 대한 고객 만족의 영향력이 확대되면서 메달리아 소프트웨어가 고객 경험 관리의 필수 도구로 떠오르며 메달리아의 성장이 가속화됐다.

각 자본조달 단계의 간격

수십억 달러 스타트업의 창업자들은 어떤 리듬에 따라 자본조달을 시도했을까? 내가 수집한 데이터에 따르면 대부분의 수십억 달러 스타트업은 보다 빠른 속도로 자본을 조달할 수 있었다. 그들의 제품이 소비자에게서 많은 주목을 끌면서 이정표의 중요한 단계를 조기에 달성할 수 있어 그랬을 수도 있다. 자본조달 시기에 관한 수십억 달러 스타트업의 중간값을 보면 첫 번째 자본조달 단계는 창업 후 6개월 만에 이뤄졌고 두 번째 단계는 창업 후 2년 이내에 실행됐다. 이 수치를 벤처 캐피털의 지원을 받은 랜덤 그룹 소속 기업과 비교하면 상당한 차이가 있다. 랜덤 그룹의 중위권에 있는 기업은 창업 후 1년 뒤에야 첫 번째 자본조달 단계를 실행했고 두 번째 단계까지 4년이 걸렸다.

자본조달에 관한 조언

구글에서 '자본조달 방법'을 검색하면 스토리를 어떻게 다듬고 프레젠테이션 슬라이드를 어떻게 준비해야 하는지 알려주는 수백 건의 글을 볼 수 있다. 하지만 내가 수많은 벤처 캐피털 투자자 동료들과 나눈 대화에 따르면 그런 자료가 크게 중요하지 않다. 기업 홍보 자료는 고사하고 창업팀의 강점에 관한 프레젠테이션 슬라이드 한 장 없이 유명한 벤처 캐피털 기업에서 500만 달러의 시드 자본을 조달하는 경우를 본 적도 있다(때로는 최초 창업자라도 다른 스타트업이나 기업에서 프로젝트를 만들어낸 대단한 실적이 있으면 쉽게 자본을 조달하기도 한다). 이와 반대로 창업자가 멋지게 준비한 기업 홍보 프레젠테이션과 포괄적인 자료, 완벽한 타이밍과 표현, 뛰어난 스토리 서술에도 불구하고 훨씬 적은 액수의 자본조달에 어려움을 겪는 모습도 봤다.

모든 스타트업이 벤처 캐피털에서 자본을 조달할 필요는 없다. 특정 형태의 스타트업만 고위험, 고수익 모델에 적합하며 그런 스타트업 중에서도 다수는 독자 자본조달에 성공했다. 벤처에서 자본조달을 원하는 창업자에게 내가 전하는 최상의 조언은 다음과 같다.

에인절 투자자로 구성된 전략적 그룹에서 적은 액수의 자본을 조달하는 단계부터 시작하라. 그렇게 하면 자금을 직접 투자해 지분을 보유한 사람들을 훌륭한 자문관으로 둘 수 있다. 조달한 자본을 활용해 제품의 시장 적합성을 찾고 소비자가 자신의 제품을 찾을 때까지 필요하다면 사업이나 제품 전환 과정을 최대한 많이 거쳐라. 그리고 나서 벤처 캐피털에서 보다 많은 시드 자본을 조달하거나 시리즈 A 단계를 거치는 것이 좋다. 모든 자본조달 단계에서는 조달하려는 자본의 작은 부분이라도 멘토와 자문관, 산업계 경영자, 영향력이 큰 인플루언서 같은 개인 투자자의 몫으로 남겨둬야 한다. 기업에 도움을 주고 기업의 가장 강력한 대변인 역할을 하며 기업의 성공과 이해관계가 있는 사람을 투자자로 확보하기 위해서다. 벤처 기업은 항상 기업 정보를 공유하므로 그들을 상대로 한 기업 홍보나 요구사항이 일정해야 한다.

이정표의 다음 중요 단계에 이르기 위해 300만 달러에서 500만 달러 정도 자본이 필요하면 투자자들에게 그보다 적은 액수를 요구하며 기업 홍보를 시작하라. 이때 정말 많은 투자자가 투자 의사를 보이면 요구 금액을 높여라. 일반적으로 적은 금액의 자본조달이 훨씬 더 쉬우며, 큰 금액을 요구하다 조달 액수를 줄이면 투자자들에게 투자를 원하는 사람이 많지 않다는 신호를 보낼 위험이 있다. 가장 이상적인 방법은 투자에 참여한 에인절 투자자를 통해 벤처 캐피털을 소개받는 것이다.

잠재적 투자자와 첫 번째 미팅을 조기에 진행하되, 모든 투자자가 기업 실사를 하고 투자자와 창업자가 서로를 파악할 시간을 충분히 부여해야 한다. 그렇다고 추진력을 잃어서는 안 된다. 지금 다른 잠재적 투자자나 투자 기업과 얘기하고 있다는 사실을 벤처 캐피털에 알리지 말아야 한다. 비공식 채널을 자신에게 유리한 방향으로 활용해야 한다. 즉 벤처 캐피털을 소개해준 사람이나 자문관을 통해 첫 번째 미팅 후에 벤처 캐피털이 어떤 반응을 보이는지 알아보는 것이 좋다.

벤처 캐피털 입장에서 생각하라. 본인이 투자자라면 이 스타트업에 투자할지, 한다면 어떤 이유로 할지, 또 어떤 위험을 감수할지 냉정하게 평가해야 한다. 자본조달 과정은 자신의 기업을 두고 자아 성찰을 하며 이 기업을 통해 내가 진정 무엇을 달성하고 싶어 하는지 돌아보는 훌륭한 기회다. 기업 설명회에서 프레젠테이션 슬라이드를 구성하는 방식과 발표하는 스토리 내용은 그렇게 중요하지 않다. 창업자로서 자신의 스타트업을 두고 얼마나 깊이 생각했는지 알리는 것이 중요하다. 어떤 문제를 어떤 계층을 위해 해결하려 하는지 정확히 설명할 수 있어야 한다.

프레젠테이션 자료에 해결하려는 문제 다섯 개와 가치 제안 다섯 개, 지금이 가장 적기인 이유를 나열하고 글머리 기호로 강조할 계획이라면, 좀 더 깊이 생각해보기 바란다. 핵심을 정확히 짚어내야 한다. 즉 정말 해결하려는 문제 하나와 타깃으로 삼은 소비자 계층, 가장 중요한 가치 제안, 지금이 이 비즈니스를 시작할 가장 이상적인 시기인 이유 하나를 자신이 먼저 이해하려고 노력해야 한다. 일단 자신을 설득할 수 있어야 기업 홍보에 나설 수 있다.

최상위 벤처 투자자에게서 자본조달 확률을 높이기 위해 창업자가 할 수 있는 가장 좋은 방법은 뛰어난 인재로 팀을 구성해 수많은 소비자를 불러들일 만큼 아이디어를 수정하는 것이다. 내가 본 창업자 중에서 이런 방법을 가장 잘 사용한 사람은 스티치 픽스의 카트리나 레이크다. 경영대학원을 졸업하고 8개월 뒤 시드 자본만 조달한 상태였지만 레이크는 월마트닷컴Walmart.com의 최고운영책임자COO 마이크 스미스Mike Smith를 찾아가 스티치 픽스의 COO를 맡아달라고 부탁했다. 두어 달 뒤에는 넷플릭스의 데이터 과학 및 엔지니어링 부문 부사장 에릭 콜슨Eric Colson을 영입했다. 이는 산업계 경험이 전혀 없는 창업자가 창업해 겨우 시드 자본만 조달한 스타트업에서 보기 드문 인재 영입이었다. 이와 비슷하게 브렉스의 20대 초반 창업자들도 스트라이프와 소파이에서 경험 많은 최고재무책임자와 법무 자문위원을 첫 번째 영입 인사로 고용했다. 창업자는 영입하고 싶은 인재를 알아보고 그들을 합류시키기 위해 최선을 다해야 한다.

자금이 없는 아주 초기 단계에서는 영입 인재에게 공동 창업자 지위를 부여하는 것도 도움이 될 수 있다. 약간의 자본을 마련한 뒤에는 적은 액수라도 기본 연봉을 제시하며 최고 인재의 합류를 유도할 수 있다. 기업의 사명에 열정적이면서 동시에 탁월한 경험과 고객 인맥 또는 엔지니어링 능력을 갖춘 사람들로 A⁺ 점수를 줄 만한 뛰어난 팀을 구성하면 돈은 저절로 따라온다. 유니언 스퀘어 벤처스의 레베카 케이든Rebecca Kaden은 말한다. "내가 본 창업자 중 가장 뛰어난 창업자는 자본과 자원을 확보하기 전에 어떻게 해서든 인재들을 영입합니다. 스타트업 전망이 확실해지기 전에 자신을 도와주고 싶어 하는 사람들을 불러 모을 수 있습니다."[6] 이처럼 자본을 조달하기 전이라도 뛰어난 인재를 찾아내 앞으로 자본을 조달할 수 있다는 조건하에 그들이 합류하도록 설득해야 한다. 초창기에는 지분과 직위에 보다 관대할 수 있으므로(또는 그래야 하므로) 드림팀 구성을 위해 이런 점을 활용해야 한다. 예를 들어 약 30명의 인재를 영입한 뒤에는 인재를 추가로 고용해 공동 창업자 직위를 부여하거나 처음 고용한 인재들보다 더 많은 지분을 주기 어려우므로 슈퍼스타급 인재들이 초기에 합류하도록 설득해야 한다. 수익이나 다른 수치들이 별 볼 일 없는 상황에서도 벤처 캐피털에 투자 확신을 심어줄 수 있는 최고 인재를 영입하는 능력이 중요하다.

대부분의 경우 벤처 캐피털은 투자 거부 의사를 창업자에게 곧바로 대놓고 표시하지 않는다. 하지만 벤처 캐피털이 투자에 관심 있으면 창업자는 그 사실을 알아차릴 수 있다. 그런 경우에는 벤처 캐피털이 빠르게 움직이고 상황들을 이리저리 파악하며 소속 파트너에게 창업자를 곧바로 만나라고 지시한다. 그런 경우 창업자는 같은 벤처 캐피털 내에 있는 다른 파트너들을 만나볼 여유가 있으면 자신에게 적합한 인물을 소개받을 수도 있다.

최종적으로 서로 다른 조건이 담긴 복수의 계약서를 받을 경우, 창업자에게는 벤처 캐피털 자체보다 자본조달 단계를 이끌어나갈 파트너가 더 중요하다. 또한 벤처 캐피털 내 하위직 벤처 투자자나 실무자, 부장급 책임자의 힘을 과소평가하지 말아야 한다. 투자 거래를 완결하려면 투자 대상인 스타트업을 전적으로 대변해줄 수 있는 내부자의 도움이 필요한데, 실무자나 부장급 책임자가 이 일을 해주는 경우가 많다. 물론 그와 같은 내부 대변인이 파트너나 총괄 파트너라면 일을 좀 더 쉽게 진행할 수 있지만, 그런 사람들의 확신과 스타트업 능력을 대변해주려는 의지가 더 중요하다.

창업자는 자신의 이야기와 배경을 설명하는 데 너무 많은 시간을 할애하지 말고, 대신 자기 스타트업이 엄청난 기회를 제공하는 이유를 집중적으로 설명해야 한다. 나는 창업자들이 스타트업의 소비자 개인 문제 해결 능력을 설명하고 자신이 그 아이디어를 떠올린 스토리를 알려주는 데 너무 많이 집중하는 모습을 봤다. 그것보다는 팀원들의 강점과 스타트업의 지표들을 강조해야 한다. 기업 홍보는 단순할수록 좋다. 벤처 캐피털이 기억해주기를 바라는 내용을 더 많이 생각하고, 프레젠테이션 슬라이드에 대해 설명하기보다는 파트너들에게 직접 전달하는 것이 좋다. 확실한 내용 한 가지를 준비해 벤처 캐피털이 기억하게 만들어야 한다. 가능하다면 이 책 앞부분에서 소개한 '의사 전용 링크트인'과 같은 일화적 비유를 들어 자신의 스타트업을 기억하게 만드는 방법도 좋다.

많은 이가 창업자에게 자본조달 추진 여부와 상관없이 투자자와 관계 구축을 위한 만남에 나서야 한다고 조언한다. 나는 이 조언에 동의하지 않는다. 벤처 캐피털은 창업자가 시도하는 모든 접촉을 기업 홍보 과정으로 여기므로 단 한 번의 인상적이지 못한 만남이 영원히 부정적인 인상을 남길 수도 있다. 벤처 캐피털 투자자와 친분을 쌓기 위해 그들이 주최하는 모든 행사에 갈 필요는 없다. 오히려 모습을 드러내지 말고 자중하는 편이 더 낫다.

자본을 조달하는 가장 좋은 방법은 기업 내에 사업 추진을 향한 모멘텀을 조성하고 적합한 투자자를 소개해줄 수 있는 최상의 팀원과 에인절 투자자를 불러 모으는 것이다. 그렇게만 하면 자본을 조달할 수 있다. 창업자가 많은 벤처 투자자들과 아무리 친하더라도 성의 표시를 위해 적은 액수의 개인 돈은 투자할지 몰라도 수백만 달러의 자본조달 단계를 이끄는 일에 나서지는 않는다.

자본조달은 수십억 달러 스타트업의 성공 스토리 중 필수적인 부분이며, 내가 조사한 수십억 달러 스타트업 중 다수가 각 단계에서 유명 벤처 투자자들을 통해 쉽게 자본을 조달한 것도 사실이다. 하지만 최상위 벤처 캐피털에서 이런 수준의 관심을 받지 못한 스타트업도 수십억 달러 규모로 성장할 수 있었다. 고객 확보와 수익 달성, 스타트업 여정에 합류할 최상의 인재 영입에 집중하면 성공은 저절로 이뤄질 것이다. 말처럼 쉽지는 않겠지만, 창업자는 투자자들이 무시할 수 없을 정도로 잘해야 한다.

페이스북, 스페이스X, 스트라이프를 비롯한 많은 기업에 투자하다

– 투자자, 피터 틸 –

피터 틸Peter Thiel은 많은 소개가 필요 없는 인물이다. 그는 자본조달을 위한 협상 테이블 양쪽 모두에 있었으며, 때로는 그 역할들을 동시에 수행하기도 했다. 훗날 페이팔로 성장한 작은 스타트업에 처음으로 투자했고, 곧이어 그 스타트업에 초창기 공동 창업자 겸 CEO로 합류했다. 이후 빅데이터 분석 전문 스타트업 팔란티어를 창업하고 투자했다. 2004년 8월 페이스북에 50만 달러를 투자하며 10.2%의 지분을 받고 이사회 멤버로 합류했다. 이는 페이스북에 한 첫 투자였으며, 당시 기업가치 평가액은 490만 달러였다. 2005년 피터 틸은 샌프란시스코를 기반으로 한 벤처 캐피털 파운더스 펀드를 공동 창업했다. 페이스북 외에도 피터 틸은 개인적으로 또는 파운더스 펀드를 통해 에어비앤비, 링크트인, 옐프, 스포티파이, 스페이스X, 아사나Asana, 쿼라, 트랜스퍼와이즈TransferWise, 스트라이프를 비롯한 많은 스타트업의 초기 단계 투자에 참여했다. 나는 피터 틸의 로스앤젤레스 사무실에서 그를 만나 인터뷰를 진행했다. 그가 들려준 스토리를 소개한다.

나는 페이스북의 첫 번째 기관투자자였습니다. 투자 당시에는 페이스북이 얼마나 크게 성장할지 생각해보지 않았습니다. 페이스북의 최초 제품은 대학교 캠퍼스를 겨냥한 것이었고, 시장 규모는 정말 작았습니다. 만약 일반적인 소셜 네트워킹 제품이라면 세계 전체에 그런 제품이 다수 진출할 공간이 있을 것입니다. 그런데 하버드대학교 학생들만을 위한 페이스북 제품이 출시한 지 10일 만에 시장 점유율이 0%에서 60%로 늘어났다면, 더 이상 성장하지 못한다 하더라도 그 자체만으로 매우 탄탄한 제품이라는 느낌이 들었습니다. 그 모델이 수백 곳의 다른 대학교 캠퍼스로 진출하면 페이스북은 국내 모든 대학교 신문을 발간하는 미디어 기업을 소유한 것과 같습니다. 나는 페이스북이 꽤 가치 있는 기업이라 생각했습니다……. 아니, 수십억 달러의 가치를 지닌 기업으로 성장할 수 있다고 생각했습니다.

페이스북은 더 많은 서버만 있으면 되기 때문에 컴퓨터를 마련할 자금만 필요했습니다. 제품 수요가 이미 너무나 많아 하드웨어만 더 구하면 되는 기업은 꽤 특이하긴 하지만 정말 좋은 경우입니다. 당시 페이스북에 대한 내 생각을 돌이켜보면 시장에 관한 정의가 늘 조금씩 틀렸습니다. 우리는 성공한 기업이 차별화된 제품과 차별화된 시장을 확보했다고 말할 수 있습니다. 하지만 성공한 기업이 그렇지 않은 경우도 있었습니다. 나는 그들에 대한 인식이 잘못됐기 때문이라고 생각합니다. 구글도 그런 경우에 해당합니다. 구글은 검색 엔진으로 묘사됐고 당시 20여 개의 다른 검색 엔진이 있었습니다. 바로 이것이 1998년이나 1999년에 사람들이 구글에 대한 투자를 주저한 이유였습니다. 즉 구글은 비슷한 다수의 검색 엔진 중 하나에 불과했습니다. 그러고 나서 구글은 기계(컴퓨터)를 기반으로 검색하는 최초의 검색 엔진으로 판명됐습니다. 구글 이전의 검색 엔진들은 사용자가 정하는 순위 결과에 의존했지만, 구글은 '컴퓨터'를 이용해 순위를 정하는 방법을 알아냈습니다. 인간의 힘에 의존하는 검색과 달리 기계를 기반으로 검색하는 구글은 독특했습니다.

페이스북은 '소셜 네트워크'로 분류되지만, 소셜 네트워크의 원조는 분명 아닙니다. 내 친구 리드 호프먼은 1997년 온라인 데이트 서비스 소셜넷SocialNet을 창업했습니다. 그러므로 페이스북보다 7년 먼저 기업 이름에 '소셜 네트워킹'을 포함시켰습니다. 소셜넷 사용자는 기본적으로 사이버 공간에서 가상의 개나 고양이 등으로 변신한 아바타로 활동하며 서로 교류합니다. 페이스북이 다른 소셜 네트워크와 다르고 독특하며 훨씬 강력하고 어떤 측면에서는 논란거리가 되기도 하는 부분은, 페이스북이 가상의 사람들 사이에서 추상적인 네트워킹을 하는 곳이 아니라는 것이었습니다. 페이스북에서 사람들은 실제 모습으로 네트워킹했습니다. 초창기 페이스북의 가장 강력한 경쟁자였던 마이스페이스도 많이 달랐습니다. 로스앤젤레스에서 시작한 마이스페이스 사용자는 유명 인사로 행세하고 싶어 했습니다. 그들 모두는 자신이 아닌 다른 사람인 것처럼 행동하는 연기자였습니다. 마이스페이스는 사용자의 허구적 신분에 중점을 둔 반면, 페이스북은 사용자의 실제 신분을 사용했습니다. 페이스북에서는 실제 신분으로 네트워킹하는 것이 매우 중요했습니다. 지금은 당연한 것처럼 보이지만, 당시에는 사람들이 인터넷에서 신분을 밝히고 싶어 하지 않았습니다.

창업자는 매우 차별화된 스토리를 원합니다. 하지만 때로는 창업 초창기에 자신의 스타트업이 정말 차별화된 이유를 정확히 설명할 적절한 표현조차 없는 경우도 있습니다. 나는 페이스북 초대 사장이었던 숀 파커Sean Parker에게 페이스북 초창기 시절 사용자의 실제 신분을 설명해줄 적절한 표현이 있었다고 생각합니다. 하지만 나는 페이스북을 다른 시각으로 봤습니다. 즉 내가 완전히 다른 프레임에서 페이스북을 평가했을 때, 페이스북은 또 하나의 소셜 네트워킹 웹사이트가 아니라 대학교를 상대로 한 미디어 제국이었습니다.

우리는 페이스북에 투자하기 전해에 프렌드스터Friendster에 투자했는데, 그해 여름 무렵 프렌드스터는 이미 어려움에 빠졌습니다. 그래서 우리는 투자를 결정하기 전 사업 규모를 키울 수 있느냐 하는 문제에 집중했습니다. 이는 어떤 의미에서 보면 매우 낮은 기준이지만, 우리는 규모만 확대할 수 있으면 프렌드스터를 능가할 수 있다고 생각했습니다. 프렌드스터는 온갖 종류의 이해하기 힘든 이유로 기술을 발전시키지 못했습니다. 사용자가 200만 명에 이르면 프렌드스터의 웹사이트는 속도가 느려졌습니다. 프렌드스터에는 한 사용자와 다른 사용자들 사이의 분리 정도(즉 몇 단계를 거치면 서로 연결되는가?)를 계산하는 기능이 있었지만, 웹사이트에 사람이 더 많이 몰릴수록 계산이 기하급수적으로 복잡해지는 문제가 생겼습니다.

몇 년 동안 우리는 사람들에게 투자하기 위한 서로 다른 모든 기준을 두고 오락가락했습니다. 페이스북은 이상하게도 사람들 사이에서 낮게 평가됐다고 생각합니다. 정말 빠른 속도로 인기를 끌었고 제시하는 가치평가도 적절했습니다. 틈새시장만 공략하는 것처럼 보이지만 어쩌면 그런 점이 더 강력한 특성일 수도 있었습니다. 나는 훌륭한 기업을 만든 많은 이가 수많은 다양한 주제를 이야기하는 데 매우 뛰어나다고 생각합니다. 어떤 면에서 보면 그들은 모르는 것이 없는 박식한 사람들입니다. 그래서 저커버그와 대화를 해보면 그가 제품의 아주 세세한 부분까지 설명하는 모습을 볼 수 있습니다. 그는 소셜 네트워킹이 어떻게 성장할지 말해줄 수 있으며 전 세계에서 직면하는 다양한 도전 과제들에 대해 설명할 수 있습니다. 또한 경제 분석과 경영 이론을 놓고 토론할 수 있습니다. CEO는 꽤 많은 일을 능숙하게 처리할 수 있어야 합니다.

내가 주목하는 한 가지는 그들이 다양한 분야에 대해 얼마나 많이 알고 있느냐 하는 것입니다. 스트라이프도 같은 경우입니다. 스트라이프를 창업한 콜리슨 형제와 내가 처음 나눈 대화는 대금 결제 산업 전반에 관한 내용이었는데, 그들이 그 분야를 정말 깊이 생각했다는 것이 분명해 보였습니다. 경쟁에 관한 관점과 제품에 대한 견해도 얘기했습니다. 우리는 그들이 깊이 생각해왔던 수많은 다양한 주제에 대해 대화를 했습니다. 물론 그들의 견해 모두가 비판의 여지가 없을 정도로 완벽하지는 않았습니다.

몇 년 동안 내가 이상하리만큼 오락가락한 부분은 늘 기술과 비즈니스 모델, 사람이라는 단순한 세 분야였습니다. 소비자 인터넷 분야에는 제품과 비즈니스 모델이 전부라고 말하고 싶은 부분이 있었습니다. 제품과 비즈니스 모델을 제대로 작동시킨 기업은 번개를 병 속에 가두는 것과 같은 엄청난 일을 이룬 셈이며, 이후에도 이 제품과 모델은 계속 제대로 먹혀들었습니다. 비록 사람들에 관한 심각한 불안감이 있다 하더라도 그렇게 결정적인 문제는 아니었습니다. 그래서 몇몇 소비자 인터넷 기업을 두고 관련된 사람들이 그렇게 뛰어나지 못하다고 평가할 이유가 분명히 있었지만, 그래도 그 기업들은 성공했습니다. 이런 점은 소비자 인터넷 기업에만 해당하는 것 같습니다.

사람들이 형편없으면 일이 제대로 되지 않습니다. 하지만 사람들이 A가 아니라 B⁺ 점수를 받더라도 훌륭한 아이디어를 떠올렸다면, 그것만으로도 기업은 훨씬 높은 가치평가를 받을 수 있습니다. 어떤 면에서는 아마존 창업자 제프 베이조스Jeff Bezos가 이베이 창업자들보다 뛰어났다고 볼 수 있지만, 2002년과 2003년 이베이의 시가총액은 훌륭한 아이디어 덕분에 아마존의 세 배에 달했고, 이후 20년 동안 그 차이가 많이 줄어들기는 했지만 여전히 엄청난 성과를 이룬 것으로 평가받았습니다. 그러므로 나는 늘 산업에 따라 달리 적용돼야 한다고 생각합니다. 기업용 소프트웨어 부문에서는 창업자의 자질이 다른 무엇보다 중요한 요소입니다. 그리고 자연과학 관련 기업에는 과학자와 사업가가 혼합된 형태로 존재해야 합니다. 그럴 경우 그 혼합 형태가 적절해야 합니다.

기업 홍보의 중요성이 과장돼 있습니다. 그렇게 뛰어나지 않은 기업이 대단히 훌륭한 기업 설명회를 개최한 적이 있었을 겁니다. 기업 홍보와 그에 따른 후속 조치들도 완벽했지만 그렇게 뛰어난 기업은 아니었습니다. 나는 기업 홍보나 스토리가 20%를 차지하고 기업의 본질과 실제 상황이 80%를 차지한다고 생각합니다. 정말 완벽한 기업 홍보는 없습니다. 최상의 기업 홍보는 기본 스토리가 매우 훌륭하고 창업자가 문제나 도전 과제를 정확히 알고 있다는 사실을 보여주는 것입니다.

기업 홍보용 프레젠테이션 내용에 대해 조언하자면, 20개의 슬라이드로 프레젠테이션을 구성할 경우 가장 확실하고 논란의 여지가 없는 내용으로 시작해 가장 불확실하고 혼란스러운 내용으로 마치도록 배열하라는 것입니다. 그리고 매우 단조롭게 구성해야 합니다. 나는 이 방식이 정말 믿기 어려울 정도로 강력한 기법이라고 생각합니다. 그러니까 "오늘 로스앤젤레스의 날씨는 매우 화창하고, 나는 여러분에게 브루클린에 있는 다리를 팔려고 합니다"라는 말이 그냥 "나는 여러분에게 브루클린에 있는 다리를 팔려고 합니다"라는 말보다 훨씬 강력합니다. 나는 이 모든 프레젠테이션 기법을 사용하는 목적이 사람들을 설득해 투자를 유치하는 데 있지 않다고 생각합니다. 실제로는 창업자가 비즈니스 자체에 대한 직관력을 더욱 예리하게 만들어 무엇을 만들려고 하는지 정확히 이해하도록 도움을 주는 데 있습니다.

결국 이 기법은 자본조달에 도움을 줄 것입니다. 실제로 실행해보면 "내 아이디어 어느 부문이 확실한지, 어느 부문이 더 불분명한지" 파악할 수 있습니다. 그러고 나면 보다 불분명한 부분을 두고 이렇게 생각할 수 있습니다. "사람들에게 이 부분을 좀 더 이치에 맞게 설명하는 방법이 있을까? 시간이 지나면서 이 부분의 위험을 어떻게 낮출 수 있을까?"

피터 틸은 이 장 앞부분에서 접했던 생각, 즉 창업자가 투자자에게서 자본을 조달하는 능력 중 기업 홍보 자체의 중요성이 일반적으로 과장됐다는 생각을 다시 한번 강조했다. 그는 또 기업 홍보 방식을 향한 마음가짐의 본보기를 제시하고 자신이 투자했던 유명 기업들의 초창기 모습을 자세히 설명했다. 창업 기업가는 자본조달 과정을 자신의 아이디와 기업 여정, 직면한 위험에 관한 생각을 더욱 예리하게 다듬는 방안으로 여겨야 한다. 일단 비즈니스와 비전을 명확히 정의할 수 있으면 투자자를 설득하기가 더욱 쉬워진다. 자본조달 과정은 창업자가 문제와 해결 방안, 시장에 관해 얼마나 명확하게 파악하고 있는지 알려주는 것이 전부다.

이어지는 부분에서는 우리가 배웠던 사항과 교훈으로 삼을 수 있는 핵심 내용을 요약하며 이 책을 마무리한다.

기억해야 할 내용

    수십억 달러 기업을 구축한 이야기가 우리에게 주는 교훈이 있다면, 그것은 바로 근거 없는 믿음이 항상 현실과 일치하지는 않는다는 사실이다. 데이터는 이런 근거 없는 믿음을 말끔히 떨쳐버리는 동시에 수십억 달러 기업의 성공을 제대로 이해하는 토대를 마련해줄 수 있다. 나는 데이터를 자세히 살펴보고 많은 창업자와 투자자의 성공 스토리를 귀담아들은 결과를 바탕으로 수십억 달러 기업을 돋보이게 만든 요소를 이 책에서 명확히 밝히려 노력했고, 독자들에게도 도움이 되었기를 바란다. 이제 지금껏 살펴본 핵심 내용을 정리해본다.

    ▶ 창업자에 관한 편견이 무척 많다. 이제 전부 무시하기 바란다. 수십억 달러 기업의 창업자는 나이와 상관없이 창업했고(이들 중 절반은 서른네 살 넘어 창업했다) 배경도 다양했다. 나이는 수십억 달러 기업의 요소가 아니었다. 브렉스 창업자들과 같은 일부는 어린 나이 덕분에 적절한 질문을 할 수 있었고 언론의 주목을 받기도 했다. 기술 분야 전문가 출신 창업자가 약간 유리하기는 했으

나 기술 부문과 비기술 부문 출신 창업자 모두 CEO로 성공했고, 1인 창업자가 수십억 달러 기업을 구축할 가능성도 낮지 않았다. 공동 창업자의 수가 성공에 전혀 영향을 미치지 않으므로 최상의 핵심 팀을 구성하기 위해 영입 인재에게 공동 창업자 직위를 주는 데 주저할 필요가 없다.

▶ 기숙사 방에서 기업을 창업한 신화적인 아이비리그 대학교 자퇴생은 수십억 달러 스타트업 창업자 중 단 몇 퍼센트에 불과하다. 수십억 달러 스타트업 창업자가 다른 일반 기업 창업자에 비해 평균적으로 학력이 높고 순위가 높은 학교에 다녔을 가능성이 높기는 하지만, 그들 사이에서 분포는 비슷했다. 즉 수십억 달러 스타트업 창업자 중 상위 10위 안에 드는 대학교를 다닌 창업자 수와 상위 100위에도 들지 않는 대학교를 다닌 창업자 수가 거의 같았다. 수십억 달러 스타트업 창업자 중에는 박사 학위 소지자가 대학교 중퇴자보다 많았다. 아리 벨더그룬 같은 일부 창업자는 창업하기 전 학계에서 성공의 절정에 이르기도 했다.

▶ 창업자 여정을 준비하기 위해 어디서 일하는 것이 좋은지 결정할 때 정답은 없다. 수십억 달러 기업 창업자의 창업 전 근무 경험은 평균 11년이었다. 그들은 자기 경력 내내 기업을 창업하거나 구글 또는 매킨지, 페이스북 같은 유명 기업에 근무했을 가능성이 높았다. 놀랍게도 수십억 달러 기업 창업자 중 다수는 관련 산업 분야의 전문 지식을 갖추지 않았다. 즉 적절한 소프트 스킬과 산업 내 인맥과 연결고리를 확보하면 잘 모르는 산업의 판도도 바

뛰놓을 수 있다는 뜻이다(일반적으로 생명과학과 자연과학 분야는 예외적이었다). 창업자 중 누구도 암에 대해 알지 못했던 플랫아이언 헬스의 스토리를 기억하기 바란다. 학습 속도가 더 중요한 요소다. 그다음으로 중요한 것은 자원조달과 관련 있는 사람들에게 적절한 질문을 하는 능력이다.

▶ 수십억 달러 기업을 만들어낸 아이디어에는 어떤 전형적인 특징도 없었다. 일부 창업자가 자신의 개인적 문제를 해결하며 전도사 같은 역할을 했지만, 많은 스타트업이 신중한 관념화의 결과이며 기회에 기반을 두고 있었다. 성공한 창업자는 적절한 아이디어를 찾기 위해 한 아이디어에서 다른 아이디어로 갑자기 전환한 시절의 스토리를 거의 얘기하지 않는다. 컨플루언트와 같은 수십억 달러 기업 다수는 보다 규모가 큰 기업에서 시작했으며 사업 전환은 매우 자주 일어나는 일이었다. 이는 훌륭한 창업자는 특정 아이디어에 감정적으로 집착하지 않고 시장에 귀를 기울일 의지가 있다는 사실을 증명한다. 자기 제품을 강력히 원하는 시장을 찾을 때까지 필요하다면 아이디어를 완전히 바꿔야 한다. 유튜브는 원래 데이트 주선 웹사이트였으며 슬랙은 멀티플레이어 온라인 게임으로 시작했다는 사실을 기억하기 바란다.

▶ 수십억 달러 스타트업이 실리콘밸리를 기반으로 탄생했을 가능성이 높지만 그들 중 절반은 다른 기술 중심지에 흩어져 있었다. 길드 에듀케이션 같은 일부 기업은 의도적으로 실리콘밸리를 벗어나 크게 성공했으며, 이는 원격근무와 팀 분산 운영 방식 트렌

드를 강화했을 가능성이 높다.

▶ 온도 조절기의 개념을 완전히 바꿔놓은 네스트처럼 고도로 차
별화된 제품을 만드는 스타트업이 수십억 달러 기업으로 성장할
가능성이 높았다. 지금 당장 느끼는 고통과 문제를 해결해주는
진통제 역할을 하는 제품이나 서비스를 제공하는 스타트업이 수
십억 달러 기업으로 성장할 가능성이 높았지만, 비타민처럼 있으
면 좋지만 없어도 크게 문제가 되지 않는 제품이나 서비스로 소
비자의 새로운 습관을 만들어내거나 강력한 브랜드 이미지를 구
축하는 스타트업도 시장에 먹혀들었다. 편리함이나 즐거움을 추
구하는 스타트업보다 소비자의 시간과 돈을 절약해주는 제품을
만든 스타트업이 수십억 달러 기업으로 성장할 가능성이 높았다.

▶ 수십억 달러 기업은 이미 자리 잡은 거대 시장에서 훨씬 더 많이
탄생했지만, 신규 시장을 조성한 기업들의 성공 확률도 낮지는
않았다. 대중의 일반적인 생각과 달리 신규 시장을 만들어낸 스
타트업이 항상 더 큰 규모의 기업으로 성장하는 것은 아니었다.

▶ 아이디어를 첫 번째로 제시하는 것이 아니라 전환점에 가장 가까
이 접근해 있는 것이 중요하다. 건강보험개혁법이 어떻게 오스카
헬스의 성장을 가능하게 했는지 생각해보라. 이미 있었던 아이디
어를 재활용해 수십억 달러 기업에 오른 경우도 많다.

▶ 경쟁은 바람직하며 최소한 기업을 멸종 위기에 빠뜨리지는 않는
다. 수십억 달러 스타트업의 절반 이상이 창업 당시 거대 기존 기
업과 경쟁했다. 기존 기업과 경쟁하거나 세분화된 시장에서 경쟁

하는 것이 좋다. 같은 아이디어로 막대한 자본을 조달한 스타트업보다 이런 기업들을 이기기가 더 쉽다. 제품의 품질에 집중하고 소비자에게 주목하며 시스코와 스카이프 같은 기존 기업과 경쟁했던 줌 창업자의 스토리를 기억해보면 알 수 있다. 수십억 달러 기업은 엔지니어링 능력, 즉 제품 개발에 필요한 전문성과 투입해야 할 시간, 노력의 양뿐만 아니라 네트워크 효과, 규모, 브랜드, 지적재산권을 통해 방어 가능성을 구축했다. 네트워크 효과를 갖춘 기업은 수십억 달러 기업으로 성장할 가능성이 더 높았다.

▶ 벤처 캐피털이 신규 기업의 자본조달 역사에서 볼 때 비교적 새로운 형태였지만 그 영향력은 막대했다. 벤처 캐피털의 지원을 받는 스타트업은 수조 달러에 이르는 주주 가치를 만들어냈고 주식시장의 대부분을 차지하고 있다. 수십억 달러 스타트업의 약 10%는 독자적으로 자본을 조달했거나 자체 금융을 활용했다. 깃허브와 아틀라시안, 유아이패스, 퀄트릭스는 최소한 4년 동안 독자적으로 자본을 조달했다.

▶ 벤처 캐피털은 비직관적 셈법을 바탕으로 투자를 결정한다. 벤처 캐피털이 성장 가능성이 낮지만 덜 위험한 스타트업보다 엄청난 성장 가능성을 지닌 고위험 스타트업을 선호하는 이유는 스타트업 투자 결과에 나타나는 멱(거듭제곱) 법칙power law이 잘 설명해준다. 창업자가 자본을 조달하려는 벤처 캐피털의 펀드 규모에 따라 투자자에게 눈에 띌 만큼 충분한 투자 수익을 안겨줄 최소 매각 금액이 정해진다.

▶ 조달 자본 규모와 기업가치 평가액이 줄어들기는 했지만 불황 시기에도 스타트업은 여전히 자본을 조달했고 수십억 달러 스타트업은 계속 탄생했다. 투자자는 자본 효율적인 스타트업을 선호하지만, 일부 자본 집약적 기업도 효율성을 해치지 않은 채 많은 가치를 만들어냈다.

▶ 성공한 창업자 다수는 에인절 투자자로 변신했고 미래의 수십억 달러 기업을 발견할 기회가 더 많았다. 자본을 조달할 때 기업 홍보를 어떻게 하고 프레젠테이션 내용을 얼마나 멋지게 다듬고 자료가 얼마나 포괄적인지는 창업 팀원들의 배경만큼 중요하지 않다. 해결하려는 문제가 정확히 무엇인지 그리고 누구를 위해 해결하려는지 깊고 신중하게 생각해야 한다. 프레젠테이션 내용은 단순할수록 더 좋다. 창업자는 최고 인재가 합류해 고객을 확보할 수 있도록 자신의 열정과 자금, 지분을 활용해 인재들을 설득해야 한다. 벤처 캐피털을 설득하는 데 시간을 투입하는 대신, 벤처 캐피털이 창업 기업을 무시하지 못하도록 기업을 보다 나은 위치에 올려놓는 데 집중해야 한다.

수십억 달러 스타트업의 공통점은 그동안 우리가 믿고 있었던 내용과 다른 경우가 많다. 이들을 둘러싼 편견과 고정관념을 없애야 한다. 나는 다음 세대 창업자와 투자자가 영향력이 크고 이 세상의 실제 문제를 해결하려는 기업에 초점을 맞추기를 바란다. 나는 개인적으로 물과 식량 안전을 개선하고, 건물과 인프라스트럭처 건설비용을 절감하며, 보건의료비용을 줄이고, 소외된 계층을 위한 교육 및 신규 일자리 기회를 제공하며, 에너지와 기후, 환경 문제를 다루는 분야를 좋아한다. 또한 다음 세대 창업자와 투자자가 인종이나 성별 측면뿐만 아니라 사회경제적 지위와 경력에서 보다 다양한 배경을 지닌 사람이기를 바란다.

내가 이 책에서 언급한 일부 기업은 어느 시점에 이르러 유니콘 지위를 잃거나 더 이상 존재하지 않을 수도 있다(앞서 설명했듯이 벤처 캐피털 투자 모델은 이런 상황을 이미 예상해 반영하고 있다). 이 책에서 다룬 기업들은 세월의 시험을 견디며 몇 세대에 이어질 기업 제국이 아니라 조기에 획기적인 성공을 거두며 상당히 독점적인 기업 그룹에 속한 비즈니스의 본보기다. 이 책은 다음 수십억 달러 기업을 구축하는 데 누가 성공하고 누가 실패할지 예측하기 위한 것이 아니라, 과거 패턴과 역사의 개요를 되돌아보는 데 목적을 두고 있다. 다른 비즈니스 관련 책과 마찬가지로 독자들은 적절한 수준의 회의적인 시각으로 결론을 받아들이며 이 책에서 제시하는 통찰과 조언을 조심스럽게 적용해야 한다. 나는 독자들이 이 책을 통해 탁월한 결과에 이르고 편견을 없애주는 제대로 된 정보에 바탕을 둔 견해를 얻기를 바란다.

이 책에서 얻는 한 가지 교훈이 있다면 그건 바로 수십억 달러 스타트업에 이르는 여정이 대개의 경우 창업을 향한 열정에서 시작한다는 것이다. 크게 성공하는 기업을 창업하기 위한 최상의 준비는 기업 창업이다. 아직 기업을 창업해보지 않았다면 최상의 창업 준비는 클럽 조직이나 부업 등 뭔가를 시작해보는 것이다. 클라우드플레어 CEO는 스팸메일을 추적하는 비영리 커뮤니티 허니팟을 먼저 시작했고, 컨플루언트 창업자는 링크트인 내에서 오픈 소스 프로젝트 카프카를 시작했다. 톰 프레스턴워너는 전 세계에서 인정받는 디지털 아바타 그라바타를 만들었고, 그 소스 코드를 워드프레스에 헐값에 매각한 뒤 깃허브를 창업했다. 수십억 달러 기업 창업자 다수는 성공하거나 실패한 기업을 이미 창업한 경험이 있었다. 일정 규모로 성장하고 꽤 괜찮은 매각 결과에 이른 기업, 즉 임의적으로 규정하면 연간 매출이 1,000만 달러 이상이거나 그 금액 수준으로 매각한 기업을 최소한 하나 이상 창업했던 어제의 슈퍼 창업자는 수십억 달러 스타트업을 창업할 가능성이 훨씬 높았다. 여기서 1,000만 달러 규모는 단지 진정한 창출 가치의 대용 기준이므로 그 수치가 절대적이지는 않다. 지역이나 시기에 따라 다른 수치가 더 적절할 수도 있다.

냇 터너는 대학교 시절 피자 배달 회사를 창업해 매각했고, 그 후 광고 기술 기업을 구글에 매각한 뒤 플랫아이언 헬스를 창업했다. 엔히키 두부그라스는 10대 때 브라질에서 소규모 금융 기술 기업을 매각한 뒤 브렉스를 출범시켰다. 콜리슨 형제는 스트라이프를 창업하기 전 경매 관리 스타트업을 창업해 매각했다. 하위 리우는 기업을 창업해 세일스포스에 매각한 뒤 에어테이블을 창업했다. 에어비앤비 창업자들처럼 기업을 처음 창업해본 기업가도 훌륭한 아이디어를 떠올리기 전에 많은 프로젝트와 부업을 실행했다. 허니의 창업자들과 같은 일부 창업자는 성공적인 기업을 창업하기 전 여러 번 실패했다.

어떤 배경을 지닌 누구라도 슈퍼 창업자가 될 수 있다. 그리고 슈퍼 창업자는 브랜드를 구축하는 능력과 영입할 수 있는 인재, 조달할 수 있는 자본을 감안할 때 좀 더 쉽게 수십억 달러 기업을 만들어낼 수 있다. 창업 여정은 성장과 쇠퇴가 반복되며 굴곡이 심하다. 첫 번째 시도에서 수십억 달러 기업을 만들어내는 결과에 이를 수도 있지만 두 번째, 세 번째 또는 열 번째에 성공할 가능성이 더 크다.

나는 미래의 성공을 꿈꾸는 벤처 캐피털 투자자에게 기업이 아니라 사람에 대한 포트폴리오를 구성하며 사람 중심적인 관점을 가지라고 조언해주고 싶다. 다양한 노력을 연이어 시도하는 사람들에게 투자해야 한다. 우리는 많은 창업자의 성공에 영향을 미친 운과 특권, 정보 접근 권한 역할도 인정해야 한다. 최고 아이디어를 지닌 가장 스마트한 사람도 어느 부분에서는 운이 따랐다. 하지만 성공한 창업자는 자신에게 운이 다가올 때까지 계속 기업을 창업했다는 사실이 중요하다.

이제 모든 편견과 근거 없는 믿음을 잊어버리고 계속 창업에 나서기 바란다. 다음 슈퍼 창업자 자리에 오르는 길에 들어설 때까지 관념화하고 구축하며 판매하고 반복해야 한다.

※ 덧붙이는 글: 이 책을 끝까지 읽어준 독자들께 감사의 마음을 전한다. 이 책을 통해 온갖 편견을 떨쳐버리고 새로운 통찰을 발견하기 바란다. 이 책을 구매한 곳의 웹사이트에 후기를 남기고 이 책이 유용하게 쓰일 다른 사람에게도 추천해주면 대단히 고맙겠다.

감사의 말

정말 많은 사람의 도움이 필요했다. 많은 이의 도움 없이는 어떤 것도 이루지 못한다. 이 책을 쓰는 프로젝트는 엑셀 스프레드시트에서 시작해 블로그 포스트를 거치며 단순한 개요에서 수백 쪽에 이르는 책 원고로 발전했다. 여기까지 이르는 모든 단계에서 나는 동료와 친구, 심지어 잘 알지 못하는 사람들의 도움을 받았다. 그들의 친절과 정성이 아니었으면 어떤 것도 이루지 못했을 것이다. 그들에게 간략하게 감사의 말을 전하지만, 내가 고마워하는 마음은 이루 말할 수 없을 정도로 크다. 내게 직간접적으로 도움을 준 사람들을 내가 깜빡 잊고 아래 리스트에 포함하지 못했을 수도 있으므로, 리스트에 있는 사람들만 내게 도움을 준 것은 아니라는 점을 미리 말해둔다.

매우 건조하고 학술적일 수 있는 주제를 보다 쉽게 접근하고 더 나아가 읽기 편하게 만드는 데 도움을 준 편집자, 아리엘 파데스.

내가 출판계에서 방향을 잡을 수 있게 도움을 주었고, 어떤 작가라도 그의 지지를 받으면 행운이라고 여길 만한 나의 에이전트, 크리스 패리스램과 거너트 컴퍼니.

워드 문서를 많은 이가 접할 수 있는 실제 제품으로 만들어준 원고

취득 편집자, 프로젝트 편집자, 교열 편집자를 비롯한 편집팀원, 콜린 로리, 멀리사 베로네시, 켈리 블루스터, 린지 프래드코프, 하이메 라이퍼와 퍼블릭어페어스, 하셰트 북 그룹의 모든 팀원.

언론과의 관계에 도움을 주고 이 책이 필요한 독자들에게 잘 전달되도록 힘써준 홍보와 마케팅팀의 림짐 데이, 앤드루 데시오와 DEY팀 전원.

내가 인터뷰했던 창업자와 투자자들, 그리고 그들의 비서와 홍보 담당자들, 엔히키 두부그라스, 아리 벨더그룬, 냇 터너, 맥스 멀린, 네하 나크헤데, 레이철 칼슨, 토니 퍼델, 맥스 레브친, 마리오 슐로서, 에릭 위안, 톰 프레스턴워너, 미셸 재틀린, 엘라드 길, 키스 라보이스, 앨프리드 린, 피터 틸, 카르멘 콜린스, 린다 반스, CJ 잭슨, 엘리스 하우런, 아이다 제파다토레스, 나탈리 미야케, 재키 칸.

몇 년 동안 지원을 아끼지 않은 데이터 컬렉티브 벤처 캐피털DCVC 창업자 맷 오코, 잭 보그와 DCVC에서 나와 함께 근무하는 파트너와 동료들.

내게 많은 사람을 소개하며 길을 열어준 앨런 코언, 알리 파르토비, 발라지 스리니바산, 베스 터너, 제임스 하디먼, 존 해머, 키어스튼 스테드, 마 하셴산, 니코 보나트소스, 누신 하셰미, 파르사 살주기안, 페즈먼 노자드, 스콧 쿠퍼, 숀 캐롤런.

이 책을 쓰는 과정에서 피드백을 주거나 다른 방법으로 도움을 준 알렉스 비타라프, 알리 카샤니, 아민 테라니, 앤드루 첸, 앤드루 잡, 안키트 자인, 아라시 델리자니, 바박 하메다니, 바하르 바자르간, 베흐라드 토기, 베흐자드 하그구, 브래드 토렌버그, 브라이언 제이컵스, 크리스 보슈이젠, 대니얼 아마디자데, 디에고 레이, 디에고 사에즈길, 더글러스 해밀턴, 에릭 비엘케, 에릭 토폴, 에릭 토렌버그, 갈림 이만바예프, 조지 네츠허르, 구루지트 싱, 호세인 라흐만, 이언 해서웨이, 일리야 스트레불라예프, 자레드 제하퍼, 조너선 노리스, 카림 에마미, 케빈 리, 키안 카탄포루시, 레이니 페인터, 마야르 살렉, 마이클 드리스콜, 마이크 메이플스, 닐 데바니, 니마 하미디, 오미드 아리안, 파르디스 노자드, 포리야 모라디, 레자 나민, 레자 타카포이, 로버트 스코블, 삼 모타메디, 사만 파리드, 스콧 바클레이, 스콧 제임스, 탕기 차우, 자크 디윗, 자바인 다르, 조드 나젬. 그리고 많은 시간을 들여 내게 자세한 피드백을 전해준 에이브 오스만에게 특별히 감사의 뜻을 전한다.

내가 데이터를 수집하고 글을 쓸 수 있도록, 즐거운 주말과 저녁 시간을 수도 없이 희생했을 뿐만 아니라 모든 단계에서 매우 소중한 조언을 아끼지 않으며 큰 도움을 준 나의 사랑하는 동반자 호다.

이 책을 쓰기 전에도 나는 많은 사람에게서 도움과 지원을 받았다. 지금 자리에 이르는 데 도움을 준 사람들, 대학을 가기 위해 테헤란에서 막 이민 왔을 때 도와준 사람들, 학계에서 연구에 몰두할 때 내게 멘토 역할을 해준 사람들, 내가 기업을 창업하려 노력할 때 지원하고 투자해준 사람들, 나와 함께 창업하고 실질적인 일을 맡아 하며 대처할 수 없을 정도로 엄청난 위험을 감수했던 공동 창업자들에게 감사의 뜻을 전한다. 나는 이들 덕분에 더 많이 성장할 수 있었다.

실리콘밸리에서 생활하고 일하는 것은 정말 감사하고 또 앞으로도 그렇게 할 수밖에 없는 특권이다. 나는 나 자신을 실리콘밸리에 안착한 가장 운 좋은 사람 중 한 명으로 여긴다. 실리콘밸리에서 지내는 동안 수많은 사람이 내게 선행을 베풀었다. 자신의 시간을 아끼지 않고 내게 친절과 배려를 다해준 그들에게 많은 신세를 졌다. 나도 나름대로 그들처럼 선행을 베풀 수 있기를 바란다.

마지막으로, 부모님께 감사하다는 말씀을 전한다. 그들의 사랑과 희생이 없었더라면 나는 아무것도 이루지 못했을 것이다. 그들이 내 부모라서 정말 감사하다.

※ 덧붙이는 글: 잊어버리기 전에, 이 책을 쓰는 동안 맛있는 커피와 와이파이를 제공해준 지역의 모든 커피숍과 바리스타들에게 감사의 뜻을 전한다!

주

상관관계가 인과성을 뜻하지는 않는다: 방법과 통계에 관한 설명

1. Yoav Benjamini and Yosef Hochberg, "Controlling the False Discovery Rate: A Practical and Powerful Approach to Multiple Testing," *Journal of the Royal Statistical Society: Series B (Methodological)* 57, no. 1 (1995): 289–300, doi: 10.1111/j.2517-6161.1995.tb02031.x.

1. 창업자의 배경에 관한 편견

1. Jason Greenberg and Ethan R. Mollick, "Sole Survivors: Solo Ventures Versus Founding Teams," *SSRN Electronic Journal*, January 13, 2018, doi: 10.2139/ssrn.3107898.
2. Angela Gratela, "Meet the 18 Original Founders of Alibaba," E27, October 19, 2018, https://e27.co/meet-18-original-founders-alibaba-20181019/.

2. 창업자의 학력에 관한 편견

1. Tom Huddleston, "How This 33-Year-Old College Dropout Co-Founded GitHub, Which Just Sold to Microsoft for $7.5 Billion," CNBC, June 4, 2018, www.cnbc.com/2018/06/04/chris-wanstrath-co-founded-github-which-microsoft-bought-for-billions.html.
2. "Number of People with Master's and Doctoral Degrees Doubles

Since 2000," United States Census Bureau, February 2019, www.census.gov/library/stories/2019/02/number-of-people-with-masters-and-phd-degrees-double-since-2000.html.

3. 창업자의 경력에 관한 편견

1. Rachel Askinasi, "Meet Ben Silbermann, CEO and Cofounder of Pinterest Who's One of the Richest Millennials and Self-Made Billionaires in the World," *Business Insider*, October 16, 2019, www.businessinsider.com/ben-silbermann-net-worth-pinterest-billionaire-family-2019-10.

2. Daniel Laynon, "Credit Karma's UK Plans: An Interview with Nichole Mustard," *AltFi*, March 5, 2019, www.altfi.com/article/5123_credit-karmas-uk-plans-an-interview-with-nichole-mustard.

4. 슈퍼 창업자

1. Alyson Shontell, "All Hail the Uber Man! How Sharp-Elbowed Salesman Travis Kalanick Became Silicon Valley's Newest Star," *Business Insider*, January 11, 2014, www.businessinsider.com/uber-travis-kalanick-bio-2014-1.

2. Rachel King, "How Aaron Levie and His Childhood Friends Built Box into a $2 Billion Business, Without Stabbing Each Other in the Back," TechRepublic, March 6, 2014,www.techrepublic.com/article/how-aaron-levie-and-his-childhood-friends-built-box-into-a-2-billion-business-without-stabbing-each-other-in-the-back/.

5. 수십억 달러 스타트업의 기원 스토리

1. Ari Levy, "How Okta's CEO Convinced His Wife in 2008 That He Should Leave Salesforce to Start a Company," CNBC, December 26, 2019, www.cnbc.com/2019/12/26/how-okta-ceo-todd-mckinnon-convinced-wife-he-should-leave-salesforce.html.

2. Y Combinator, "DoorDash's Application Video for YCS13," YouTube, December 9, 2020, www.youtube.com/watch?v=Rzlr2tNSl0U.

3. Evan Moore, @evancharles, Twitter, December 9, 2020, https://twitter.com/evancharles/status/1336835870859485184.

4. James Currier, "The Hidden Patterns of Great Startup Ideas," NFX, accessed October 25, 2020, www.nfx.com/post/hidden-patterns-great-startup-ideas/.

5. Eniac Ventures, "Mike Maples, Founding Partner of Floodgate, on Spotting the Thunder Lizards Before They Hatch," *Seed to Scale*, podcast, July 13, 2018, https://anchor.fm/seedtoscale/episodes/Mike-Maples-Founding-Partner-of-Floodgate-on-spotting-the-Thunder-Lizards-before-they-hatch-e1pe76.

6. Celeste Quianzon and Issam Cheikh, "History of Insulin," *Journal of Community Hospital Internal Medicine Perspectives* 2, no. 2 (2012), doi: 10.1007/bf02821338.

6. 전환

1. John O'Farrell, "Slack," Andreessen Horowitz, June 20, 2019, https://a16z.com/2019/06/20/slack/.

2. Rick Spence, "Flickr Founder Finds Success in Failure—Twice—by Pivoting Quickly," *Financial Post*, May 29, 2014, https://

financialpost.com/entrepreneur/flickr-founder-finds-success-in-failure-twice-by-pivoting-quickly.

3. Jason Koebler, "10 Years Ago Today, YouTube Launched as a Dating Website," Vice, April 23, 2015, www.vice.com/en_us/article/78xqjx/10-years-ago-today-youtube-launched-as-a-dating-website.

4. Kevin Systrom, "What Is the Genesis of Instagram?," Quora, January 11, 2011, www.quora.com/What-is-the-genesis-of-Instagram.

5. Sarah Guo, "The Only Question That Matters: Do We Have Product-Market Fit?," LinkedIn, April 10, 2020, www.linkedin.com/pulse/only-question-matters-do-we-have-product-market-fit-sarah-guo/?article Id=6654505667254202369.

7. 무엇을 어디서?

1. Marc Andreessen, "Why Software Is Eating the World," *Wall Street Journal*, August 20, 2011, www.wsj.com/articles/SB10001424053111903480904576512250915629460.

2. Root Insurance (@rootinsuranceco), "Why Are We Expanding in Columbus—and Not Somewhere Else?," Twitter, May 21, 2018, 5:06 p.m., https://twitter.com/rootinsuranceco/status/998716673980018688.

3. Patrick Carone, "Here's How the Entrepreneur Behind Carvana Got the Idea That's Revolutionizing the Way We Buy Cars," *Entrepreneur*, February 20, 2019, www.entrepreneur.com/article/328646.

8. 제품

1. Eric Berg, "Marketing at Scale," Okta, August 4, 2020, www.okta.com/blog/2010/08/marketing-at-scale/.

2. Mohan Pavithra, "BuzzFeed's Audience Spends Over 100 Million Monthly Hours on BuzzFeed," *Fast Company*, February 18, 2016, www.fastcompany.com/3056667/buzzfeeds-audience-spends-over-100-million-monthly-hours-on-buzzfeed.

3. Gerrit Tierie, "Cornelis Drebbel," *Isis* 20, no. 1 (1933): 285–286, doi: 10.1086/346778.

9. 시장

1. Kevin Rose, "Foundation 35: Brian Armstrong," video, December 17, 2013, www.youtube.com/watch?v=ZwG1roO70co.

2. Alexia Tsotsis and John Biggs, "Coinbase's Brian Armstrong," video, May 22, 2013, https://techcrunch.com/video/coinbases-brian-armstrong/.

10. 시장 타이밍

1. Paul A. Gompers et al., "How Do Venture Capitalists Make Decisions?," *Journal of Financial Economics* 135, no. 1 (2020): 169–190, doi: 10.1016/j.jfineco.2019.06.011.

2. Pete Flint, "Why Startup Timing Is Everything," NFX, accessed July 21, 2020, www.nfx.com/post/why-startup-timing-is-everything/.

3. Eric Eldon, "Startups Weekly: Plaid's $5.3B Acquisition Is a Textbook Silicon Valley Win," *TechCrunch*, January 18, 2020,

https://techcrunch.com/2020/01/18/startups-weekly-plaids-5-3b-acquisition-is-a-textbook-silicon-valley-win/.

4. Sterling Price, "Largest Health Insurance Companies of 2020," ValuePenguin, October 12, 2020, www.valuepenguin.com/largest-health-insurance-companies.

11. 경쟁

1. "History," Warby Parker, accessed July 28, 2020, www.warbyparker.com/history.

2. Max Chafkin, "Warby Parker Sees the Future of Retail," *Fast Company*, February 17, 2015, www.fastcompany.com/3041334/warby-parker-sees-the-future-of-retail.

3. Inc. staff, "How We Took on Goliath and Won," video, May 18, 2012, www.inc.com/neil-blumenthal/neil-blumenthal-warby-parker-disrupting-an-old-industry.html.

4. Adam Grant, "How to Spot One, How to Be One," interview by Shankar Vedantam, NPR, March 1, 2016, www.wbur.org/npr/468574494/originals-how-to-spot-one-how-to-be-one.

5. Alex Konrad, "Freight Startup Flexport Hits $3.2 Billion Valuation After $1 Billion Investment Led by SoftBank," *Forbes*, February 21, 2019, www.forbes.com/sites/alexkonrad/2019/02/21/flexport-raises-1-billion-softbank/#682793ca5650.

6. Ken Yeung, "Sidecar: 'We Failed Because Uber Is Willing to Win at Any Cost,'" VentureBeat, January 20, 2016, https://venturebeat.com/2016/01/20/sidecar-we-failed-because-uber-is-willing-to-win-at-any-cost/.

12. 방어 가능성 요인

1. Barnaby J. Feder, "Prepping Robots to Perform Surgery," *New York Times*, May 4, 2008, www.nytimes.com/2008/05/04/business/04moll.html.

2. Jonathan Shieber, "J&J Spends $3.4 Billion in Cash for Auris Health's Lung Cancer Diagnostics and Surgical Robots," *TechCrunch*, 2019, https://techcrunch.com/2019/02/13/jj-spends-3-4-billion-in-cash-for-auris-healths-lung-cancer-diagnostics-and-surgical-robots/.

3. Peter Thiel, "Competition Is for Losers," *Wall Street Journal*, September 12, 2014, www.wsj.com/articles/peter-thiel-competition-is-for-losers-1410535536.

4. Celia Shatzman, "Emily Weiss on Glossier's New Makeup, Why She Launched into the Gloss and Desert Island Beauty Staples," *Forbes*, March 14, 2016, www.forbes.com/sites/celiashatzman/2016/03/14/emily-weiss-on-glossiers-new-makeup-why-she-launched-into-the-gloss-desert-island-beauty-staples/#72de97f84b69.

13. 벤처 자본 vs 독자 자본조달

1. Clare O'Conner, "How Sara Blakely of Spanx Turned $5,000 into $1 Billion," *Forbes*, March 14, 2012, www.forbes.com/global/2012/0326/billionaires-12-feature-united-states-spanx-sara-blakely-american-booty.html#2b8182537ea0.

2. David A. Laws, "A Company of Legend: The Legacy of Fairchild Semiconductor," *IEEE Annals of the History of Computing* 32, no. 1 (2010): 60–74, doi: 10.1109/mahc.2010.12.

3. "Small Business Investment Act," U.S. Small Business Administration, March 2019, www.sba.gov/document/policy-guidance-small-business-act.

4. "Venture Capital in the Blood," Computer History Museum, accessed July 30, 2020, https://computerhistory.org/events/venture-capital-blood/.

5. "USA Asset Management Industry: Growth, Trends, and Forecasts (2019–2024)," Mordor Intelligence, 2019, www.mordorintelligence.com/industry-reports/usa-asset-management-industry.

6. National Venture Capital Association, *2019 Yearbook*, https://nvca.org/wp-content/uploads/2019/08/NVCA-2019-Yearbook.pdf.

7. "The Economic Impact of Venture Capital: Evidence from Public Companies," Stanford Graduate School of Business, November 1, 2015,www.gsb.stanford.edu/faculty-research/working-papers/economic-impact-venture-capital-evidence-public-companies.

8. Fred Wilson, "The Venture Capital Math Problem," AVC, April 29, 2009, https://avc.com/2009/04/the-venture-capital-math-problem/.

9. Georgeta Gheorghe, "The Story of UiPath: How Did It Become Romania's First Unicorn?," *Business Review*, September 4, 2018, https://business-review.eu/news/the-story-of-uipath-how-it-became-romanias-first-unicorn-164248.

10. Mary Azevedo, "Why the CEOs of These Once Bootstrapped (but Still) Profitable Companies Took VC Money," *Crunchbase News*, November 25, 2019, https://news.crunchbase.com/news/why-the-ceos-of-these-once-bootstrapped-but-still-profitable-companies-took-vc-money/.

14. 활황 시장 vs 침체 시장

1. "R.I.P. Good Times," Sequoia Capital, accessed July 28, 2020, www. sequoiacap.com/article/rip-good-times.

2. Michael Arrington, "Benchmark Capital Advises Startups to Conserve Capital, Look for Opportunities," *TechCrunch*, October 9, 2008, https://techcrunch.com/2008/10/09/benchmark-capital-advises-startups-to-conserve-capital/.

3. Don Butler, "Pre-Money Valuation" (chart), *Forbes*, March 17, 2020, www.forbes.com/sites/donbutler/2020/03/17/this-downturn-will-be-different-what-we-expect-in-a-recession-marred-by-coronavirus/#201610ad2cd7.

4. Todd McKinnon, "Why I'm Not Crazy," Scribd, accessed July 30, 2020, www.scribd.com/document/440970657/Why-I-m-Not-Crazy-Todd-McKinnon-Okta-002#from_embed.

15. 자본 효율성

1. *Forbes*, "How Katrina Lake Defied the Investment World to Build a $3 Billion Business," video, August 9, 2018, www.youtube.com/watch?v=Ro68PlHeB5k.

2. Eric Johnson, "In 10 Years, Every 'Relevant' Company Will Be a Tech Company, Stitch Fix CEO Katrina Lake Says," *Vox*, July 24, 2019, www.vox.com/recode/2019/7/24/20707751/katrina-lake-stitch-fix-retail-fashion-clothing-data-kara-swisher-recode-decode-podcast-interview.

3. Stephanie Schomer, "How Stitch Fix CEO Katrina Lake Learned to Embrace Her Power," *Entrepreneur*, March 4, 2020, www.

entrepreneur.com/article/346302.

4. Matt Wallach, "What Makes Veeva Systems So Successful?," interview by Kristine Harjes, *Industry Focus*, podcast, Motley Fool, March 22, 2017, www.fool.com/podcasts/industry-focus/2017-03-22-healthcare-interview-with-veeva.

16. 에인절 투자자와 액셀러레이터

1. "Box Is the Unicorn That Mark Cuban Let Get Away," *Pando*, January 31, 2014, https://pando.com/2014/01/31/box-is-the-unicorn-that-mark-cuban-let-get-away/.

2. DraperTV, "How I Hustled My Way to Mark Cuban's Inbox," video, March 7, 2015, www.youtube.com/watch?v=Z4SgDvH4mL0.

3. Robert Wiltbank, "Angel Investors Do Make Money, Data Shows 2.5x Returns Overall," *TechCrunch*, October 13, 2012, https://techcrunch.com/2012/10/13/angel-investors-make-2-5x-returns-overall/.

4. Laura Huang, Andy Wu, and Min Ju Lee et al., *The American Angel*, Wharton Entrepreneurship and Angel Capital Association, November 2017, www.angelcapitalassociation.org/data/Documents/TAAReport11-30-17.pdf?rev=DB68.

17. 벤처 캐피털 투자자

1. Kara Swisher, "Q&A with Sequoia's Jim Goetz on Wassssup with the WhatsApp Deal," *Vox*, February 20, 2014, www.vox.com/2014/2/20/11623738/qa-with-sequoias-jim-goetz-on-wassssup-with-the-whatsapp-deal.

2. Katie Roof and Sarah McBride, "Sequoia Capital Warned of a 'Black Swan.' Instead, 2020 Is One of Its Best Years Ever," Bloomberg, December 6, 2020, www.bloomberg.com/news/articles/2020-12-06/sequoia-capital-s-black-swan-warning-gives-way-to-huge-returns?sref=ipW5reFz.

3. Carl Fritjofsson, "Do VCs Really Add Value? Founders Say Sometimes," Medium, June 10, 2018, https://medium.com/hackernoon/do-vcs-really-add-value-founders-say-sometimes-f27bb956eb8c.

4. Paul Gompers, William Gornall, Steven N. Kaplan, and Ilya A. Strebulaev, "How Do Venture Capitalists Make Decisions?" National Bureau of Economic Research, September 1, 2016, www.nber.org/papers/w22587.

5. Startup School, "How to Raise Money," video, October 21, 2014, https://startupclass.samaltman.com/courses/lec09/.

6. Leo Polovets, "Startups Are Risk Bundles," *Codingvc* (blog), March 3, 2016, www.codingvc.com/startups-are-risk-bundles/.

7. Sam Altman, "Lecture 9: How to Raise Money (Marc Andreessen, Ron Conway, Parker Conrad)," How to Start a Startup, October 21, 2014, https://startupclass.samaltman.com/courses/lec09/.

8. National Venture Capital Association, *2020 Yearbook*, https://nvca.org/research/nvca-yearbook/.

18. 자본조달

1. Libby Kane, "A Struggling Dad Built an App to Buy His Kids Cheaper Pizza—and Now His Company Has 5 Million Downloads

and $40 Million," *Business Insider*, November 17, 2017, www.businessinsider.com/honey-app-ryan-hudson-2017-10.

2. Sarah Lacy, "An Unbelievable Journey: Interview with Brian Chesky: Founder Story," Startups.com, January 2, 2017, www.startups.com/library/founder-stories/brian-chesky.

3. Lacy, "An Unbelievable Journey."

4. Kate Clark, "Peloton's Founder Had a Hard Time Raising VC—Now His Company Is Worth $4.1B," PitchBook, August 3, 2018, https://pitchbook.com/news/articles/the-founder-of-peloton-had-a-hard-time-raising-vcand-now-his-companys-worth-4b.

5. SaaStr, "To Be Funded or Not to Be Funded with Medallia," video, April 18, 2018, www.saastr.com/funded-not-funded-medallia-video-transcript/.

6. Startup Grind, "Rebecca Kaden (Union Square Ventures)," video, June 22, 2018,www.youtube.com/watch?v=PYNpwKYasCw.

414

슈퍼 파운더

지은이　알리 타마세브
옮긴이　문직섭
펴낸이　배덕효
펴낸곳　세종연구원

출판등록　1996년 8월 22일 제1996-18호
주소　05006 서울시 광진구 능동로 209
전화　(02)3408-3451~3
팩스　(02)3408-3566

초판 1쇄 발행　2022년 5월 20일

ISBN 979-11-6373-013-2　03320

＊ 잘못 만들어진 책은 바꾸어드립니다.
＊ 값은 뒤표지에 있습니다.
＊ 세종연구원은 우리나라 지식산업과 독서문화 창달을 위해 세종대학교에서 운영하는
　출판 브랜드입니다.